ESTRELLAS
DE LA MÚSICA
AFRONORTEAMERICANA

UNOSOTROS
MÚSICA

Joao Fariñas

© 2022

©Unos&OtrosEdiciones, 2021

ISBN- 978-1-950424-47-4

Título: *Estrellas de la música afronorteamericana*

Edición: Dulce María Sotolongo

Maquetación: Yuliett Marín Vidian / Armando Nuviola

© Joao Fariñas

www.unosotrosediciones.com

**UNOSOTROS
EDICIONES**

Hecho en Estados Unidos de America, 2022

El autor de este libro quisiera agradecer a todos los que hicieron posible la realización del mismo: Alma Rosa González, Pablo Fariñas Viñals, Yusleivy García, Víctor Malagón, Francisco López Sacha, Stephanie Evans, Ramón Rodríguez y Ernesto Menchaca

ÍNDICE

PÍNTALO DE NEGRO

Creo que nadie pudo suponer entonces que la segunda mitad del siglo XX estuviera dominada también por los ritmos americanos. Si el *jazz* en los Estados Unidos, el son en Cuba, el merengue y la plena en el resto del Caribe hispanoparlante, y la samba, el tango y la milonga en Brasil, Uruguay y Argentina pusieron a bailar al resto del mundo entre 1920 y 1945, a partir de 1948 se desató una especie de furor musical que incluyó el mambo; *swing; rhythm and blues; blues* y el *chachachá* y modificó para siempre el panorama de la música popular, al menos en las dos orillas del Atlántico. Las trompetas y la caliente percusión en Dámaso Pérez Prado, el saxo en la plena, la fuerza en los metales de las últimas *jazz bands* en Tommy Dorsey y Glen Miller, la combinación vocal de los primeros cuartetos negros con la sonoridad del piano, la llegada de Muddy Waters a Chicago y la invención del chachachá por Enrique Jorrín, lograron crear una ola de entusiasmo en los bailadores, una fiebre progresiva que los transportó de los teatros a los salones de baile, a los night clubs, a la calle, hasta llegar al hijo más díscolo y rebelde de esta revolución musical, el *rock and roll*.

Para que estos cambios se produjeran fue necesaria una dislocación de clases en los Estados Unidos, un incremento en diversos estratos de la población afronorteamericana y un aumento creciente de la industria cultural con sus nuevos aditamentos tecnológicos, la televisión, la radio y la impresión de discos. También fue imprescindible una transformación musical. En el *jazz* se produce un nivel superior en la calidad de la música y ganan espacio los virtuosos del saxo, con lo cual el *bebop*, el *cool jazz* y el *free jazz* se alejan de las preferencias populares para convertirse en fenómenos musicales de culto. La era de los Quintetos comienza a desplazar a las grandes agrupaciones y el *jazz* se convierte en música para iniciados. Entonces el *rhythm and blues*, el *blues* y el *rockabilly* ganan audiencia y ocupan ese espacio, pasan a ser ritmos de las grandes ciudades del norte como Detroit, Chicago y New York, mientras que la naciente televisión, el cine y los nuevos sistemas de programación en la radio comienzan a difundir esa música. Ahora comienza también un contacto inevitable con el country y el *folk*, y aparece el milagro de la guitarra eléctrica, concebida originalmente para el *jazz*. Todos estos ingredientes se amalgaman con una velocidad increíble para difundir un estallido revolucionario en esa cualidad mestiza que hoy denominamos *rock*.

Este nuevo libro de Joao Fariñas se ocupa de ese tránsito en su esquina más candente, la explosión de la música popular afronorteamericana que sienta pautas en la estructura musical, la lírica, el fraseo y el ritmo para establecer el que puede considerarse como el ángulo más audaz de todos estos cambios, la renovación del *blues*, el nacimiento del *rhythm and blues*, la aparición del *soul* y el estallido del componente negro en el *rock and roll*. Fariñas demuestra en este desfile de estrellas cómo, mirando atrás con ira, que fuera el lema de los jóvenes iracundos ingleses, se puede establecer una avanzada hacia el futuro. Sin el *blues*, sin su agresiva mezcla con el *country*, sin el *rhythm and blues*, sin esas gotas de *folk*, sin el ritmo sincopado del *rock and roll* y la existencia del *soul*, no habrían nacido las corrientes más audaces de la música popular hasta producir un cambio cultural y una integración prospectiva a otras maneras de concebir el sonido y el arte de la composición. El ingrediente afronorteamericano es tan grande que estas modalidades alcanzarán niveles insospechados de contacto con la denominada música de concierto, vale decir, con la herencia musical sinfónica y con su profunda intensidad polifónica y tonal.

Otro será el espacio para evaluar cuánto le debe la actual música de concierto al *jazz*, al *blues*, al *rock*, al *son* y a otras formas de composición ligadas a la tradición popular en este continente. Así como el *jazz* modificó para siempre la partitura musical y varió sus patrones de lectura y ejecución, así como el *son* estableció la verdadera polirritmia con sus diversos planos de sonido y el ejercicio independiente de cada instrumento, así el *blues* y sus variantes crearon un movimiento tan arrollador que terminó convirtiéndose en el sonido de época para la segunda mitad del siglo.

Joao Fariñas explora todo esto con un criterio de oyente, de amante de esa música, y al mismo tiempo con el espíritu de un conocedor. En este libro se manifiesta una unidad de criterio que resulta esencial para comprender las fases por las que transita esa explosión, las modificaciones que sufre el *blues*, el impacto del *rhythm and blues*, la conmoción social que trae consigo el *rock*, la creación de un sistema efectivo para la difusión de esa música, la experiencia de las primeras casas disqueras fundadas por afrodescendientes, Motown y Atlantic Records, y la sutil transformación del gusto en todos los sectores sociales en los Estados Unidos.

Cada una de las viñetas que integran este volumen alude a esos cambios, al tiempo que establecen un perfil de las figuras estudiadas. El autor enhebra en diversas secuencias un largo camino donde confluyen los ritmos populares, la gestión musical, el valor intrínseco de cada autor o agrupación junto a los procesos sociales que modificaron de un modo raigal la vida artística en ese país. Y no solo eso. Las estrellas de la música *soul, pop, funky, blues, rock,* dieron vida también a un espíritu y a un estado de inconformidad que contribuyó a denunciar la segregación racial, la discriminación a negros y mestizos, y puso en primer plano algunas de las demandas políticas de una población que requería un espacio y una validación de su cultura dentro de la denominada gran sociedad. Hasta inicios de los años sesenta, la cultura afronorteamericana fue preterida e ignorada como presencia y ascendente social, y es en la música como manifestación más auténtica donde comienzan a notarse los cambios. Desde la intervención eclesiástica hasta las manifestaciones más sonadas realizadas por el movimiento de Martin Luther King y las acciones radicales de Malcom X, la música de los negros norteamericanos estuvo al lado de esa noble causa y contribuyó a modificar una triste realidad que la supuesta minoría de origen africano —en realidad millones de personas— venía sufriendo desde los remotos tiempos de la esclavitud.

Aunque no es este el tema central, Joao Fariñas no puede ignorarlo cuando realiza un resumen brillante y audaz de todas aquellas tendencias, figuras y grandes promotores que pudieron crear un nuevo horizonte cultural. Si algo resalta en el enfoque del autor es que toda la fusión, toda la integración desde el *jazz* hasta el *rock* pasa por las variantes genéricas de la música afronorteamericana. Esta es su raíz más profunda, su raíz más permanente. Todo el estallido del *rock and roll*, el *rock* duro, el *rock* alternativo, el *funky*, o incluso la música disco, participa de esa simiento, de esas idas y vueltas por más de treinta años, de esos retornos inesperados a las fases más primitivas, o más ocultas, lo mismo en Jimi Hendrix, Sam Cooke, Marvin Gaye, Aretha Franklin, The Four Tops, Smokey Robinson o Stevie Wonder, que en el legado y la estela de influencias que reciben de esa tradición los grupos y conjuntos ingleses, sean Los Rolling Stones, Los Beatles, Los Who, Led Zeppelin, Animals, Small Faces, Cream, Pink Floyd, o los epígonos norteamericanos Bob Dylan, Doors, Billy Joel, Janis Joplin o Grateful Dead.

El resultado de ese intercambio vuelve a ser una música de ida y vuelta, similar en su empeño fundador a la que dio origen a los primitivos ritmos americanos nacidos de un contacto perenne entre Europa, África, el Caribe y América del Sur, como señala con suficiente autoridad el gran novelista y musicólogo cubano Alejo Carpentier. De modo que entre 1950 y 1980 asistimos de nuevo a un deslumbrante parteaguas, similar, aunque mucho más intenso, acelerado y complejo que aquel que fundó nuestra cultura musical. Entonces fueron los factores musicales europeos los que, poco a poco, crearon el sentido participativo de una cultura popular, en la cual estuvo y prevaleció por siglos el componente negro. Ahora, con una cultura emergente, sustentada por la industria cultural y los medios masivos de comunicación, y reconocido mundialmente desde la Era del *Jazz*, pudo penetrar esa presencia en todos los estratos sociales y saltar hacia una nueva dimensión. La tarea de este libro es la de colocar y poner de relieve todo lo que debemos a este fabuloso contacto, todo lo que debemos al trabajo paciente y genial de sus intérpretes y compositores, y toda la grandeza de esa música. Joao Fariñas abre una puerta a un universo ignoto para guiarnos por sus rutas secretas, para hacernos visible lo que ya es un hecho incuestionable en la cultura universal, la fuerza, la intensidad, la magia, de la música popular afronorteamericana. Vale el intento, y vale el resultado. Ahora, por favor píntalo de negro, ponle el tono necesario para que brille y reluzca en su maravillosa y profunda oscuridad.

Francisco López Sacha

Infanta y Manglar, 20 de febrero de 2021

SOUL, R&B, BLUES, ROCK & ROLL: SUEÑO DE LIBERTAD

La música es tu experiencia, tus pensamientos, tu sabiduría.

Charlie Parker

Decidí la realización de este libro a partir de la grave enfermedad de mi querida amiga afronorteamericana Stephanie Evans, residente en la ciudad de Los Angeles y muy ligada a este tipo de música. Gracias a ella pude compilar material discográfico y bibliográfico de incalculable valor. Más de once años de conversaciones con la Evans me aportaron innumerables anécdotas de primera mano sobre estas personalidades.

Quizás me quede muy alto el listón, pero me enorgullece el haber recibido por parte de Stephanie el calificativo del Don Corneluis cubano. Desde muy pequeño el r&b, soul, blues, jazz, blue eyed soul y el rock&roll, en fin todos los géneros norteños fueron los de mi preferencia. Además fue muy importante la experiencia adquirida al trabajar con músicos cubanos como creador, director, productor y presentador del proyecto Soul Train, con el cual nos presentábamos en varios centros nocturnos y por el que recibimos hasta una sorprendente nominación a los premios televisivos Cuerda Viva en la categoría ¡Pop!

También mis contactos con músicos del calibre de las agrupaa ciones Kool and the Gang y Simply Red, astros de la talla de Quincy Jones, Herbie Hancock, Benicio del Toro, Gary Lucas y Jackson Browne, me influyeron en estas letras. Otras personas muy cercanas a mi círculo familiar y amistoso pueden verse reflejadas y homenajeadas en esta obra. Mi querida editora Dulce María Sotolongo Carrington, le dedicó desde el corazón, el capítulo de Barry White a su primo Enrique Ordoñez, *Henry*, quien a sus sesenta años, ha hecho grandes remodelaciones en su vivienda natal de Puentes Grandes, allí han crecido sus hijos y ha cambiado varias veces de esposa, pero solo permanece fiel a la música de Barry White con la que recibe a sus visitantes. Mis conversaciones con mi amigo Geoff, nacido en Manchester, residente en Morón, que conoció a The Beatles, fueron muy importantes porque pude saber la perspectiva de un británico sobre el fenómeno de la música negra norteamericana. También le agradezco la información y los discos que me obsequió. Su esposa Grisell, Ismael, Yanet y Ridel, muy queridos todos, están en estas letras.

La lectura del libro *Prisionero del Rock and Roll*, de la autoría del gran amigo Francisco López Sacha, publicado por Ediciones Unión y Ediciones Icaic en 2017, así como los consejos del gran escritor me iluminaron el camino a seguir.

Poco se ha escrito en nuestro país, Cuba, sobre las estrellas y súper estrellas de la música negra. Este esfuerzo va dirigido a suprimir dicha carencia. Me gustaría presentar este libro como un retrato de un movimiento musical y social que pudo ser analizado en retrospectiva.

Los estilos y ritmos negros se encuentran entre de las fuerzas más influyentes en la música popular desde la invención del jazz. Fueron la base del rock desde su comienzo; el rock&roll mismo, fue una invención negra tomada por la industria de grabación blanca. La entrada del blues, desde su forma original en los campos de algodón del Sur, hasta sus sucesores eléctricos urbanos, afectó mucho y directamente la completa progresión del rock moderno. Formas puras como el soul, r&b y el reggae inyectaron aspectos revitalizantes a la música.

Estrellas negras en el rock crecieron a través de los años. Sufrieron una lenta aceptación en los primeros días del rock&rock, pero los jóvenes fueron más receptivos y las barreras prejudiciales desaparecieron gradualmente, el número de estrellas y súper estrellas negras aumentó. Este libro muestra la grandeza de esas figuras en el rock desde Fats Domino hasta The Stylistics, desde el rock& roll hasta el Philly Sound (Sonido Filadelfia), desde Aretha Franklin a The Pointers Sisters, desde Stevie Wonder a The Jackson 5. Cuenta sus historias, contribución al desarrollo de la música y las disqueras que propiciaron su ascenso.

Bajo el yugo de la esclavitud, los afronorteamericanos se expresaron a través de la música y el baile. Los domingos, el único día de descanso que les era otorgado, poéticamente la música contaba las historias bíblicas para alimentar su fe. Esos espirituals, con sus raíces religiosas y mensajes secretos de liberación, fueron muy populares entre negros y blancos después de la Guerra Civil con la publicación en 1867 del libro *Slave Songs of the United States*.

Muy pronto, la Gran Migración, llevó los spirituals desde el Sur hasta las ciudades norteñas donde rápidamente fueron introducidas en las nuevas iglesias Pentecostales. Los spirituals tradicionales fueron el origen de un nuevo estilo musical: el góspel. Sus letras recogían respuestas personales a Dios, la religión y la vida.

El góspel alcanzó el corazón de millones regalándoles la emoción de la canción e invitándolos a cantarla ellos mismos. Muchas como, *Swing Low, Sweet Chariot* y *Let my People Go*, se convirtieron en himnos internacionales de resistencia contra la opresión.

No toda la música afroamericana fue religiosa. En las plantaciones los esclavos cantaban y bailaban para divertirse. Algunos amos blancos vieron esta forma de expresión personal como peligrosa e intentaron destruirla. Otros la disfrutaron e hicieron que sus esclavos bailaran y cantaran para ellos.

También hubo una era del *ragtime*, otra contribución musical de los afroamericanos. Con sus ritmos vívidamente asincopados, el ragtime fue hecho para bailar. Emergido de los bares negros del viejo Sur, culminó en *Maple Leaf Rag* de la autoria de Scott Joplin en 1899 y que su partitura vendió más de un millón de copias.

Joplin y su colega Otis Saunders, comenzaron sus carreras tocando el piano en bares a través de Oklahoma. El nuevo sonido se expandio rápidamente cuando los publicistas blancos lo descubrieron. El mayor triunfo del ragtime ocurrió en mayo de 1912, cuando ciento veinte y cinco músicos negros de Clef Club Orchestra, llevaron a cabo un concierto masivo en el Carnegie Hall de New York. Ellos fueron los primeros de tantos afronorteamericanos que tocaron en tan importante plaza.

Nadie sabe quién fue el primero que interpretó un blues. El género emergió de la desilusión de la libertad y la pobreza de la cosecha de algodón en el Delta del Mississippi. Cantado por hombres con una guitarra antes que el bajo, el blues le debe su triste sonido, sus suaves notas y por supuesto el sentimiento detrás de él. Esta fue una expresión musical que pudo expresar el desamor y el sufrimiento del trabajo intenso.

Durante los años veinte, las grabaciones de blues propagaron masivamente el sonido afroamericano. A través de la influencia de las empresas discográficas, mujeres vocalistas acompañadas por *big bands* estuvieron en alza. Bessie Smith fue una de ellas. Bessie es catalogada como una de las mejores cantantes de blues de todos los tiempos. Se hizo famosa con *Nobody Knows You When You're Down and Out* y por frases sureñas tales como:

Back in Black Mountain, I sure would smack your face
Children cryin'for liquor and all the bird sing bass[1]

La vida de la Smith fue trágicamente cortada por un accidente automovilístico en 1937. Entonces el batón de la principal cultivadora del blues, pasó a manos de Billie Holiday. Esta maravillosa cantante batalló contra la drogadicción. En la mejor tradición blusera utilizó el dolor para interpretar sus canciones en una nueva dirección estilística.

Holiday comenzó cantando por diez dólares a la semana a finales de los años veinte en los clubes de New York. Fue reconocida y desde 1933 colaboró con las legendarias bandas de jazz de Louis Armstrong, Duke Ellington y otros. En los próximos diez años grabó más de doscientas canciones con algunos de los mejores jazzistas incluidas *Strange Fruit* y *The Man I Love*. Llevando su tradicional gardenia en el pelo, ofreció memorables conciertos hasta su muerte en 1959, cuando solo tenía cuarenta y cuatro años de edad.

En 1938 el gran pianista afronorteamericano Jelly Roll Morton, leyó un periódico donde decía que W.C. Handy, había sido el padre del jazz. Molesto les escribió diciendo que New Orleans fue la cuna del jazz y que él había sido su creador en 1902.

Quizás lo fue o no pues solo contaba con doce años de edad en 1902, pero sí inventó nuevas formas de tocar el piano, manera que él mismo llamó «imitar a una banda».[2] Morton de adolescente trabajó como pianista en bares de New Orleans. Mientras estuvo allí,

16

---

[1] David Boyle: *African Americans*, Barron's Educational Series, 2002, p. 74

[2] *Ibídem.* p.76

se encontró en el centro de un fenómeno musical y bajo una gran variedad de influencias: creole, española, francesa y por supuesto afroamericana. Todas ellas fueron moldeadas para crear el jazz.

Rápidamente los músicos de New Orleans se llevaron el nuevo estilo hacia el Norte, hacia Chicago. Uno de los principales fue Joe Oliver's, *King* Creó el Jazz band, a la que se les unió en 1923, nada más y nada menos que el gran Louis Armstrong.

El jazz se hizo popular para el público blanco y afronorteamea ricano. Sus bandas estaban integradas por músicos de ambas razas y era en los clubes pequeños donde se escuchaba la mejor música. Esto fue un atacado por los conservadores blancos, logrando que los grandes establecimientos se mantuvieran segregados.

El final de la era de la Prohibicion de las Bebidas Alcohólicas en 1933, hizo que el jazz fuera más respetable. Anteriormente los bares ilegales habían sido plaza fuerte del género. Dizzy Gillespie le agregó un toque latino, Charlie Parker y Thelonius Monk fundaron el bebop y Miles Davis fusionó el jazz con sonidos electrónicos.

Vino el tiempo del bebop y la revuelta en contra de las big bands y sus explotadores comerciales. Los cultivadores del bebop crearon un sonido individualista lleno de improvisaciones y solos que se realizaban en jams desenfrados que muchas veces duraban toda la noche.

El show de Broadway, Shuffle Along contó con un elenco totalmente de afronorteamericanos, algo inédito en ese 1921. Su canción más afamada fue *I'm Just Wild About Harry*, que contó con una corista prácticamente desconocida llamada Josephine Baker y un pianista asistente llamado Nat Cole, luego apodado King.

Los combos negros de R&B, interpretaron durante los años cuarenta y cincuenta versiones de éxitos de las grandes bandas de swing. Espectacularidad y un estilo alocado se impusieron ante el virtuosismo musical. La música de Fats Domino, Louis Jordan y Dinah Washington, atrajeron por igual a blancos y negros. «El Dj blanco Allen Freed escuchó el R&B y lo llamó «rock and roll».[3] Bajo ese sobrenombre, el público blanco lo reclamó convirtiéndolo en un fenómeno nacional. En sus comienzos el rock&roll fue una expresión de rebelión o por lo menos de descontento, algo afín a los

---

[3.] *Ibídem.* p.76.

intereses de los músicos negros comprometidos con los movimientos progresistas del momento.

Little Richard, 2007. Anna Bleker, Public domain, Wikimedia Commons

Stevie Wonder actuando para el presidente Barack Obama en la Casa Blanca, 25 de febrero del 2009. Foto: Pete Souza, fotógrafo oficial de la Casa Blanca

Muchas de las estrellas y súper estrellas del nuevo estilo eran afronorteamericanos. Chuck Berry, ídolo de millones, hizo época con «*Maybellene*». También Little Richard y Chubby Checker, influyeron en varias generaciones de músicos.

El R&B y el góspel se combinaron para crear el *soul*. La disquera Motown Records representó a muchos de los mejores cultores del género tales como: Smokey Robinson, Diana Ross, Stevie Wonder, Marvin Gaye, Gladys Knight y otros.

Gladys Knight and the Pips, 7 marzo de 1969

James Brown, Alemania, 1973. Foto: Heinrich Klaffs, CC BY-SA 2.0 <https://creativecommons.org/licenses/by-sa/2.0>, via Wikimedia Commons

SERENATA SOUL

Blancos y afrodescendientes trajeron diferentes *backgrounds* y ofrecieron muy diferentes contribuciones a la música soul. Los negros por supuesto fueron las estrellas. En el comienzo no existieron cantantes blancos de *soul*, con las excepciones marginales de The Righteous Brothers, Wayne Cochran y los «*one hit wonders*» The Magnificient Men. Otros músicos blancos como Steve Cropper y Jimmy Johnson, guitarristas rítmicos de probada calidad, trajeron el country, el western, una ética de trabajo de clase media y un corazón rockanrolero al género.

El crecimiento del *soul* puede verse de forma paralela al del movimiento de los Derechos Civiles, de manera estilística y cronológica, primero con cautela ganando fuerza lentamente y luego insertándose sin la apología del miedo. Hasta que fueron forzados a retirarse tras una serie de eventos traumáticos. Musicalmente, creo yo, el *soul* es la prueba de como el sonido universal emergió de la iglesia negra. Históricamente representa otro capítulo en el desarrollo de la conciencia afrodescendiente, similar al renacimiento de Harlem. Además, es la historia de los negros y los blancos unidos, la pobreza extrema, los sueños de la clase media, ambiciones estéticas, luchas sociales, el impulso anárquico y la ética del negocio. Es una historia en la que inevitablemente existen héroes y villanos. En algún punto el soul representó la vanguardia de la revolución y si la revolución no llegó, la influencia de sus figuras se mantuvo hasta nuestros días.

El *soul* nunca morirá, resurgirá desde los lugares más inesperados pues simboliza una era de esperanza y aspiraciones, expresando sentimientos que a veces no son palpables en la transcripción literal de otros géneros. Los románticos le reclaman su justo puesto en el firmamento musical pues ayudó a crecer a toda una generación. El alma (*soul*) es definida como la esencia del espíritu humano. En la música popular de los años sesenta, significó algo más tangible.

Fue un grito de alegría, un llanto de dolor y el emblema de una manifestación desenfrenada.

La intensidad espiritual de la música soul es sinónimo de grandes voces y grandes artistas. Cada uno de ellos fue único e inolvidable para mí. El *soul* representa lo que eres y puede ser tan profundo como tú lo permitas. Es un estado mental.

En este volumen, organizado en secciones cubriendo *rock and roll, blues, jazz, soul, R and B,* Atlantic/Stax, Tamla-Motown y Philly Sound, compañías discográficas que poseen su propia identidad sonora, los mejores exponentes de cada estilo poseen su biografía individual. Los nombres de la excelencia del rock: Chuck Berry, Little Richard, James Brown, Ray Charles, Otis Redding, Smokey Robinson, Diana Ross, Gladys Knight, The Drifters y muchos más. Esos fueron los creadores innovadores y artistas que le brindaron preeminencia a la música negra, que moldearon el curso del *rock* y quienes ayudaron a su evolución de canciones de trabajo forzado hasta los himnos de súper estrellas. Bob Marley fue incluido en el libro por su gran influencia en la música negra universal. No es norteamericano, pero merece su espacio como una verdadera súper estrella. Muchos me lo pidieron y le hice justicia. Quiero dedicar este libro a la música *góspel* que me encanta y a Dios que es su principal inspirador.

21

Smokey Robinson, 28 de junio 2013. California

SONIDO DE LA JOVEN AMÉRICA

La historia de la Motown comenzó en la mente Berry Gordy y superó todas sus expectativas. La ideó como una fábrica automotriz, lo que en este caso el producto terminado ofreció estrellas musicales. La línea de ensamblaje se constituyó en encontrar, contratar y desarrollar. Sin dudas Gordy y Smokey Robinson con su magia lograron la perfección.

Motown fue tan exitosa porque fueron autosuficientes, nadie les dijo qué hacer y ese fue el comienzo de su historia. La libertad ofrecida por Gordy a sus compositores y productores convirtió a la Motown en una empresa prolífica y exitosa. Crecieron sus aciertos, pero también sus desafíos. Motown no solo le brindó una dirección musical a la joven Norteamérica sino un sentido y una forma de vivir. En la compañía trabajaron negros, blancos, judíos, italianos y muchas mujeres en puestos claves. Como dijera Berry Gordy el color de la Motown era el verde de los dólares. El arte es incoloro, la música no tiene color sino sentimiento y pulso. La marca Motown se volvió tan importante que los consumidores compraban sus productos sin saber de qué trataban, simplemente por el prestigio logrado por la empresa. Hasta el doctor Martin Luther King visitó a Gordy y reconoció el papel integrador de la disquera. Motown nos enseñó que lo que nos une siempre será más fuerte que lo que nos divide.

Es difícil precisar lo importante que fue la ciudad de Detroit para la Motown. Toda la migración del Sur, la industria automotriz, las iglesias y los clubes nocturnos que surgieron en esa época fueron una fuente de talento inagotable para la disquera.

En estas líneas también quiero resaltar la figura de Nina Simone, el hechizo de su música y la tristeza de su alma. Una combinación que hizo que sus canciones sonaran diferentes, como nadie las había cantado. Su dolor se transparenta en las notas del piano, en los alaridos de su voz rota y profunda y su música se eleva por encima de todo. Murió en 2003 a los setenta años, el mundo lloró su perdida y abrazó su legado, sus canciones llenas de pasión, su estilo clásico y salvaje al piano, su compromiso y su lucha.

Sin la música negra no hubiéramos tenido a Elvis, a The Beatles, The Rolling Stones o The Byrds. Su impacto se extendió mucho más allá de la música. Fue un agente de cambio en la cultura de post guerra. Fue una bocanada de aire fresco en la música. Con el surgimiento del bebop el *jazz* se convirtió en un género para eruditos y virtuosos. El mundo comenzó a verse diferente, lleno de colores, no en blanco y negro y la percepción general de la música cambió con ello, no solo en música negra o blanca, sino llena de matices y puntos de contacto. La música negra fue parte primordial del surgimiento del *rock and roll* en 1956.

Para probar que habías llegado a algo tenías que haberte presentado en cuatro grandes teatros, llamados «La Cadena Litchman» y consistían en el Teatro Regal de Chicago, el Howard en Wahington, el Uptown en Filadelfia y el Apollo en New York. Fueron días de gloria y noches mágicas con James Brown y Otis Redding. La naturaleza de la música negra es la de crecer, desarrollarse y construirse a sí misma.

A través de una vertiente vanguardista y revolucionaria la música abrió las mentes de las personas y derrumbó barreras raciales. Fue fuente inspiradora y motivadora de la revolución contracultural de los sesenta. Los músicos negros pasaron de ser guerreros de clase a revolucionarios culturales, mientras proporcionaban la banda sonora de una generación. Los movimientos progresistas que fueron motivados por la música negra originaron un cambio sísmico en la sociedad norteamericana.

El mambo y el chachachá emigraron de la Habana a New York a finales de los años cuarenta y ayudaron a derrumbar varias leyes sociales y musicales como la de la «cultura del country club». Especialmente en New York la popularidad del mambo entre las diferentes clases sociales y grupos étnicos contribuyó a la integración de las salas de baile y preparó el camino para una más abierta y menos restrictiva interacción entre los sexos. El mambo fue adoptado por la industria musical y la televisión allanándole el camino al *rock and roll* el cual capturó a todos esos jóvenes deseosos de que la escena musical progresará. El desarrollo de las cuerdas latinas en el mambo, líneas melódicas y rítmicas infiltraron el *rock*, el r&b e inclusive al *country* influyendo en la creación de clásicos tales como «Louie, Louie»; «P. S. I love you» y «I call your name».

Quizás solo sea necesario un tablón podrido o algunos árboles bíblicos, marchitos como esqueletos para definir el *blues*, una música, una forma de vida que procede de otro mundo, un lugar donde el hombre no es distinto del perro porque ambos tienen una misma posibilidad de redención: el aullido. El *blues* nunca fue una monarquía más bien una democracia repleta de figuras prominentes. Si Robert Johnson sacó el blues de las plantaciones y Muddy Waters lo introdujo en la modernidad, B. B. King efectivamente lo ennobleció y dignificó culturalmente. Cuando Muddy Waters murió en abril de 1983, el entierro congregó a todos sus grandes alumnos.

El jazz o el blues llegaron acompañados de reivindicaciones sociales y de una anhelada igualdad democrática que siempre ha estado amenazada. La cultura es la mayor embajadora de los pueblos, el *blues*, como el *jazz* ayudó a la conquista de los derechos civiles en Estados Unidos, empezando por ser de los pocos géneros donde blancos y negros se podían reconocer en igualdad. B. B. King fue consciente de ello hasta el final de sus días, incluso cuando ya era una figura cardinal dentro de la historia, no ya del *blues*, sino de toda la música popular.

El *blues* son solo doce compases, que todos dicen lo mismo: «Amo a mi bebe pero ella no me ama». ¿Cuántas veces puedes decir eso? ¿De cuántas maneras? Pero la clase trabajadora, esa que laboraba el día entero en las fábricas, amaba el *blues* como una forma de expresión. Su simplicidad musical lo hizo popular y que personas de cualquier estrato social y preparación académica lo entendieran y se sintieran identificados. El *blues* es especial, los artistas no se copiaban unos a otros, cada uno buscó su propia originalidad. Los estándares aún no habían sido establecidos y todo el mundo transitó por nuevos caminos musicalmente.

Hablaremos de James Brown, considerado el hombre más excitante del mundo. Defensor de los ritmos más creativos y revolucionarios de su tiempo. Fue innovador y original en todo lo que hizo. Fue un maestro, solo existe un James Brown. Sus logros le abrieron las puertas a los que lo siguieron.

Su acto en vivo marcó nuevos estándares. Pero desde finales de los cincuenta hasta los setenta tuvo mucha competencia. Desde los estilistas del blues hasta los cantantes *góspel* más sublimes.

Cada sonido, cada ciudad tuvo su propia identidad. El sonido de Filadelfia nunca pudo ser duplicado. Nunca se pudieron copiar los ritmos provenientes de Detroit y Memphis. El estilo de Atlantic Records fue único. Es música que pasó de África a la iglesia negra y luego al *góspel*, convirtiéndose en blues, en *jazz* y en música country. El *country* es muy similar al *blues* e influyó fuertemente a los músicos negros pues también cantó sobre la tierra, las penas y sacrificios. George Jones, Johnny Cash Hank Snow y Hank Williams también fueron muy populares entre las estrellas negras precursoras del rock and roll y el soul.

El soul define lo que eres y puede tocarte tan profundo como tú se lo permitas, para luego liberarte. La música *soul* es buena para el alma y tu estado mental. El *soul* está aquí y lo seguirá estando porque es la esencia de la industria musical. Nunca estará fuera de moda y seguirá vigente por siempre.

CHUCK BERRY, EL PRIMER POETA DEL ROCK & ROLL

Chuck Berry se sitúa junto a Elvis Presley, The Beatles y Bob Dylan como una de las figuras definitorias en la historia del *rock*. Su carrera vinculó el *rock and roll* de los cincuenta con la música blanca contemporánea; *blues* con el *pop* y la música negra con la audiencia blanca. Así mismo fue un innovador estilístico enormemente afectivo e influyente, sus letras articularon el espíritu del *rock and roll* como ningún otro artista.

Chuck Berry circa 1958. Pickwick Records, Public domain, via Wikimedia Commons

El llamado de Chicago

Berry nunca fue muy comunicativo con respecto a la fecha de su nacimiento excepto a la hora de aclarar que fue el 18 de octubre. Se cree que el año fue 1926; el lugar, St. Louis, Missouri.

Su *background* es en muchas maneras el típico de los artistas negros que dieron forma a la dirección musical del *rock*. Comenzó cantando en un coro de iglesia a los seis años de edad, que según sus propias palabras, pareció ser el ritual para varios. Cuando todavía se encontraba cursando estudios en el *high school* inició su aprendizaje de la guitarra y para los comienzos de los años cincuenta ya había formado un grupo. Berry recuerda que su primera presentación fue en una fiesta de su escuela interpretando *Confessing the Blues*, mostrando un crudo estilo guitarrístico que no fue bien recibido según varios testigos.

Su próximo paso también fue típico. A finales de los años cuarenta y cincuenta vimos un gran número de artistas sureños de blues formando parte de la migración en masa de negros hacia las ciudades norteñas industrializadas, particularmente Chicago. Allí estaban Muddy Waters, Elmore James, Howlin' Wolf, Little Walter y otros que transformaron los estilos rurales del Sur en el altamente amplificado y reconocido sonido del *blues* de los bares de Chicago, con su alto y enfático beat. Chuck Berry tocó con la banda de Muddy Waters en una de sus primeras presentaciones en la ciudad a comienzos de 1955. La estrella del *blues* gustó de su estilo y le sugirió que contactara a Leonard Chess, cabecilla de la disquera Chess Records, para la cual todas las grandes figuras del Chicago Blues habían grabado.

Leonard Chess le dijo que regresara con algo de su material, entonces Berry le mostro seis canciones, incluidas *Maybelle* y *Wee Web Hours*, recogidas en su grabadora mono de 79 dólares. Lo firmó al momento.

Dos semanas después tuvo su primera sesión de grabación con Chess y *Maybelle* fue lanzada al mercado en mayo. Ocupó la quinta posición de las listas de sencillos y vendió un millón de copias.

Cierren sus libros y salgan de sus asientos

A pesar del antecedente sonoro de «*Maybelle*», esta no es una canción de *blues*. Muestra un ejemplo claro de la combinación de las tradiciones musicales negras y blancas para producir *rock and roll*. Fue concebida como una canción *country western*, a pesar de la incongruente mención del nombre de la heroína, una persona sobre la que una vez Berry expresó: «La única Maybelle que yo conocí fue una vaca».[4] La forma en que el artista la interpretó fue una versión *rockanrolera*, exitosamente realizada en Memphis por artistas blancos de country pertenecientes a la disquera Sun.

El dólar manda

Las grabaciones editadas inmediatamente después del *hit* inicial, «*Thirty Days*» y «*No Money Down*», se acercaron al espíritu blusero de su preferencia, pero fallaron en su inclusión en las listas *pop*. En retrospectiva, claro está que las grabaciones clásicas de Berry nunca se hubieran realizado si no fuera por su deseo de irrumpir en el lucrativo mercado blanco; una especulación respaldada en el sentimiento expreso de Berry de que «El dólar dicta la música que es escrita».[5]

El hecho del que Alan Freed, DJ responsable de popularizar la música negra a las audiencias radiales blancas, estuviera presente en las sesiones de «*Maybelle*», (inclusive recibió créditos como compositor) confirma la impresión de que la intención de los jefes de Chuck Berry fue el hacer dinero. Una vez se le preguntó si él hubiera escrito sus éxitos, aunque no le hubieran pagado. Simplemente respondió: «No, no hubiera tenido tiempo. El comercio es un gran instigador».[6]

Entre 1956 y 1958, Berry encontró una manera de encaminar su creatividad hacia las demandas del mercado. «*Roll Over Beethoven*» fue un éxito *pop* moderado y estableció el patrón de cambiar rápidamente hacia delante y detrás los ritmos entre dos y tres notas, intercalando la guitarra líder en solos desenfrenados que sirvieron

28

---

4. Jeremy Pascall and Rob Burt, *The Story of Pop*, *op.cit*, p. 7.

5. *Ibídem*, p 8.

6. *Ibídem*, p. 8.

como intros explosivos, *staccato* y las letras confirmando el concepto de rapidez y mensajes enunciados.

La claridad de su voz fue importante para su éxito. Significó que casi todas las palabras fueron audibles y se convirtieron en parte importante de sus canciones. Por supuesto esto lo ayudó a llegar a otras audiencias que siempre se quejaron de no entender lo que los artistas negros decían. Por encima de todo, la música de Berry tenía tremenda onda, no se encerró en la burbuja rockera, más bien su imagen escénica se acercó al público con matices humorísticos y espectaculares.

Prolífico

Berry entró en racha con «*School Day*», que alcanzó el *Top* 10 en 1957; para continuar más tarde en el año con *Rock And Roll Music*, 1958 fue un gran año para él, su mayor éxito «*Sweet Little Sixteen*», alcanzó la segunda posición, seguida en las listas por *Johnny B. Goode* y *Carol*. Pero Berry no tuvo más grandes éxitos en los cincuenta aunque otras grabaciones son ampliamente recordadas y marcadas como influencia del rock siguiente, tales como «*Beatiful Delilah*»; «*Sweet Little Rock and Roller*»; «*Jo Jo Gunne*»; «*Almost Grown*»; «*Little Queenie*»; «*Back in the Usa*»; «*Too Pooped To Pop*»; «*Let it Rock*»; «*Bye Ve Johnny*»; «*Jaguar and the Thunderbird*»; «*Talkin' 'Bout You*» y «*Come On*».

Estilo de vida

En sus letras Berry se acercó a la audiencia blanca adolescente. Haciéndolo, definió un estilo de vida que revolvió la música y creó una serie de himnos que celebraron la velocidad, sexo y baile, y el divertimento como un excitante físico. Canciones acerca de manejar automóviles fueron frecuentes. El auto se convirtió en un territorio personal, simultáneamente brindando oportunidades para tener relaciones sexuales, escuchando *rock and roll* y moviéndote por ahí cuando y como tú quieras. Su visión fue básicamente antipuritana, antirromántica y promovía la vida citadina.

Berry fue un rebelde porque precisamente localizaba al enemigo: trabajo, escuela, la ley, padres y los viejos tiempos. «*School Day*» resumió las aptitudes que afirmaba el artista:

Soon as three o'clock rolls around
You finally lay your burden down
Close your books, get out of your seat
Down the hall and into the Street
Up to the corner and around the bvend
Right to the juke joint you go in
Drop the coin right into the slot
You gotta hear something that's really hot
With the one you love you're making to dance
Feeling the music fron head to toe
Round and round and round you go...
... Hail, hail rock'n roll!
Deliver me from the days of old!

30   En muchas de sus canciones Chuck expresó los detalles de sus observaciones diarias. Su himno abiertamente patriótico «*Back in the USA*» está lleno de energía:

Did I miss the skycrappers, did I miss the
long freeway?
From the coasts of California to the shores
Of Delaware Bay?
You can betcha your life I did till i got back
In the USA...
...Looking hard for a drive-in, searching for
Arconica Bay
Where hamburgers sizzle on an open grill
Night and day
And the juke box jumping with records back
In the USA...
...I'm so glad I'm living in the USA
Anything you want, got it right here in the
Usa.

Berry escribió y cantó acerca de los adolescentes, sexo, autos, la imposición de la escuela y la incomprensión de los padres. Su música y textos perfectamente reflejaron lo que los muchachos sentían pero que posiblemente no podían decir. Su talento le permitió ponerse en el lugar de los adolescentes (aunque tenía más de diez años de edad que su audiencia) y la habilidad de entender y expresar sus problemas. En «*Sweet Little Sixteen*» asumió el dilema personalmente:

Sweet Little Sixteen,
She's got the grown up blues,
Tight dresses and lipstick,
She's sporting high heel shoes,
Oh but tomorrow morning,
She'll have to change her trend,
And be sweet sixteen
And back in class again.

Cuando el guitarrista británico Pete Townshend hizo uno de sus astutos comentarios acerca del significado del *rock*, el nombre de Berry salió automáticamente a la luz: «Mamá se cayó de las escaleras. Papá perdió todo su dinero en las carreras de perros y para colmo el bebé tiene tuberculosis. Pero ahí viene el chico con su radio de transistores escuchando a Chuck Berry. No le importó que mamá se cayera de las escaleras. Él está con el *rock and roll*».[7]

Ten piedad, juez

Para 1960, el rock & roll estaba de rodillas, Elvis había sido llamado al servicio militar, Little Richard regresó a la iglesia, Holly and Cochran habían muerto, Jerry Lee Lewis retornó a la baladas country después del «problema» de su boda con la niña. Chuck Berry sufrió una suerte similar bajo las manos del Puritanismo cuando a finales de 1959 al ser acusado por transportar una menor a través de la frontera estatal para propósitos inmorales.

---

[7] Jeremy Pascall and Rob Burt *The Story of Pop, op.cit*, p. 8.

La versión más común del rapto fue que la chica, una nativa americana de Texas, se fue con Berry para trabajar en su night club en St. Louis. Cuando la despidió ella fue a la policía y reveló que solo tenía catorce años de edad. Una serie de juicios siguieron, impidiéndole a Berry grabar y recibiendo muy poca promoción radial. Acorde al archivo de la corte local, fue condenado a dos años de cárcel, comenzando su condena en febrero de 1962. Berry lo negó todo y aseguró su desconocimiento de la edad de la muchacha. Esto provocó la ausencia de Berry de la escena pop a comienzos de los sesenta.

Ellos están rockeando en Bolton

Berry reapareció por la puerta ancha. El renacimiento del rock británico estaba en su apogeo y él fue su héroe principal.

Su influencia recayó en casi todos los grupos *beat* británicos y bandas de R&B emergentes en 1963 incluyendo su material en sus repertorios. The Beatles usaron *Too Much Monkey Bussines* en su acto en vivo, grabaron *Roll Over Beethoven* en su segundo LP y *Rock and Roll Music* para su tercer disco. The Rolling Stones le deben aún más. Comenzaron sus grabaciones con «*Come on*», incluyeron *Carol* y su arreglo de «*Route 66*» en su álbum debut, y luego grabaron «*Bye Bye Johnny*» y «*Round and Round*». Otros números de Berry como «*Johnny B. Goode*» y «*Little Queenie*» fueron definitorios en sus presentaciones en vivo.

Otras nuevas estrellas se sumaron. The Kinks hicieron «*Beautiful Delilah*», Gerry and the Pacemakers, «*Maybelle*», así como en Sheffield Dave Grundy cambio su apelativo a Berry y tuvo un *hit* menor con *Memphis Tennessee* hasta la reedición del original de Chuck.

Mientras cantaba Berry alargaba su dicción para que sonara más fuerte y más blanca. El resultado fue que todos los cantantes de los sesenta de Liverpool, Londres, Los Angeles o Long Island cantaban con un acento medio americano imitando el de su ciudad de origen, St Louis. Su estilo al pasar de sílaba en sílaba borró la distinción entre blanco y negro, era simplemente rock.

Cualquier intento de explicar el impacto de Berry debe transitar a través de su sustancia musical y lírica. Su gran fortaleza radicó en su acercamiento a disimiles audiencias. Los grupos *beat* como

The Beatles y The Rolling Stones lo vieron como uno de los grandes rockeros y encantaron al público tocando sus canciones. Al mismo tiempo los *fans* de la música tradicional y el *folk* lo calificaron como un genuino *bluesman* en la gran tradición negra. Su atractivo fue bien amplio y ayudó a establecer los estándares de la música popular. Separó la vertiente pop de las facciones puristas y consolidó el curso futuro del *pop*.

Berry también fue respetado porque contrariamente a las estrellas de los cincuenta, él componía su propio material. Fue poeta, músico y *showman*. Otro de sus aportes fue que asumió control total sobre los aspectos de su producto artístico previendo que los músicos se convirtieran en vehículos de éxito manufacturados como títeres de la industria.

Berry renovó el interés en su trabajo con una seguidilla de nuevos sencillos, comenzando en 1964 con «Nadine». La mayoría fueron consecuencia de composiciones anteriores. La letra «*Nadine*» de fue una extensión coloreada de la persecución automovilística de *Maybelle*, aunque la canción fue más lenta y *funk*. No Particular «*Place to Go*», un *hit* Top 10 en ambas costas del Atlántico, fue similar a *School Day* con nuevas letras humorísticas. «*Little Marie*» continuó donde *Memphis* se detuvo.

«*You Never Can Tell*» fue el ejemplo más claro. Dos fans del *rock and roll* se casan y sientan cabeza. Berry disfrutó la historia mostrando que triunfó el verdadero amor, el final de la libertad o la única manera posible de mantener el entusiasmo en su vida experimentada en los años cincuenta:

They had a hi-fi phono, boy did they let it
Blast
Seven hundred Little records, all rockin'
Rhythm and jazz
But when the sun wnet down, the rapid
Tempo of the music fell
C'est la vie, say the old folks,
It goes to show you never can tell

Como el resto de sus mejores canciones de la era, «*You Never Can Tell*», es más densa que su material de los cincuenta y está llena de especificaciones. En 1964 Berry no solo estaba en la cúspide de su carrera sino en su pico como letrista.

Chuck también fue una fuerte influencia en las bandas post Beatles y los grupos norteamericanos de los sesenta también le rindieron homenaje. The Beach Boys fundaron su carrera con material de Berry, adaptando mínimamente la letra de «*Sweet Little Sixteen*» para crear «*Surfin' USA*», copiando sus riffs de guitarra y llevando toda la mitología auto/chica a un contexto californiano.

Mucho más importante es la deuda de Bob Dylan con Chuck Berry incluyendo varias de sus composiciones en su repertorio rockanrolero durante sus días de estudiante. Cuando intentó grabar rock el resultado fue «*Subterranean Homesick Blues*». Esta canción parece lírica y musicalmente una extensión de *Too Much Monkey Business* y nos propicia una interesante comparación: El lamento de Berry como trabajador es similar al de Dylan tras veinte años de estudio en instituciones puritanas. Hasta el patrón métrico es casi idéntico con Chuck cantando: *Blond-haired, good looking, trying to get me hooked*. Y la canción de los sesenta diciendo: *Get sick, get well, hang around the ink well*. Generalmente las letras lanzallamas de Dylan de a mediados de los sesenta tienen un claro precedente rockero en el ritmo, imaginación y fraseo de Berry.

Como compositor, Chuck Berry es el Hemingway del rock &roll. Nos lleva derecho al asunto. Nos cuenta la historia en oraciones cortas. Te haces una imagen muy acertada en tu mente de lo que está pasando en muy poco periodo de tiempo, en pocas palabras muy bien escogidas.

Berry dejó Chess en 1966 para firmar un contrato de 150 mil dólares con Mercury Records. Durante los próximos tres años su carrera discográfica alcanzó su punto más bajo. Quizás fue el ambiente de la época. El rock se estaba preocupando demasiado por los espacios cerrados y los efectos de estudio en el alza del fenómeno de las drogas, amor y sexo en 1967. Es difícil imaginar a Chuck escribiendo canciones sin sentido en aquel contexto.

Fue a mediados de los sesenta que su reputación como artista en vivo alcanzó su mayor relevancia. Sus shows fueron legendarios. Su gira por Gran Bretaña en 1964, compartiendo escenarios con Carl Perkins, The Animals y The Nasville Teens. Las audiencias estaban compartidas entre aquellos que lo amaban en los cincuenta y aquellos amantes de la música de los Beatles y los Stones que acaban de descubrirlo y que intentaban ser jóvenes educados de clase media.

A veces la mezcla fue explosiva como en un concierto que compartió con The Who en el Albert Hall en 1969. Obligaron a Berry a abrir y los rockeros mostraron su descontento invadiendo el escenario provocando la culminación de su acto.

Chuck Berry arrivando a Holanda, 3 de febrero de 1965

Sus presentaciones en vivo se desarrollaron y refinaron a través de los años, pero siempre incluyeron su «paso del pato» mientras tocaba la guitarra agachado. Berry explicó una vez el origen de su marca registrada que le agenció el sobrenombre de Crazy Legs. Estaba en el *show* de Alan Freed en New York en 1956: «Teníamos un solo traje, no sabíamos que se suponía que nos cambiáramos. Así que hice el «pasillo del pato» para esconder las arrugas de mi traje. Logré una ovación…. así que lo hice otra vez… ». [8] Como su guitarra Gibson cereza-roja, esto se convirtió en parte de su mito.

Regresó a Cherry en 1969 y en los meses siguientes lanzó al mercado dos álbumes, *Back home* y *San Francisco dues*, que mostraron que fue una reunión feliz. Estos trabajos fueron más por la cuerda blusera. La música era buena, pero parecía que Chuck Berry era un hombre del pasado como el desarrollo del *pop* y el *rock* estaban mostrando. Muchos pensaron que su carrera estaba terminada.

A comienzos de 1972, visitó Gran Bretaña trayendo consigo una enorme aceptación por parte de los músicos y el público. Quizás fue solamente nostalgia. Pero cuando tocó en Coventry el público deliró y la prensa musical fue estática. Su leyenda al parecer, fue mayor que nunca. Berry se pasó la mayor parte del show tocando el acompañamiento, los fans cantaron todos los temas y Chuck los escuchó extasiado.

Este concierto le proveyó la mitad de su siguiente álbum, *The London Chuck Berry Sessions*. Pero más importante le dio el éxito *My Ding-a-Ling*. Berry había grabado una versión diferente para Mercury con el título «*My Tambourine*» y el número fue versionado por numerosos artistas negros desde los cincuenta. La nueva versión fue lanzada como sencillo, promovida acertadamente y dio en el clavo. Fue su mayor éxito de ventas y su primer número 1 en Estados Unidos y Gran Bretaña. Alcanzó dos mercados que le habían sido esquivos, el novedoso y el de los pre adolescentes, todos atraídos mayormente por la suciedad de la canción. Berry continuó su éxito con una versión sexy en vivo de «*Reelin' and Rockin'*» que también vendió bien. Surgió un nuevo interés en su música y la versión de «*Roll Over Beethoven*» de The Electric Light Orchestra se incluyó en el Top 10 británico diecisiete años después de que la canción fuera escrita.

Rockeando

Esos logros aumentaron el volumen de reediciones por parte de Chess y provocaron su aparición en el Festival de Rock and Roll en Londres, hecho en 1972, el año más exitoso de su carrera. La

---

[8] Jeremy Pascall and Rob Burt, *The Story of Pop*, p. 10.

revista especializada *Rolling Stone* lo ubicó en el sexto lugar entre los cien mejores guitarristas de la historia. Chuck Berry expresó en una entrevista: «A veces caigo, pero siempre regreso rockeando»,[9]

A mediados de los setenta, Chess Records fue vendida a All Platinum poniendo su carrera discográfica en el limbo. Pareció que Berry se conformó con lo que ya había hecho. Sus próximas giras oscilaron entre presentaciones brillantes hasta una serie de clichés aburridos. Pero en términos de influencia y logros musicales Berry se mantuvo como el paragón del rock de los cincuenta. Los artistas del futuro seguirán tocando a Chuck Berry. Cuando las bandas hacen su tarea escuchan su música. Si quieres saber acerca de *rock and roll*, si quieres tocar *rock and roll* tienes que empezar con él.

No existiera rock&roll sin la guitarra de Chuck Berry y su firma reconocida, el doble fraseo staccato que proviene del blues de Chicago y una fuerte inflexión country. El mundo no fuera lo que es hoy sin «*Roll Over Beethoven*»; «*Rock and Roll Music*» y «*Johnny B. Goode*». John Lennon expresó una vez: «Si le fueras a dar otro nombre al rock&roll, este sería Chuck Berry».[10]

Chuck Berry, Alemania, 22 de octubre de 2013. DonClemente12F67, CC BY-SA 4.0 <https://creativecommons.org/licenses/by-sa/4.0>, via Wikimedia Commons

---

[9.] *Ibídem.*

[10.] *Ibídem.*

FATS... DE BLUEBERRY HILL

Para Ernesto Juan Castellanos

Uno de los cinco grandes del *rock and roll* —Elvis Presley, Little Richard, Fats Domino, Chuck Berry y Jerry Lee Lewis— Fats Domino fue el más negligente y el menos reconocido de todos, quizás por el estilo de *rock and roll* que interpretó: «*New Orleans dance blues*», eclipsado por un excéntrico Little Richard y un bien parecido Elvis Presley.

Fats Domino en Amsterdam, 3 de noviembre de 1962
Foto: Hugo van Gelderen / Anefo, CC0, via Wikimedia Commons

La música de Fats Domino fue maravillosa a pesar de no alcanzar un éxito masivo de ventas. Jugó un papel primordial en el desarrollo de la música de New Orleans, la absorción y transformación de los estilos culturales de New Orleans en rock&roll y su subsecuente influencia en numerosos artistas que continuaron su legado. Antoine Dominique Domino nació el 6 de febrero de 1928 en New Orleans. Tuvo ocho hermanos, su padre fue violinista y su tío, Harry Verette, interpretó la trompeta en las jazz bands de Kid Ory y Oscar Celestin. Antoine fue el único de los niños en mostrar alguna inclinación musical pues comenzó a tocar el piano a los seis años de edad después que un pariente dejó un viejo instrumento en su casa.

Pronto comenzó a tocar por menudo por las tardes. Un accidente en la fábrica donde trabajaba dañó seriamente sus manos y los doctores recomendaron la amputación. Fats se negó y después de dos años de ejercicios ya estaba tocando de nuevo en la banda del bajista Billy Diamond quien fue el que le dio el apodo de Fats.

Eventualmente, Fats conoció a Dave Bartholomew. El comienzo de su relación es uno de los periodos más confusos en la carrera de Domino. Lo más popular fue que Bartholomew lo invitó a unirse a su banda en New Orleans, pero otros dicen que fue tras su firma con la empresa disquera Imperial. Cualquiera que sea la verdad, Bartholomew tenía una excelente reputación como trompetista.

Atractivo Universal

El aparente eterno y universal estilo de Fats desafió el análisis musical. Sus grabaciones fueron simples, convincentes, memorables y bailables. Quizás otros salieran con cosas mejores, pero en Fats podías confiar.

Se asegura que vendió más de 60 millones de copias, agenciándose veintidós discos de oro, algo solo superado en el *rock and roll* por Elvis Presley. Su palmarés incluyó más de ochenta sencillos y veinte y cinco álbumes. Alcanzó notoriedad entre la audiencia blanca cuando Pat Boone versionó su tema «*Ain't That a Shame*», alcanzando su primer disco de oro. Eso no le importó mucho a Domino, pues lo logró igualmente, el noveno a su cuenta por aquel tiempo.

Contrato con la Imperial

Lew Chudd fundó Imperial Records en la ciudad de Los Angeles en 1947. Después de escuchar excelentes reportes de un pianista de New Orleans, viajó para verlo tocar en una banda «ven tú» (probae blemente la de Bartholomew). El muchacho de veinte años de edad lo impresionó muchísimo firmándolo al instante. Fats perteneció a la disquera por los siguientes ochos años, aportándole lo mejor de su carrera. Tanto fue su impronta allí, que Ricky Nelson fue traído desde Verve Records tras vender más un millón de copias del cover «*I'm Walkin'*» de la autoría de Domino.

Por el tiempo de la visita de Lew, se vivía un ambiente increíblemente musical en New Orleans. Las bandas autóctonas estaban estableciendo vínculos con el *rock and roll*. Usaban varios instrumentos, fue común la incorporación de una pareja de saxofones para enfatizar las diferencias entre cada *beat*, del *boggie-woogie* interpretado por el pianista con su mano izquierda, creando un salto en el ritmo.

Además de Fats que lideraba el movimiento, podíamos encontrarnos con Amos Milburn, Roy Brown, Smiley Lewis (proveniente Texas y cuyo nombre real era Overton Lemon), Lloyd Price y Guitar Slim. Pero el rival de Fats, personal y musical fue sin dudas Roy Byrd, quien se presentaba con el rimbombante apelativo de *Professor Longhair and his Shuffling Hungarians*. Tuvo éxito local, pero no trascendió nacionalmente después de dos grabaciones: «*Bald Head*» y «*Like Longhair*».

Música Cosmopolita

New Orleans era una mezcla de razas y culturas. La ciudad había sido el puerto más importante en la época de la trata de esclavos y desde su fundación se vio expuesta a la entrada de la música africana y caribeña. El blues local fue fuertemente influenciado por el lenguaje francés hablado comúnmente en la ciudad, creándose estilos musicales tales como el *jazz* de New Orleans, el Cajun y el Zydeco. Fats se nutrió de este tipo de música, principalmente su estilo baladístico.

Zydeco es un estilo de *blues* tocado por los francoparlantes del sur de Louisiana. Cantado en francés e interpretado con el acordeón. El

Cajun sustituyó los saxofones por acordeones. Ejemplo claro es el tema «*Sea of Love*», interpretado por Phil Phillips and the Twilights, producido por George Khoury en Lake Charles, Louisiana donde lo más destacable es el efecto coral parecido al sonido del mar causado por the Twilights detrás de la voz prima de Phillips. Este tema tuvo una versión británica interpretada por Marty Wilde.

Otra influencia palpable en el estilo vocal de Fats fue su fuerte acento y entonación creole mucho más palpable en las vocales.

Muchas de sus canciones fueron compuestas y arregladas por Bartholomew en Imperial. Casi todas sus grabaciones fueron en New Orleans desdeñando los estudios radicados en Los Angeles.

Bartholomew interpretó la trompeta en las grabaciones de Fats hasta 1956 cuando irrumpieron en el mercado blanco. Este magnífico músico también cosechó éxitos en el campo del R&B tales como: «*That's How You Got Killed Before*»; «*Ain't Gonna Do It*»; «*Who Drank My Beer?*» y «*Frantic Chick*».

The Fat Man grabado en octubre de 1949 fue su primera grabación, su primer *hit* y su primer disco de oro. La voz de Fats en aquel tiempo sonaba más gruesa y nasal.

41

Del R&B al R&R

Fats mantuvo una alineación de músicos estable durante casi toda carrera, piano, trompeta, dos o tres saxos, guitarra, bajo y batería. Herb Hardesty interpretó los solos de saxo hasta 1955 cuando los compartió con Lee Allen, Cornelius Coleman fue el baterista regular, Frank Fileds, el bajista y Walter Nelson o Ernie Maclean en la guitarra.

Con esos músicos y la habilidad de Bartholomew, Fats triunfó fácilmente en la escena R&B. Irrumpió en el mercado blanco con la canción «*Ain't That Shame*», de la autoría de Bartholomew y anteriormente versionada por Pat Boone. Después de eso fueron éxitos tras éxitos. Su vínculo con el nacimiento del *rock and roll* es innegable.

Su hermandad con Bartholomew fue muy provechosa. Todas sus canciones tenían letras simples. No existía complicación en sus melodías:

Yes, it's me, and I'm in love again

Had no lovin' since you know when
You know I love you, yes I do
And I'm savin' all my lovin' just for you.

Nada más simple que esto.

Mientras tanto el DJ Alan Freed había comenzado un programa radial con figuras negras de R&B y teniendo un rating masivo que le permitió organizar un concierto en vivo en la Cleveland Arena en marzo de 1953 con aforo para 10 mil personas, pero la demanda fue tan fantástica que tuvo que ser cancelado y organizado más tarde en el año. Los invitados incluyeron a Joe «Shake Rattle and Roll»

Turner y Fats Domino

El primer éxito de Fats en el mercado blanco fue «*I'm in Love Again*», otro disco de oro en 1956. Le siguió «*Blueberry Hill*», su grabación más reconocida cuyo fenomenal éxito cimentó la carrera de Fats. Este tema fue grabado en Los Angeles y no fue una canción original, sino un estándar bien conocido.

Cuando grabó «*Blueberry Hill*», estoy convencido que sus músicos no conocían el puente de la canción:

The wind in the willow played love's sweet melody
But all of the vows you made were never to be

Fats no sabía las notas, pero la banda hizo un *riff* maravilloso. Domino tocó las notas erradas, pero encajaron perfectamente. Eso hacia este genio, cambiaba las notas de la canción de otro para adecuarlas a su estilo. A veces no fue ni lo que la banda estaba tocando, pero funcionaba.

De hecho casi no se puede escuchar el bajo en las primeras grabaciones de Fats. Después doblaban su sonido con la guitarra para hacerlo un sonido distintivo. Algo que se convirtió en un estándar con Phil Spector, quien podía tener dos o tres bajos o alguna guitarra doblándolo. No sé si Spector lo tomó de Domino o de alguien que también lo copió. De lo que estoy convencido es que empezó con Fats. Hoy en día siempre que alguien toca un *blues* lento al piano está haciéndolo a la manera de Fats.

Dave Bartholomew tuvo el sentido común de seguir sus corazonadas para decidir las tomas que quedarían en las grabaciones. Nos hubiéramos perdido algo grande de Fats su hubiéramos escuchados más tomas «correctas», esas que poseían el toque único que Fats nos podía regalar nunca hubieran sido grabadas.

Versiones de Versiones

Las versiones de éxitos anteriores son comunes en el *rock and roll*. Nótense «*Baby Face*» y «*By the Light of the Silvery Moon*» de Little Richard. Por lo que Fats incluyó los *hits* «*My Blue Heaven*» y «*Margie*», interpretados tan magistralmente que superan a los originales.

Imperial no era la única disquera que promovia su R&B como *rock and roll*, pero si fue la más exitosa simplemente por tener a Fats en su catálogo. Aunque la disquera King de Sydney Nathan radicada en Cincinnati poseía uno de los catálogos más fuertes con Bill Doggett, Bullmoose Jackson, Roy Brown, Hank Ballard and the Midnighters (interpretes originales del tema «*The Twist*» que Fats versionó), Otis Williams and the Charms, los guitarristas Albert King, Freddie King y Johnny «Guitar» Watson. 43

Otra disquera importante fue Aladdin, de Los Angeles y que contó con Bartholomew como productor por un tiempo y los artistas Amos Wilburn y Shirley and Lee. También se destacó Speciality Records en Hollywood que tenía a Lloyd Price. Guitar Slim, Larry Williams y al incomparable Little Richard.

Estrella Cinematográfica

El éxito de Fats fue enorme en ambos mercados por lo que apareció en las más notables películas de rock & roll de la época: *Jamboree*; *Shake, Rattle and Rock*; *The Big Beat* y *The Girl Can't Help It*. Solo superado por Elvis en ese aspecto.

Fats fue una gran influencia e inspiración para otros artistas negros además de resaltar la música de New Orleans y el sur profundo de su país. Uno de los resultados directos de su éxito fue el surgimiento de Little Richard cuyo estilo frenético al piano se nutrió directamente de Fats. De hecho, casi todos los músicos que participaron en sus grabaciones también acompañaron a Richard.

Su relación musical y cultural fue la imagen negra que pudo aplicarse a Bill Haley y Elvis Presley, uno inofensivo, el otro peligroso.

Pero lo que más influyó Fats fue a la propia ciudad de New Orleans. Además de su efecto en cantantes como Lloyd Price y Smiley Lewis, Fats le brindó luz a la disquera Ace de Johnny Vincent.

Esta empresa radicada en Jackson, Mississippi en 1956, grabó una banda de New Orleans cuya música se acercaba más a Roy «Longhair» Byrd que a Fats, su nombre Huey «Piano» Smith and the Clowns. La banda tenía tres vocalistas además de Huey: Bobby Marchan, Junior Gordon y Frankie Ford. Con Marchan en la voz prima cosecharon los exitazos «*Rockin' Pneumonia and Boggie Woogie Flu*» y «*Don't You Just Know It*», así como con Ford (que era blanco), en *Sea Cruise*.

Soft Rock

Jimmy Clanton tuvo varios éxitos con baladas tales como «*Just a Dream*»; «*Letter to an Angel*» y «*Ship on a Stormy Sea*». Todos discos de oro por el volumen de ventas. A pesar de haber nacido en Baton Rouge, Louisiana, Clanton poseía un estilo Filadelfia como Bobby Rydell, Frankie Avalon y Fabian, quienes le deben mucho a Fats y contribuyeron al surgimiento del rock sureño. Otros norteños que se nutrieron de Domino fueron Lee Dorsey, Irma Thomas, Ernie K. Doe, Clarence "Frogman" Henry, Joe Jones y el gran Chubby Checker.

Al pasar los años la música de Fats fue menos aventurera y salvo algunas excepciones su voz se convirtió en más melosa perdiendo parte de su esencia. Su música alcanzó nueva relevancia tras el surgimiento de The Beatles y la Invasión Británica.

Fats dejó Imperial en 1962 para tener infructuosos vínculos con ABC-Paramount, Mercury y Broadmoor, tras lo cual firmó contrato con Warner-Reprise para grabar dos excelentes versiones de clásicos de Lennon/McCartney, «*Lady Madonna*» y «*Lovely Rita*».

Fats era de la vieja escuela al extremo, le gustaba trabajar en la casa, hacer largos conciertos y empujar el piano con la barriga. Cuando atacaban al *rock and roll* expresó: «No sé por qué dicen que somos una mala influencia en los jóvenes. Solo estoy tocando la misma música que he hecho toda mi vida».[11] Así era Fats, no

---

[11.] *Ibídem*, p. 13.

pensaba que lo que estaba haciendo era especial o diferente. Solo hacía lo que Fats hacía mejor.

La música de Fats fue determinante en el surgimiento del *rock and roll* y el establecimiento de las grandes estrellas negras del género. Sus éxitos e influencia son invaluables. Su música es simple exuberante, amorosa y feliz, hasta sus canciones melancólicas tienen un mensaje reconfortante. Fats Domino pesaba alrededor de doscientas veinte libras e interpretó el *rock and roll* antes de que el termino se inventara. Fats dijo una vez al respecto: «Alguna gente lo llama R&B y otros *rock and roll*, pero me gustaría llamarle simplemente música con beat».[12]

Podía hacer las barras del piano con ambas manos. Allen Toussaint lograba la T con las dos manos, pero no las barras. Domino fue como un Thelonius Monk y siempre puedes decir: es Monk o alguien que intenta tocar como Monk. Aunque muchos se empeñen en encasillar su estilo, una cosa es cierta: Fats Domino fue uno de los grandes rockeros de todos los tiempos.

Fats Domino en Francia,12 de julio de 1992. Foto: Roland Godefroy, CC BY-SA 3.0 <http:// creativecommons.org/licenses/by-sa/3.0/>, via Wikimedia Commons

---

[12] *Ibídem.*

CHUBBY CHECKER, EL REY DEL TWIST

Los años 1960 y 1961, fueron buenos para el *pop*. Todo el mundo estaba bailando el *Twist*. La locura bailable formó parte del género desde sus inicios. Con el rock and roll se hicieron los pasillos más locos jamás vistos en las pistas de baile. Como la música, los movimientos fueron diseñados estrictamente para el público juvenil. Las piernas por el cielo, las chicas volaron, las caderas se contornearon y los padres sufrieron.

Todos esos pasillos eran norteamericanos y solo llegaron a Gran Bretaña a través del cine. Existieron variaciones dentro del propio Estados Unidos. Las innovaciones se trasmitían gradualmente de un área a otra, nunca impactando al país de repente. Aunque el proceso de cambio se aceleró con el surgimiento y proliferación del *rock and roll* en la televisión y el cine.

La mayor influencia se originó en un programa televisivo transmitido desde Filadelfia para la audiencia nacional, el legendario American Bandstand, con un formato *sui generis*: estudio lleno de jóvenes bailarines (blancos) que danzaban al ritmo de los éxitos más recientes. Casi todos los estilos de baile nacionales comenzaron en Filadelfia. Su impronta fue tan grande que influyó en programas televisivos muy importantes en la cultura afronorteamericana, como mi preferido Soul Train, al que dedicaré un capítulo completo.

Otro Hombre Corpulento

Una de las consecuencias de la ubicación geográfica de American Bandstand fue la firma de numerosos artistas presentes en el show por parte de las disqueras de Filadelfia. Hank Ballard alcanzó un gran éxito en la audiencia negra con «*Work With Me, Annie*» en 1954. La letra y el estilo de la canción fueron muy «fuertes» para el público blanco, por lo que hizo poco ruido en las listas. Hank perseveró y en marzo de 1959 alcanzó la posición 93 con «*Teardrops on Your*

Letter», el sencillo contó en la cara B con «*The Twist*». Catorce meses después alcanzó el Top 10 con «*Finger Poppin' Time*», entonces «*The Twist*» fue relanzado y llegó al número 28.

Chubby checker, 1960

Todo esto provocó una necesaria demostración del baile *The Twist* en el programa *American Bandstand*. El escogido para hacerlo fue un chico llamado Ernest Evans, renombrado Chubby Checker en homenaje a otro hombre gordo: Fats Domino. Nacido el 3 de octubre de 1941 en Filadelfia, Chubby apareció en el programa cantando y bailando. Sus pasillos pegaron y su versión del tema de Ballard ocupó la cima de las listas nacionales.

The twist no fue nada nuevo musicalmente, pero como baile fue un exitazo. Su explicación fue utilizando símiles: Mueves tus pies como si estuvieras aplastando cigarros a derecha e izquierda, mueves tus brazos y caderas como si te estuvieras secando con una toalla. Eso era todo. Naturalmente, la técnica no era difícil y pronto se volvió aburrida así que se le buscaron embellecimientos. Podías subir el pie y apagar un cigarro imaginario en el aire o doblar tus rodillas hacia el suelo. Mientras más variaciones hicieras más en onda estabas y como no necesitabas una pareja para bailar podías practicar frente al espejo mientras la suela de tus zapatos te lo permitiera.

El que se pudiera bailar en solitario fue uno de sus mayores atractivos. Anteriormente para bailar cualquier cosa necesitabas una pareja. El propio Checker bailó tanto que bajó de peso. Era un artista bastante enérgico que cantaba y bailaba al mismo tiempo. Esto influyó en su estilo vocal, como la falta de aliento. Ello no importó mucho pues los chicos compraban sus discos para bailar no para escuchar su voz.

Después de *The Twist* apareció «*The Huckebluck*», que no se incluyó en el Top 10 y «*Pony Time*» que sí se agenció el número 1. Llegó el verano y como había pasado un año de su primer éxito nos regaló «*Lets Twist Again*», una idea simple y otro *hit* en el Top 10. Su racha prosiguió y en octubre lanzó otro baile con el sencillo, «*The Fly*», al que le fue mucho mejor que a su predecesor.

Algo curioso ocurrió, gente preparada y estudiada de New York comenzó a bailar *Twist* y no solo gente inteligente sino gente de mediana edad. Así que había profesionales en sus cuarenta y cincuenta robándoles la acción a los adolescentes. Su cuartel general fue el club Peppermint Lounge, donde Joey Dee and the Starlighters tocaban todas las noches. Dee lanzó al mercado su propia versión del *Twist*: «*The Peppermint Twist*», que fue directamente al número 1. Todo esto convino a Checker pues en noviembre de 1961, «*The Twist*» y «*Let's Twist Again*» ocuparon la cima de varias listas por segunda vez. No se podía esperar otra cosa: Checker recibió el premio Grammy a la Mejor Interpretación de Rock & Roll en 1962.

Que no pare el Twist

Los neoyorkinos adoptaron el *twist* sin importar la edad del bailador. Anteriormente el baile había sido exclusivo para los adolescentes y casi prohibido para los mayores de veintiuno. El *pop* fue la manifestación musical del adolescente, del acné y hasta de la delincuencia juvenil. Se suponía que maduraras musicalmente al mismo tiempo que psicológicamente, algo que no se cumplió con el *Twist*, que encantó a todos por igual. Este fue un fenómeno que desorbitó a las masas trabajadoras necesitadas de diversión.

El hecho de que una persona gruesa, de más de cuarenta años pudiera bailarlo, fue el detalle más concluyente de la influencia de Checker en varias generaciones. Los mayores no solo lo toleraron sino lo disfrutaron.

49

Los imitadores no se hicieron esperar. Gary "US" Bond grabó «*Twist*», «*Twist, Senora*» y «*Dear Lady Twist*», Jerry Lee Lewis, cantó «*I've Been Twisting*», Frank Sinatra nos regaló «*Every-body's Twistin*», Sam Cooke, hizo «*Twisting the Night Away*», The Isley Brothers grabaron el clásico «*Twist and Shout*», hasta Duane Eddy grabó un álbum entero titulado *Twistin' 'n' Twangin*, y cuando Bobby Darin versionó el tema de Ray Charles «*What'd I Say*», cambió la letra y cantó «*See the girl with the diamond ring-she knows how to twist that thing*».

El propio Ray Charles (quizás fue una idea de su casa discográfica) relanzó un álbum anterior con un nuevo título: *Do the Twist with Ray Charles*, que se vendió como si fuera un disco nuevo.

Por su parte Chubby Checker, inteligentemente tomando en cuenta la edad de la audiencia, desaceleró el tempo y alcanzó el Top 3 con «*Slow Twistin*».

Gran Bretaña se enganchó después. Antes de The Beatles siempre estuvo a la saga de Estados Unidos. El primer éxito de Checker en el Reino Unido fue «*Pony Time*», que apareció en la posición 20 por una semana en marzo de 1961. Para despegar tuvo que esperar un año más. «*The Twist*» entró en las listas inglesas la misma semana que «*Peppermint Twist*»de Joey Dee, una semana antes que «*Let's Twist Again*» ocupara la segunda posición en enero de 1962. Se mantuvo en la preferencia hasta mayo. Ocurrió lo mismo que en New York, los padres también lo bailaron. Billy Fury cantó acerca de ser un «*Twist Kid*», en la película *Play It Cool*. Petula Clark hizo el «*Ya Getula Twist*» y Frankie Vaughan tuvo su único éxito del año con «*Don't Stop-Twist*».

Chubby trabajó en el cine también: *Twist Around the Clock*, con The Marcels and Dion. Sus competidores Joey Dee and the Starlighters no se quedaron atrás y participaron en el filme *Hey Let's Twist*. Pero Chubby siempre les ganó, *Rock Around the Clock: Don't Knock The Twist* (con Gene Chandler, The Dovells y Vic Dana) fue un exitazo. La fórmula fue la misma, escaso presupuesto, máxima explotación.

Sus grabaciones fueron prolíficas: después de «*Slow Twisting*», alcanzó el Top 20 en ambos lados del Atlántico con «*Dancing Party*». Experimentó un nuevo baile con el sencillo *Limbo Rock*. Discrepo con varios especialistas norteamericanos que califican a Chubby Checker como un *one-hit wonder*. Sus éxitos fueron numerosos y tuvo bailando a medio mundo por bastante tiempo.

En 1963 siguió con el limbo y el *Twist* con «*Let's Limbo Some More*» y «*Twist It Up*». Además enseñó los bailes: The Popeye, The Hitchhiker, The Swim, The Freddie y The Bungaloo. Todo esto duró hasta 1966 cuando la audiencia se dio cuenta de que podía mover el esqueleto sin él. Después le fue bien difícil imponerse colándose solamente en el Top 100 norteamericano en 1969 con la versión del tema de The Beatles, «*Back in The USSR*».

Pero su impronta fue sólida. Rod Stewart grabó con The Faces, «*Twistin' The Night Away*», no como una novedad bailable sino porque fue una de las mejores canciones de Sam Cooke, ídolo de Stewart. Por supuesto la canción era magnifica para las fiestas y The Faces amaban fiestar.

Consejo para los Ingratos

El Rey del *Twist* se presentó en varios *shows* que celebraban la nostalgia del *rock and roll*. Por un tiempo fue olvidado. Uno de esos *shows* fue filmado para la película *Let the Good Times Roll*, junto a Chuck Berry, Little Richard, Bill Haley y Bo Diddley. Su aparición fue mayormente para burlarse de él pero su mirada de gratitud hacia el público cuando lo ovacionaron emocionó a muchos.

Promocionó otro baile. Como antes, no fue de su invención, pero le mostró al mundo su llamado «*Reggae my Way*». Esta vez no hubo toallas. Las indicaciones fueron simples: mueve tu cuerpo como una cuna de bebé, pero ten cuidado no la rompas. No alcanzó éxito alguno, al parecer la audiencia se había cansado de Checker.

Se le propuso una gira por Gran Bretaña, pero el daño estaba hecho, no quiso ofrecer conferencias de prensa. Le interesaba más adoptar una nueva dirección musical, pero no se lo permitieron. El público y la crítica solo estaban interesados en sus viejos éxitos. Checker se negó a participar en el juego de la nostalgia por lo que fue relegado al olvido. Años después fue reconocido como el más grande promotor de la locura bailable mundial.

51

ESCUCHANDO A LITTLE RICHARD, EL REY DEL ROCK & ROLL

Para Francisco López Sacha

A algunos les gusta el *rock*, a otros les gusta el *roll*. Pero Little Richard fue algo más. Fue tan trepidante que hizo ver lento al mismísimo Elvis. Su voz poseía la velocidad de un tren expreso.

Algunos con los que no estoy de acuerdo lo catalogaron como una mala imitación de sí mismo, vistiendo a su banda de gris, amanerado, perdiendo el contacto con la audiencia casi siempre. Legendaria fue la ocasión cuando expulsó de su banda al gran Jimi Hendrix por usar camisas de colores brillantes. Pareció olvidar que por mucho tiempo él mismo fue la mayor bola de fuego que estaba rodando por ahí. Qué pensarían de ello, aquellos muchachos que se escondían para escucharlo en un sótano de la «inaccesible y prohibida» Cuba.

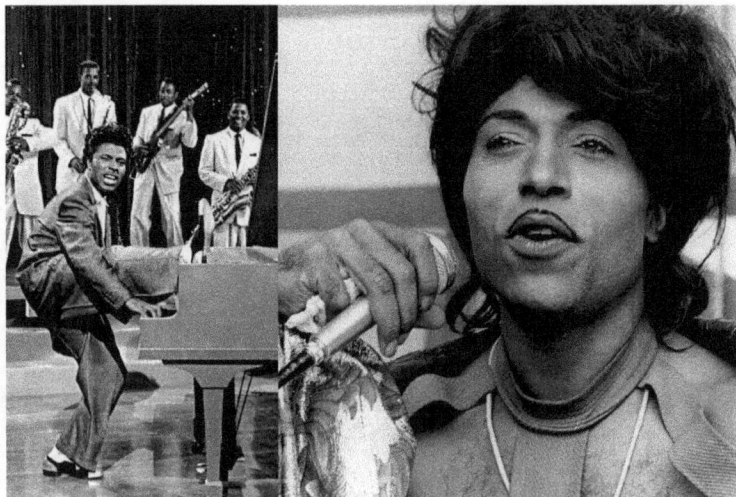

Richard Wayne Penniman, nació el 5 de diciembre de 1935 en Macon, Georgia. El éxito de esta estrella se demoró dos años en llegar a Inglaterra porque su disquera, Specialty, inicialmente no tenía un acuerdo de distribución internacional. Así que Gran Bretaña tuvo «*Rip it Up*» de manos de Bill Haley y «*Long Tall Sally*» en la voz de Pat Boone. Era 1956, los ingleses todavía no estaban preparados para el Rey.

El primer éxito de Little Richard en los Estados Unidos fue «*Tutti Frutti*» en 1955 y un año después salieron al mercado «*Long Tall Sally y Rip it Up*». Se introdujo en las listas británicas finalmente en febrero de 1957 con el sencillo de doble cara A «*Long Tall Sally/ Tutti Frutti*». Desde la primera nota de piano en estas canciones Richard demostró estar muy por encima de Haley y Boone.

Su tempo fue duro y furioso, pulsando doblemente el teclado como si tuviera un reloj sincronizado dentro de sí. Su estilo vocal repleto de gritos volvió loco a los bailadores. Casi como que no se perciben las palabras. Little poseía su propio lenguaje entendible por todo aquel que lo quisiera: El lenguaje del *rock and roll*.

La forma de vestir alocada también lo caracterizó, su chaqueta le llegaba a las rodillas, con sus pantalones colgando como una bandera de gabardina gigante. Su sastre debe haber cobrado una fortuna. El estilo rimbombante de su peinado lo hacía ver cabezón y sus expresiones faciales enfatizaban su redondez. Esas expresiones oscilaban entre el terror y la serenidad. Su bigotico fino también lo definió. Era difícil creer que fuera real. Entonces «*Don't Knock the Rock*» salió y todo estalló.

Richard realizó una gira por Gran Bretaña presentándose noche tras noche, quince minutos de sus éxitos, media hora si le pagaban más. Su banda acompañante: Sounds Incorporated. La audiencia se arrebataba provocando reyertas. «*Rip it Up*»; «*Lucille*» y «*Good Golly Miss Molly*», sin orden definido y el público a saltar, gritar y bailar.

Richard a sudar, a quitarse el jacket y remangarse las mangas de su camisa. Siente más calor, se quita las medias las tira para el público y se desabrocha la camisa. Tira también los zapatos, no muy lejos ni muy duro, no es su intención lastimar a nadie. Una vez vi un anuncio en internet: «Se vende un pedazo de la camisa de Little Richard, de su concierto en Slough Adelphi, octubre 23.»

A veces tiraba sus pantalones. El *show* debe continuar. Miren quien lo inventó.

Demasiado

A esas alturas los músicos acompañantes también estaban sudorosos. Richard suaviza un poco: «*Ready Teddy*»; «*Jenny Jenny* ó *She's Got it*». «*Ruby Lips*», «*shapely hips*».

When she walks down down the street all the cats flip
She's got it...

¿Qué viene después Richard? Encaramarse en el piano, quitar los cables de los micrófonos, cantar y gritar volviéndose más loco. Entonces salta, se cae, colapsa, ¡No se puede levantar! La música nos sofoca y se detiene. Suben a ayudarlo con toallas. Se encuentra tirado en el piso. ¿Por qué no lo ponen en una camilla en vez de rodearlo y no dejarlo respirar? No hay manera de atender a un tipo que está en coma, inconsciente o medio muerto. De repente, ¡Oooo mah sooooul! El inválido escuálido aúlla en *falsetto*, se levanta de un brinco, bota a todo el mundo, la audiencia se da cuenta de la broma y se divierte colosalmente.

Ni el propio Richard puede con eso, así que termina el número tan rápido como le es posible y bajan las cortinas. Por supuesto tiene que volver a salir o no se va nadie a su casa. Lo hace envuelto en una sábana blanca todo sudado como un boxeador que peleó 15 rounds contra el campeón. Richard levanta su mano como un triunfador, eso es todo, simplemente es el mejor.

Su fama no proviene de la nada. Solo tenía veinte años cuando «*Tutti frutti*» vendió un millón de copias. Coreó en la iglesia durante su adolescencia y ya era un cantante de blues a los quince, grabando para RCA con su estilo «lloroso». Cantó *góspel* para Specialty Records antes de empezar en el *rock and roll*.

La historia continua, hace un trato con Dios cuando estaba en problemas y cuando El Señor apareció, todo se resolvió. Richard mantuvo su palabra, botó sus joyas al mar y se retiró del *rock and roll*. El *góspel* es su pasión ahora. Fue difícil de creer. Sirvió a Dios a su manera por muchos años y entonces regresó. Las nuevas canciones no fueron tan buenas como las viejas, pero a nadie le importó. Todo el mundo lo único que quería escuchar era «*Tutti frutti*»; «*Long tall sally*»; «*Keep a knockin'*» y «*Miss Ann*». Regresó más fuerte que nunca y para su religión fue vano, sin objetivo y profano. El clásico Little Richard.

Risas y abucheos

No alcanzó el éxito rápidamente. Tuvo que esperar que alguien se le ocurriera que era tiempo de revivir el *rock and roll*. Eso pasó a finales de los sesenta. La idea era que los muchachos estaban llenos de cosas nuevas desde que aparecieron The Beatles. Parecía que habían olvidado que antes hubo rock & roll. Un muchacho de diecisiete años que consumiera *a Cream* en 1968, no conocía a los dinosaurios del género. Así que necesitaron a Bill Haley, Jerry Lee Lewis, Bo Diddley, Chuck Berry, Fats Domino y por supuesto el Rey de todos, Little Richard.

Pero el regreso fue duro, presentarse delante de los peludos y cantar todas esas canciones viejas no fue fácil. Solo se vio bien Chuck Berry, que de verdad estaba mejor que nunca. Bill Haley nunca regresó a su forma de 1955. Jerry Lee Lewis no escondió su preferencia por el country. Bo Diddley era un hombre de una sola canción y Fats Domino cantaba baladas y R&B de New Orleans. Hey, eso sí, les estaban pagando bien.

Little Richard no fue el mismo. No quedaba mucho de la leyenda, del hombre alocado del *rock and roll*. Perseveró, se impuso a los que lo criticaron. Se reían y lo abucheaban en el escenario. Parecía que ya sus canciones no gustaban. Hasta interpretó material de Elvis Presley. Podía tocar su piano, pero prefirió situarse en la delantera del escenario o desde una altura desde donde se cayó realmente una vez exhausto. Por esa razón contrató a un pianista. La audiencia norteamericana lo toleró más que la británica, que prefirieron a Berry.

La gente llamó al *rock and rock* música africana, música vudú. Dijeron que volvería locos a los muchachos. También que solo duraría un momento. Little Richard cambió todo eso, los blancos comenzaron a comprar sus discos. En sus primeras presentaciones los blancos se ubicaban en los balcones de los teatros, pero la emoción fue tal que bajaban las escaleras y se ponían a bailar con los negros. Por supuesto tocó en muchos lugares donde le dijeron que no volviera pues el público se arrebataba y comenzaba a tirar cosas en pleno éxtasis.

John Lennon dijo de él: «Cuando escuché «*Long Tall Sally*» fue tan bueno que no podía ni hablar. Yo no quería dejar a Elvis pero esto era mucho mejor».[13]

Otro grande, Jimi Hendrix, expresó: «Yo quería hacer con mi guitarra lo que Little Richard hacía con su voz».[14]

Nada de esto minó su amor propio y dijo una vez: «Todavía soy el mejor. Soy el Rey del *rock and roll*. Aretha Franklin es la Reina del Soul, pero quien quiere ser la Reina cuando tú eres el Rey del rock & roll».[15]

También comentó en una entrevista para la revista *Rolling Stone*:

> The Rolling Stones y The Beatles empezaron por mí, en un club en Hamburgo, Alemania, sin haber grabado y siempre los ponen por encima. James Brown y Jimi Hendrix empezaron por mí y los valoran más. Yo los alimenté, hablé con ellos pero siempre estarán por encima según algunos. Lo que importa es que pasé la prueba del tiempo y aún estoy aquí. Creo que cuando la gente quiere divertirse y ser feliz quieren escuchar el clásico rock & roll. Estoy contento por haber sido parte de eso. Quedamos pocos y somos los últimos, los días buenos se acaban. Pronto habrá otro ritmo por ahí. Pero no será lo mismo. Nunca.[16]

Estoy totalmente de acuerdo con Little Richard.

---

[13] Jeremy Pascall and Rob Burt. *The Story of Pop*, p. 19.

[14] *Ibídem.*

[15] *Ibídem.*

[16] *Ob.cit.*

ELLA FITZGERALD, LEYENDA DEL JAZZ

Ella Fitzgerald nació el 25 de abril de 1917 en el poblado Newport News, Virginia.

Su repertorio musical fue amplísimo ya que incluyó los géneros del *jazz*, *swing*, *blues*, *bossa nova*, *samba*, *góspel*, *calypso*, canciones navideñas y pop. Fitzgerald es considerada como la cantante más importante e influyente de la historia del *jazz* y en general, de la canción melódica popular. Poseía una gran voz, con un rango vocal de tres octavas, en la cual se destacaba su clara y precisa vocalización, su capacidad de improvisación, sobre todo en el escenario, técnica que desarrolló en los años cuarenta.

Dizzy Gillespie escuha cantar a Ella Fitzgerald, septiembre de 1947, NY

La Fitzgerald recibió trece premios Grammy y fue galardonada con la Medalla Nacional de las Artes y la Medalla Presidencial de la Libertad de los Estados Unidos. Es maravillosa su interpretación del clásico «*Night and day*». Algunas de sus producciones discográficas más importantes son: *Sings more cole porter* (1961), *Ella and basie!* (1963) y *Hello, Dolly!* (1964).

Sus padres se dieron cuenta rápidamente de que tenían una niña prodigio cuando ganó un concurso amateur organizado por Chick Webb en 1934, el mejor baterista de la época dueño de una big band de gran calidad. Ella se convirtió en la *vedette* de la orquesta, Webb falleció en 1939 y sus músicos continuaron acompañando a la Fitzgerald hasta 1942.

Posteriormente formó parte de los grupos vocales Delta Rhythm Boys e Ink Spots. En 1945 trabajó con Louis Jordan. Un poco más tarde firmó contrato con Norman Granz grabando *Jazz at the Philarmonic*. Su reputación creció trabajando con tríos integrados por los grandes pianistas Oscar Peterson, Hank Jones, Lou Levy, Tommy Flanagan y Ray Bryant. Cantó con los mejores músicos de la época: Duke Ellington y Count Basie.

Ella Jane Fitzgerald con Frank Sinatra, 9 de mayo 1958. En el Show de Frank Sinatra ABC

Su timbre de voz era maravilloso. Desde 1945 desarrolló un estilo de improvisación inigualable, capaz de interpretar lo mismo un tema de *be-bop* que una *bossa nova*. Ella utilizó el *scat* de forma elegante y maravillosa en los temas «*Cow cow boggie*», «*Flying home*» y «*Lady be good*». El *scat* consiste en remplazar los sonidos de una canción por onomatopeyas, utilizando la voz como un instrumento suplementario. Una invención de Louis Armstrong con quien grabó «*Porgy and bess*» en 1958.

Ella participó en los más importantes festivales de *jazz* norteamericanos, europeos y japoneses. Registró prácticamente todo el repertorio del país en sus grabaciones: Gershwin, Cole Porter, Irving Berlin, Rodgers and Hart, así como Jerome Kern. Sus discos de mi preferencia son *Crying* (1949), *Ella Hums the Blues* (1955), *All Too Soon* (1957) con Duke Ellington, *Imagine my Frustration* (1965), *Ella Sings Gershwin* (1959), *Mack the Knife* (1960) y *Ella and Joe Pass* (1983) donde lograron una combinación magnifica entre la cantante y la sensualidad de la guitarra.

Tan alta era la calidad de la Fitzgerald, que cantó en un viaje en avión entre Chicago y Denver, a una altitud de 35 mil pies con Paul Smith al piano, Keter Betts en el bajo y Bobby Durham en la batería. Su fama estaba por los cielos literalmente.

Esta leyenda del *jazz* se nos fue el 15 de junio de 1996. Quiero recordarla interpretando «*A Tistet a tasket*», gran éxito que figuró en su repertorio con Chick Webb y su orquesta y «*My heart belongs to daddy*», una composición de Cole Porter, que hizo por primera vez en 1939.

Ella Fitzgerald en los Grammy Awards telecast 2/21/90
Foto: Alan Light, CC BY 2.0 <https://creativecommons.org/licenses/by/2.0

MUDDY WATERS, EL VERDADERO ROLLING STONE

Muddy Waters y su banda fueron teloneros de ZZ Top en 1981. Esto fue más de cuarenta años después de sus primeras grabaciones y la agrupación aun podía tocar el verdadero *blues*, no como simples profesionales sino con el mismo entusiasmo de sus comienzos. Cuando Muddy cantaba sabías que lo hacía con la pasión de siempre.

Waters siempre contaba una historia sobre sus amigos Freddie King y Little Walter que habían caminado desde Dallas hasta

MUDDY WATERS

EUROPEAN REPRESENTATION
HAROLD DAVISON LTD.
EROS HOUSE
29-31 REGENT STREET
LONDON, S.W.I

Chicago. Me imagino a esos dos tipos caminando del Sur al Norte de los Estados Unidos. Todo el mundo en la gran migración tomó el tren, pero estos hombres iban con sus guitarras de pueblo en pueblo para vivir del *blues.*

En los sesenta y setenta la música de Waters renació porque los rockeros quisieron regresar a los orígenes, a los sonidos auténticos. Muchos le preguntaron a Muddy como había logrado su sonido particular en las grabaciones y qué instrumentos había usado. A lo que siempre respondió: «Usamos lo que podíamos pagar»:[17] muchas veces no tenían dinero como esa vez, que un amigo de Shakey Walter Horton que era despachador de taxis, cortó un cable y se llevó un micrófono de la piquera al final de su turno. Todo eso para que ellos pudieran tocar el harpa. Esto te daba el sonido auténtico del blues, la inventiva de sus músicos.

Los críticos pueden decir que su estilo era sucio y crudo, pero no lo era, simplemente así es el *blues*. Mucha gente lo descubrió porque The Rolling Stones tomaron su nombre de una canción suya. Pero los amantes del *blues* ya conocían al legendario blusero antes que los ingleses pensaran ser músicos. Jimmy Reed, Howlin' Wolf, T-Bone Walker, Albert King, B. B. King y Freddie King, todos le deben a Muddy Waters.

Fue el pionero, comenzó tocando acústico por el Mississippi, usando el pulgar para tocar la línea del bajo y un cuello de botella para la melodía en las cuerdas de arriba. Su guitarra slide obtuvo la anuencia de su voz como ningún otro instrumento. Básicamente era una cosa tipo Robert Johnson que Muddy se llevó para Chicago, la electrificó, le agregó un bajista y un harpa y ya tenías una fiesta.

El *blues* no morirá nunca por hombres como Waters. Este género se redescubre cada diez años desde la década de los veinte y Muddy tuvo mucho que ver con eso. Puedes escuchar su entusiasmo en bandas del siglo XXI como The White Stripes o The Black Keys.

Se le considera el padre del Chicago *blues*; fue el inspirador de la explosión del *blues* británico de los años sesenta con artistas del nivel de John Mayall, Eric Clapton y Led Zeppelin y su pieza *Rollin' Stone* sirvió de pretexto tanto para los Rolling Stones de adaptar el nombre, como para Bob Dylan de escribir su mayor éxito, «*Like a Rolling Stone*».

Una de las revistas más importantes del género, *Rolling Stone*, lo coloca en el lugar número 17 entre los 100 Grandes Artistas de Todos los Tiempos.

Muddy Waters influyó en géneros como el *Rhythm & Blues, Rock & Roll, Hard Rock, Folk, Jazz* y *Country*. Incluso ayudó a Chuck Berry a obtener su primer contrato. Jimi Hendrix reconoció que Muddy Waters fue el primer guitarrista que escuchó desde niño, lo

62

---

[17].www.rollingstone/muddywatersbio.html.

cual lo asustó por el estilo oscuro que imprimió en sus melodías; la banda Cream hizo un cover de «*Rollin' and Tumblin'*» en su álbum debut de 1966.

Uno de los más grandes éxitos de Led Zeppelin, «*Whole Lotta Love*», se basó en el éxito de Waters «*You Need Love*»; otra pieza famosa, «*I Just Want To Make Love To You*», lo fue más en voz tanto de Etta James como de la banda Foghat. La canción «*Hoochie Coochie Man*» fue homenajeada por grupos como The Allman Brothers Band, Humble Pie y Steppenwolf.

Les recomiendo su álbum *The Best of Muddy Waters*, con sus sencillos de Chess Records: «*Honey bee*»; «*Rollin' stone*»; «*Louisiana blues*» y «*She moves me*». También los discos que Johnny Winter le produjo a finales de los 70: «*Hard Again*» y «*I'm Ready*». Johnny entendió su música y capturó el ambiente de los cincuenta.

Waters es una leyenda, hoy puedes ver a la Sociedad Japonesa Muddy Waters escribiéndole a los fans en Suecia o Inglaterra. Hasta los DJs lo ponen en fiestas en los Estados Unidos pues saben bien que si él hacía que tres notas sonaran profundas eran porque ese *blues* lo llevaba.

Nació el 4 de abril de 1915 en Rolling Fork, Mississippi y falleció el 30 de abril de 1983 en Chicago, Illinois. Su nombre real fue McKinley Morganfield e influyó en Mick Jagger, Robert Plant y en cuanto guitarrista se te ocurra. Otros de sus temas bien importantes son «*Got my mojo workin'*»; «*I'm your hoochie coochie man*» y «*Mannish boy*».

Cuando cantaba centraba toda la energía en su voz. Para lograr un sonido determinado tienes que poner toda tu energía en ello. Muddy sabía que el *blues* era pura energía. Para lograrla nota necesitas toda tu facultad, su barítono sobresalió no solo por encima de los bluseros sino de todos los cantantes de su época. Su obra maestra *Electric Mud* te agarra por la garganta y no te deja moverte. Si ese disco no te conmueve, no creo que otra cosa lo haga.

SAM COOKE, EL SEÑOR DEL SOUL

Ironía de la popularidad. Pasó el tiempo y Sam Cooke fue olvidado por la industria musical y por el surgimiento de la nueva ola de artistas *soul*. Su nombre no significó más que los de Johnny Ace y Jesse Belvin, estrellas negras una vez.

Hoy en día sus canciones son constantemente versionadas y es considerado por los especialistas como «El Señor del *Soul*». A la distancia tenemos la oportunidad de evaluar objetivamente su carrera. Sam Cooke fue un regalo de Dios.

Su entrada en la arena musical fue a través (como muchas otras estrellas negras) del coro de la iglesia. El desarrollo del *blues* como una forma musical sirvió como un medio de identificación para los afronorteamericanos. Sus actividades musicales envolvieron todas las iglesias con comunidades negras en Norteamérica. La voz de la solemnidad, con la apasionada exuberancia de sus cultores trascendió hacia el ambiente popular. Cooke es ejemplo de ello, fue mucho más allá del fervor religioso. Desde los años veinte, grupos de cuatro cantantes, a veces cinco y hasta coros completos realizaron giras por iglesias y auditorios llevándole el sabor negro a los blancos.

A finales de los cuarenta, en Chicago, un grupo de seis hombres, llamado The Soul Stirrers estaban salvando almas y vendiendo discos. Su cantante líder era R.H. Harris y su grabación para Specialty Records, de Los Angeles, «*By and by*», un viejo spiritual que se convirtió en éxito nacional. Pero Harris se retiró en 1950. Su sustituto fue un joven cantante proveniente de otra agrupación, The

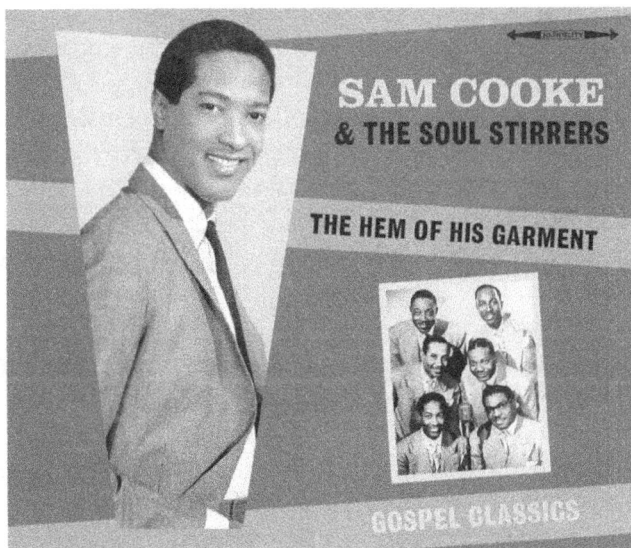

Hughway Q. C's.

Sam Cook, sin la e por aquella época, grabó sus primeras cosas el Primero de marzo de 1951. Art Rupe, presidente de Specialty recordó el hecho:

> Era un perfeccionista, podía ensayar por horas, producía mucho. Daba la impresión de estar muy seguro de sí mismo. La confianza era un atributo inesperado en un muchacho de diecinueve años de edad. Pero ahí estaba la maravillosa voz de Sam (cantante preferido de Marvin

Gaye y muchos más) sonando de una manera clara, sensual, bella, de tenor, que trajo una nueva dimensión al grupo».[18]

Las giras de más de cien mil millas al año comenzaron y The Soul Stirrers, considerando las limitaciones de su ámbito, fue un super grupo. Recibieron bastante dinero y vistieron trajes caros. Los años pasaron y Sam se dio cuenta que la música negra se convirtió en el mecanismo para que el capitalismo blanco produjera el *rock and roll*.

De repente los estilos contestatarios creados en el *guetto* fueron transformados para vender millones. Sam quien en 1956 ya era un profesional consumado, se percató que interpretando solamente *góspel*, estaba limitando su éxito. Sin el consentimiento de The Soul Stirrers fue al estudio junto a su productor Bumps Blakcwell para grabar un disco de *pop*. Para ello utilizó el seudónimo de Dale Cook, que rápidamente fue olvidado. El resultado fue el tema «*Lovable*», bajo el propio sello Specialty. Los otros miembros de su agrupación pensaban que la música *pop* servía al Diablo. Así que Cooke y su productor dejaron el grupo y la disquera. Cooke, ya con la e, hizo otro disco con su primera disquera, pero fue su contrato con Keen Records de Bob Keens lo que lo llevó a la fama como artista solista.

Después de dos grabaciones intrascendentes, Sam grabó un tema que parecía compuesto por un adolescente, fue escrito por su hermano L. C, el clásico «*You send me*», el cual se mantuvo durante seis semanas en el número uno en la lista de R&B de la *Billboard*, durante tres en la de música *pop* y vendió más de dos millones de copias en 1957.

Sam se convirtió en una estrella, surgieron giras nacionales con bandas de *rock and roll*, programas de televisión y una seguidilla de discos con Specialty y Keen Records. Compuso la mayoría de su material casi siempre en compañía de Lou Adler y Herb Alpert. Sus creaciones cubrieron una gran gama se sensaciones: «*Wonderful world*», melódica, «*Everybody likes to Cha Cha Cha*», dolorosa. Fue uno de los primeros artistas afronorteamericanos en trabajar en el afamado club nocturno Copacabana.

Las letras de Sam eran muy bien recibidas por adolescentes blancos de clase media. Lo contrataron en buenos clubes y cabarets

66

[18.]Jeremy Pascall and Rob Burt. *The Story of Pop*, p. 21.

y en los sesenta ya estaba grabando con RCA y los productores Hugo y Luigi. La voz de Cooke nunca cupo dentro de los estándares del *rock,* era muy dulce y su fraseo muy relajado. Aunque sofisticado tenía demasiados puntos en común con Nat King Cole. Sus sencillos se colaron fácilmente en el Top 100, casi siempre de su propia autoría. Su sello fue el romanticismo y «*Cupido*» fue un éxito a ambos lados del Atlántico al que le siguió «*Chain gang*» por el que recibió un disco de oro.

Sam casi falleció en un accidente automovilístico en 1960. Un amigo fue sacado muerto de los escombros y a Cooke le extrajeron seis pedazos de vidrio de un ojo. De la experiencia comentó: «Soy una persona más sabia después de mi contacto con la muerte».[19]

Sabiduría era lo que necesitaba si quería continuar su doble rol satisfactoriamente. Sus álbumes fueron exitosos: *Cooke's Tour*; *Swing Low* y *My Kind of Blues*. Para 1962 se montó en el barco de las grabaciones de *twist*: «*Twisting the night away*». Me gusta el tema, pero Cooke no era cantante de *twist*. Su siguiente sencillo, «*Having a party/Bring it on home to me*», lo volvió a su estilo real.

Con «*Bring it on home to me*» otro ex cantante de *góspel*, Lou Rawls, alcanzó el éxito. Para Sam la racha continúo con los singles «*Nothing can change this love*»; «*Somebody have mercy*» y «*Send me some lovin*» (una balada *blues* de Little Richard). Música *soul*, un nuevo nombre para una vieja tradición comenzaba a emerger. Rápidamente RCA nombró a Cooke, Mr Soul. «*Another saturday night*», escrita en un hotel británico, «*Frankie and johnny*» y «*Little red rooster*» lo acercaron al *blues*. Sam ya era estrella internacional, realizó una gira nacional, Gran Bretaña y el Medio Oriente. Se acercó a la música bailable con el sencillo «*Shake/A change is gonna come*»incluido en el Top 40 e «*It's got the whole world shakin*».

Además, fundó junto a J.W. Alexander la disquera Sar Records alcanzando éxitos con Johnny Morrisette, The Sims Twins y The Valentinos.

El aparentemente felizmente casado recogió a una bella chica euroasiática, Elisa Boyer, el 11 de diciembre de 1964 en Los Angeles. Se la llevó a una habitación de hotel donde terminó siendo asesinado por Bertha Lee Franklin, propietaria del hotel, afronorteamericana como él. Bertha declaró que estaba protegiendo a la muchacha de

---

19. *Ibídem*, p. 22.

una supuesta violación. Sinceramente no creo que a Sam Cooke le hiciera falta violar a nadie, ni siquiera pagar por sexo. Muchas preguntas nunca fueron hechas, ni respuestas dadas durante la investigación. Detalles de su muerte fueron relacionados con sus vínculos con los musulmanes negros y otros rumores siniestros. La verdadera historia nunca fue contada.

En la era de asumir el *rock* como una forma de vida, la habilidad de Sam Cooke para adoptar diversos roles musicales nos hicieron difícil el apreciar su verdadera calidad. Pero su voz dorada, y las canciones que compuso, tales como «*Twisting the night away*», «*Bring it on home to me*» y «*A change is gonna come*» lo ubican entre los mejores cultivadores del *soul* de la historia. Sam llevó el *soul* a la mayoría silenciosa.

Art Garfunkel expresó a la revista *Rolling Stone* en 2004:

> Sam Cooke se impuso en todos los estilos vocales posibles.Fue puro, hermoso y extraordinariamente abierto. Fue cortante, pero a la vez dueño de un buen gusto impresionante. Nunca sentí que sobreactuó, como siento en los artistas de hoy en día. Se mantenía en ritmo, palpitando y flotando. Siempre mostró un control vocal brillante.[20]

Digamos que vas a cantar: «*I Love you for sentimental reasons*». ¿Cómo lo haces? ¿Te deslizas directamente a ello? ¿Pones alguna H escondida? Pues no, lo haces a la manera de Sam Cooke: Atacas la vocal I y la expresas con toda la sexualidad que puedas y desde el primer segundo las chicas sabrán de qué vas. Sam tenía mucha confianza en sí mismo y siempre sabía que hacer. Te tiraba un montón de notas. Hoy puedes escuchar a muchos artistas haciendo todas esas notas melódicas que Mariah Carey hizo tan populares. Pero Sam fue el primero.

I love you for sentimental reasons
I hope you believe me

La siguiente línea debía ser: *I've given my heart*. Pero lo que dice es:

---

20. www.rollingstone/samcookebio.html.

I've given you my-my-mah-muh-my heart
Given you my heart because I need you

Es como si se dijera a sí mismo: «Ahora que canté la palabra, la voy a cantar de nuevo porque tengo todo este sentimiento en el corazón que necesito expresar».[21] Sam pudo darnos menos y hubiera sido suficiente, pero puso el extra en todas esas notas.

En «*You send me*» lo encontramos escarbando entre líneas: *I know, I know, I know, when you hold me.* Sam cortaba las frases basándose en su buen gusto, nunca dio la impresión de hacerlo demasiado.

Sam estaba lleno de bondad. Su padre había sido pastor y por supuesto había pasado mucho tiempo en la Iglesia. Sus primeros éxitos vinieron como cantante *góspel* que se expandió al R&B y al *pop*. Pareció que todo lo estaba haciendo bien hasta que lo asesinaron. Sam existió antes de que el álbum fuera reconocido como una forma de arte por lo que los especialistas piensan en su obra como un conjunto de canciones separadas. Mis favoritas son «*Sad mood*»; «*Wonderful world*»; «*summertime*»; «*For sentimental reasons*»; «*You send me*» y «*A change is gonna come*». Estos temas muestran lo que

---

[21.]Jeremy Pascall and Rob Burt,*op.cit*,p. 22.

pudo hacer si hubiera vivido a través de los sesenta haciendo el tipo de canción social que después cultivó Marvin Gaye.

Sam Cooke es considerado uno de los pioneros de la música *soul*, siendo una de las grandes influencias del pop, el R&B, el neo soul y para diversos artistas de todas las épocas. Entre 1957 y 1965 incluyó una treintena de temas entre los más escuchados en los Estados Unidos. Fue el primer cantante afronorteamericano en fundar su propia casa discográfica, siendo también un gran activista dentro del Movimiento por los Derechos Civiles. A su vez fue uno de los cantantes de su época con una mayor audiencia blanca. Su muerte trajo la perdida de una estrella en ascenso, un cantante fabuloso con inteligencia y una sonrisa brillante. Nunca será olvidado. En mi juventud pensaba que él era un buen cantante. Ahora creo que fue mucho más que eso. Casi nadie se le ha podido igualar.

El boxeador Cassius Clay en el funeral de Sam Cooke, Chicago

JAMES BROWN, MISTER DINAMITA

Para Guille Vilar

Me gustaría saber si están listos para un súper explosivo *soul*. Es la era de las estrellas, señoras y señores. Este hombre interpretó más de treinta y cinco clásicos del *soul*. Canciones que no morirán: «*Try me*»; «*Out of sight*»; «*Papa's got a brand new bag*»; «*I feel good*»; «*Sex machine*»; «*Superbad*» y «*Soul power*». Sin dudas el mejor *showman* del mundo, Mr. Dynamite, el increíble Mr. Please Prease en persona, el hombre más trabajador del negocio musical.

No pudiéramos hablar de otro que no fuera James Brown.

Un Brown energético nos cautivó, sin dudas una explosión pop post guerra. Un hombre que tuvo ochenta y tres *hits* consecutivos, más de cincuenta discos a su haber y que por muchos años se presentaba en vivo en más de trescientas oportunidades al año. Artista increíble que entre conciertos buscaba tiempo para recorrer su cadena de restaurantes, estaciones de radio y complejos de producción y promoción. Brown era experto en ganar dinero. El perfecto ejecutivo afronorteamericano exitoso. Desde joven aprendió a pelear.

Su estilo rozaba el *vaudeville* y se mantuvo en activo hasta edad avanzada. Es considerado como una de las figuras más influyentes en la música popular estadounidense de los últimos cincuenta años. Remodeló la herencia cultural norteamericana y la hizo suya. Fue el primero en mezclar el *showbiz* con las zonas de no*confort* del poder político.

Su música tuvo la vitalidad del *rock and roll,* la honestidad del *blues* y la constancia del *soul.* Sus presentaciones en vivo tenían mucha vitalidad, regalando esperanza, combatiendo el miedo a protestar. Este gigante de la música negra nos regaló cada canción con una expresión de desafío. Brown era en términos referenciales un verdadero cantante *soul.*

Nació en Carolina del Sur. Sus padres murieron jóvenes y fue criado por una tía en una choza de madera en la parte equivocada de la ciudad de Augusta, Georgia. Fue un niño de pequeña estatura para su edad, además de ser pobre, prejuicios que lo rodearon en su juventud, sumándole su poco atractivo físico. James siempre estaba solo. Quizás esto provocó ese sentimiento en él de probarse constantemente. Se exigió mucho y cumplió con creces. Un amigo que lo tuvo que apartar muchas veces en las peleas que sostenía con muchachos que le doblaban en tamaño y edad expresó: «James era el mejor siempre en todo. Poseía más determinación y huevos que la mayoría de nosotros» —otra profética memoria alude el hecho de que James limpió zapatos para comprarse utensilios para jugar beisbol— [22] «Además de ser tremendo jugador, no le gustaba perder, se ponía muy bravo y se iba llevándose su bate y pelota. Así que una de las razones por la que jugábamos con él era que necesitábamos sus cosas».

The Famous Flames

A comienzos de los cincuenta formó un grupo *góspel,* The 3 Swanees con Bobby Byrd y Johnny Terry. Ayudados por dos actos similares: The Five Royals de Winston-Salem y Little Richard de Macon, se

[22.]Jeremy Pascall and Rob Burt,*op.cit*, p.24.

mudaron a esta última localidad a probar suerte. Cuando Little Richard explotó con «*Tutti frutti*», le quedó grande a su representante Clint Brantley por lo tornó su atención hacia James y los muchachos que ahora se llamaban The Famous Flames y que ya estaban interpretando covers R&B.

Su oportunidad apreció en febrero de 1956, con el productor y buscador de talentos Ralph Bass, proveniente de King Records en Cincinnati. Lo convenció la composición de Brown «*Please, please, please*». Bass manejó Macon, firmó al grupo y se los llevó al estudio para regrabar la canción para su lanzamiento inmediato.

King Records, una disquera negra que había sido fundada por Syd Nathan en 1945 había conseguido un éxito considerable grabando R&B con los artistas Billy Ward and the Dominoes y Hank Ballard and the Midnighters, así como un fuerte catalogo *country*. Eran verdaderos independientes, manufacturaban, diseñaban y empacaban los discos para la distribución y promoción en los estados sureños. «*Please, please, please*», fue primeramente un éxito en Georgia, después subió hasta los confines del territorio de King Records, vendiéndose de manera estable por todo 1956. Cuando el mercado se saturó, decayó. Años después cuando Brown se convirtió en una estrella, la grabación se reactivó para vender millones de copias.

De mal en peor

Las ventas bajaron como las expectativas de los muchachos y la sonrisa de Nathan. Lanzaron al mercado otros sencillos en los siguientes dieciocho meses, pero nada importante paso. Brown componía el material que era una mezcla de estilos tomados de la iglesia y de los actos populares que lo rodeaban.

La crisis llegó en el verano de 1958 cuando Brown tuvo que responder a un ultimátum con «*Try me*». Este fue el bueno, James recordó la canción como la definitoria en su vida. Se grabó en septiembre en New York y que poseía el mismo patrón *góspel* de la anteriores pero mucha mejor onda, con la ternura a flor de piel en vez del sufrimiento. Se coló en el Hot 100 y alcanzó la categoría oro por el volumen de sus ventas.

Después de dos años de giras Brown había aprendido a ser un show. Con las ganancias pudo contratar una banda regular de seis músicos. Ya podía ensayar con regularidad por lo tanto sus composiciones mejoraron y las sesiones de grabación realizadas entre enero de 1959 y febrero de 1961 produjeron doce *hits* consecutivos.

Canciones con un estilo propio que dejaban atrás sus influencias primarias. Nacía el sonido James Brown y estrechó su relación con The Flames, puntuando y enfatizando el ritmo de la parte vocal.

Su personalidad definió la música, fortaleció y clarificó su imagen. La precisión en sus músicos sorprendió pues enlazaban las notas desde la secuencia inicial hasta la siguiente, esos exhaustivos ensayos aseguraban que nada interrumpiera el flow.

Mientras tanto Brown se dejó crecer el pelo y se agenció un estilo elaborado, dejando detrás sus trajes por la ropa italiana de moda para poder ejecutar la mayor cantidad de rutinas de bailes posibles (algo que influyó tanto a la cultura popular que muchos años después alguien llamado Michael Jackson se nutrió de ello para definir su estilo). Brown finalizaba su acto con un colapso dramático, se dejaba caer al piso y sin reponerse se paraba. Cortante como una navaja y rápido como una mosca, el efecto final era electrizante.

El buldócer humano

A comienzos de los sesenta sus presentaciones en vivo eran masivas con cantantes, bailarines y comediantes todos dirigidos de manera perfeccionista por parte de Brown. Rompió récords en los teatros de los guettos de América. Brown recibía de las audiencias negras la misma reacción histérica que Elvis Presley provocaba en los jóvenes blancos unos años antes.

Un disco grabado en el Teatro Apollo de Harlem el 24 de octubre de 1962 capturó todo el poder de su espectáculo, la autoridad del hombre en el escenario y su completo dominio de las emociones de la audiencia. *Live at the Apollo* vendió millones de copias y Brown fue seleccionado el cantante R&B número 1 de los Estados Unidos.

Brown estaba en la cima de su carrera. Pocos afronorteamericanos lo habían logrado y rápidamente habían caído a la oscuridad mediática como Solomon Burke o en la trampa de la manipulación blanca como Ray Charles y Sam Cooke. Pero Brown no se dejó comprar. Modificó su música dependiendo de las necesidades del momento no por el gusto establecido. Llegó a alcanzar una audiencia internacional multiracial adoptando políticas empresariales aprendidas de la dominante sociedad capitalista blanca. No se limitó a ser simplemente un cantante de R&B.

A partir de aquí Brown tomó sus propias decisiones y se convirtió en una leyenda viviente.

Brown grabó cuatro *covers* en 1962 por insistencia de King Records con una orquesta de cuerdas y un coro. De ellos su versión de «*Prisoner of love*» formó parte integral de su repertorio, pero la movida no fue de su agrado. Así que Brown fundó su propia compañía Fair Deal en 1964. Sus cintas eran enviadas a Smash Records de Chicago, una división de la importantísima Mercury Corporation.

King lo demandó y logró lanzar al mercado un álbum y dos sencillos, así como que Smash solo pudiera editar instrumentales bajo el crédito de James Brown. La primera de sus grabaciones que logró incluirse en el mercado blanco fue «*Out of sight*». Brown enfatizó la armonía vocal y el fuerte acompañamiento rítmico.

Brown se percató que la nueva generación de consumidores afronorteamericanos podía ser lucrativa y se adoptó al estilo que estaban implementando Motown Records y Stax Records. El resultado una mezcla hipnótica de *blues*, *góspel* y música afrocubana y portorriqueña, anticipándose e influyendo a toda una generación de música *soul*.

Tomando ventaja de la comunicación de masas expandió el rumor de que se iba a retirar. Fuera del escenario produjo a numerosos de sus protegidos y poniéndose como ejemplo ante otros hermanos del *soul*. Por lo que grabó «*Don't be a drop out*» para la Oficina de Oportunidades Económicas. Ya se estaba involucrando en ideas menos controlables.

Después del asesinato del doctor Martin Luther King, realizó dos apariciones televisivas maratónicas en Boston y Washington que evitaron manifestaciones violentas en las calles. Simplemente la mayoría se quedó en sus casas para escuchar su mensaje. Esto fue un triunfo personal, quizás más volátil que lo que él hubiera querido.

Su conciencia social le agenció un espacio en la mesa de Lyndon B. Johnson, los militantes negros no se impresionaron con su compromiso con el *stablishment* blanco. Algo que molestó a Brown que consolidó su liderato. Apoyó la candidatura demócrata por la presidencia de Hubert Humphrey, expresó: «Mañana regresaré a cantar, bailar y decirle a los chicos que vayan a la escuela».[23]

Dejó a King Records por una vez y por todas. Esa empresa fue a la bancarrota. Con todo el control creativo, 1966 sería un buen año para él. Su música se hizo más rítmica, sus grabaciones fueron expresiones de sus pensamientos y emociones con toda la sinceridad posible. Firmó un contrato con International Polydor Corporation asegurándose una distribución mundial sin comprometerse a sí mismo o su música.

Sus bandas a finales de los sesenta y comienzos de los setenta fueron dinámicas y explosivas, convirtiéndose en el arquitecto del *funk*. En los ochenta recuperó elementos de su antigua popularidad principalmente con la audiencia blanca debido a su trabajo en el filme *The Blues Brothers*. Forma parte del Salón de la Fama del Rock and Roll desde 1986.

James Brown era tan sensual que fue prohibido en Boston. Los rumores fueron interminables, su mítica reputación y carismática personalidad hacía que los hombres se marearan y las mujeres lloraran en sus conciertos.

Iggy Pop expresó a la revista *Rolling Stone* en 2008:

> Para mí James Brown fue más que una voz. Era el paquete completo. Pero el impacto de su voz. Me dio esperanza, porque era una simple presentación y no cambiaba mucho de rango. Y de pronto estaba el grito como una voz interior que sonaba como la confirmación de los derechos del hombre primitivo.[24]

Brown fue el de la idea de que todos los músicos no tenían que tocar al mismo tiempo. El bajo tenía su momento, no tenía miedo de comenzar una canción con una simple guitarra o finalizar con un dúo de guitarra y batería. Ese es el tipo de dinámica que puedes escuchar en las grabaciones de James.

Sus grabaciones aún se venden por montones. James Brown fue una figura cuya leyenda solo sugirió la realidad. Su música

---

[23.] *Ibídem*, p. 24.

[24.] www.rollingstone/jamesbrownbio.html.

se mantuvo en constante movimiento acorde a los tiempos cambiantes. Recibió las influencias e influyó a muchos. Mr. Dynamite sigue siéndolo.

DIONNE WARWICK Y EL SOUL SOFISTICADO

Dionne Warwicke es la responsable de traer lo sofisticado a la música *soul*. Su estilo no solamente fue aceptado por los adolescentes blancos sino por sus padres aún más conservadores, abriéndole paso al movimiento del *softsoul*. Muy exitoso por cierto.

Esta maravillosa artista asumió por un tiempo el nombre artístico de Dionne Warwicke, aunque había nacido como Marie Dionne Warrick el 12 de diciembre de 1940 en East Orange, New Jersey. Comenzó sus estudios a los seis años al ingresar al Hartt College of Music, en Hartford, Connecticut. Tras dejar la escuela se convirtió en una extraordinaria pianista y cantante.

Estableciendo Estilos

Dionne estableció un estilo vocal plagado de buen gusto. Los temas que interpretó estuvieron rodeados de esa aura mágica que solo las súper estrellas poseen. Su influencia llegó hasta Gran Bretaña, Cilla

Black cantó «*Anyone who had a heart*», con el que alcanzó la cima de las listas, vendió un millón de copias y se agenció un disco de oro. Aretha Franklin revivió «*I say a little prayer*», un éxito a ambos lados del Atlántico en 1968. Isaac Hayes construyó su carrera bajo el mito «The Black Moses» tras alcanzar la fama con su versión de «*Walk on by*», incluida en su reconocido disco *Hot buttered soul*. Estas canciones fueron escritas para ella.

Dionne Warwick, Holanda, 2 octubre de 1966

La muchacha fue criada en una familia con estrecha relación con la música *góspel*, fundó el grupo Drinkard Singers junto a su hermana Dee Dee (quien también alcanzó la fama como cantante *soul*) y su prima Cissy Houston (miembro del conjunto The Sweet Inspirations, que tuvo éxito con Atlantic Records, trabajaron con Elvis Presley en Las Vegas y es la madre de la extraordinaria Whitney Houston).

Además de su trabajo como grupo las chicas viajaban a New York para fungir como coristas en los espectáculos organizados en el teatro Apollo en Harlem y en sesiones de grabación, debutando con Sam «The Man» Taylor.

Las hermanas Warwick más Cissy y Doris Troy (estrella *soul* en Gran Bretaña que grabó un álbum con Apple Records que produjo

George Harrison) sirvieron de coristas a The Drifters en su éxito de 1961, «*Mexican divorce*», bajo la producción de Lieber y Stoller, un rol que les aseguró bastante trabajo en los próximos años.

Ahora el punto culminante en la carrera de Dionne fue su contacto con Burt Bacharach, que a pesar de ser un experimentado compositor nunca antes había tenido contacto con la música negra pues había sido arreglista de Vic Damone, Georgia Gibbs y Tony Bennett.

Bacharach se unió al lirista Hal David con el que trabajó desde 1956 en las oficinas de The Famous Music Company radicada en New York. Comenzaron componiendo baladas pop, agenciándose un disco de oro por el tema «*Magic moments*» interpretado por Perry.

Un dato curioso: Bacharach visitó La Habana en 1999 como parte del proyecto Music Bridge, pocos pudieron disfrutar de su maestría cuando una tarde se sentó al piano en el restaurante del Hotel Nacional y en un abrir y cerrar de ojos compuso un tema para el evento benéfico.

David y Bacharach quisieron ampliar sus horizontes hacia el R&B pero con la mira en ambas audiencias. Los productores de Atlantic Records, Jerry Lieber y Mike Stoller (ambos blancos) tuvieron la idea de acercar a los arreglistas pop para brindarle un novedoso sonido a sus artistas afronorteamericanos.

Bacharach estaba muy impresionado con el talento de Dionne, así que cuando comenzó a trabajar como productor/arreglista/compositor para el grupo de compañías de Greenberg Scepter-Ward una de sus primeras movidas fue la firma de la prometedora artista.

A la compañía le iba muy bien con The Shirelles, Tommy Hunt y Chuck Jackson que interpretaban los arreglos repletos de cuerdas de Burt, que fusionaban la música orquestal clásica con los beats del R&B o el *soul*.

Ambos compositores escribieron una canción especialmente para Dionne llamada «*Don't make me over*» y en el verano de 1962 subió bien alto en las listas. Le siguieron los sencillos «*This empty place*» cuya cara B fue mucho más conocida, «*Wishin' and hopin'*» y «*Make the music play*». Pero el éxito internacional llegó con «*Anyone who had a heart*».

Así que una gira europea fue rápidamente organizada para Dionne, quien en 1963 ya había inspirado «*Walk On by*» haciéndola la cantante negra norteamericana más exitosa de su era. A pesar de que sus rivales le estaban pisando los talones, Diana Ross incluida, Dionne logró imponerse principalmente por la acertada influencia de Bacharach. La muchacha se transformó de una sencilla cantante pop en un negocio millonario, cuyos álbumes estaban repletos de versiones y estándares con arreglos cada vez más exuberantes y suntuosos.

La inicial emoción *góspel* y honestidad de Dionne fue transformada en una industria de éxitos *pop* tales como «*Trains and boats and planes*», también versionado en el Reino Unido por Billy J. Kramer, el tema de la película «*Alfie*», que además cantó «*Cilla Black*», «*Valley of the dolls*» y «*Do you know the way to San Jose*».

Interpretó además, viejos temas de Bacharach que ya habían sido utilizados por otros artistas. «*Just don't know what to do with myself*», un éxito de Dusty Springfield (a mi entender la cantante blanca británica de *soul* mas talentosa de la época) y «*There's always something there to remind me*», que le dio a Sandie Shaw un número 1 en Inglaterra. Es importante denotar que ambas versiones británicas fueron mucho más exitosas que las de Warwick.

A comienzos del año 1970 cosechó un nuevo éxito con el tema «*I'll never fall in love again*», compuesto por la dupla de Bacharach y David para el musical de Broadway, *Promises*, el tema se incluyó en el Top 10 de la *Billboard*. Además, la Warwick recibió el premio Grammy en la categoría de Mejor Interpretación Femenina de Música Pop. Para 1972 Dionne decidió apartarse de Scepter Records y por tanto de Bacharach para hacer lo suyo como cantante/pianista por lo que se le vio en muchos espectáculos televisivos exquisitos.

Firmó con Warner Brothers y enseguida comenzó su trabajo con los estelares Holland/Dozier/Holland, un equipo que produjo muchísimos *hits* para la Motown antes de crear su propia disquera Invictus y destacar con los artistas Chairmen of the Board, Freda Payne y otros.

Disco de Oro

Me encanta su tema «*Then came you*», grabado con The Detroit Spinners en 1974. The Spinners fueron de los que se beneficiaron con sus primeros éxitos: «*Walk on by*» y «*Anyone who had a heart*». Muchos otros grabaron versiones de los temas que interpretó.

«*Then came you*» la regresó a las listas de preferencia y le agenció un disco de oro por el volumen de sus ventas.

Las exitosas presentaciones en vivo de la Warwick se mantuvieron gracias a un cuidadoso estilo que fascinó a la audiencia abarrotando los cabarets, sentando la base para que Gladys Knight and the Pips y Aretha Franklin hicieran lo mismo.

A su arribo a Londres en junio de 1975 anunció sus planes de retiro para los próximos dos años, con la intención de pasar más tiempo con sus hijos. El anuncio consternó a muchos, pero una estrella de esta magnitud no podía desaparecer de la faz de la tierra sin dejar rastro.

En los ochenta Dionne Warwick continuó entre las artistas más respetadas en el negocio musical. Numerosos cantantes que ya la veneraban grabaron junto a ella. Leyendas como Johnny Mathis con quien cantó «*Friends In love*», o Luther Vandross quien no solo interpretó junto a ella el tema «*How many times we can say goodbye*», sino que produjo su disco del mismo nombre.

La lista de famosos prosigue y a su participación como una de las voces principales en «*We are the world*», se suman los mega éxitos de «*Hearthbreaker*» junto a The Bee Gees, así como el clásico multipremiado «*That's what friends are for*» con Stevie Wonder, Elton John y Gladys Knight, tema que ocupó la posición número uno de lo más escuchado en la *Billboard* en el invierno de 1985. Todo lo recaudado por las ventas de este sencillo se destinó a la ayuda de los enfermos de SIDA. Dionne Warwick se agenció el quinto Premio Grammy de su carrera en la categoría de Mejor Interpretación Pop por un Dúo o Grupo, gracias al álbum que contiene dicha canción, titulado *Friends* (1985).

Dionne Warwick se mantiene como ejemplo de buen gusto. Su hermandad con Burt Bacharach demostró que el *soul* podía ser sofisticado e interpretado con estilo refinado para cualquier tipo de público.

OTIS REDDING, EL JEFE DEL SOUL

Cuando Otis Redding murió los jóvenes caminaron con bandas negras en las mangas de sus chaquetas. En su hogar de Macon, Georgia, el auditórium de la ciudad tuvo que ser utilizado para acomodar a todas las personas que asistieron a su funeral. Su última grabación, «*Sitting on the dock of the bay*», fue la más exitosa. Su contribución a la música norteamericana es enorme siendo considerado como uno de los mejores cantantes y compositores de la historia.

Otis fue un gigante, el jefe del *soul* del sur profundo, quien más que cualquier artista de su época supo extrapolar su música hacia la audiencia blanca. Prueba de ello es que fue el único artista *soul* que participó en el Festival de Monterey de 1967. Redding se aprovechó que el público asitió en masa buscando el *rock* acido de Jefferson Airplane y les fascinó con su *soul* enamorado.

Redding nació el 9 de septiembre de 1941 en Dawson, Georgia, uno de los estados «esclavos» de Norteamérica, donde los blancos eran blancos y los negros eran *niggers*. Su familia se mudó a Macon City donde en la adolescencia se unió a su primer grupo, como vocalista de Johnny Jenkins and the Pinetoppers. Otis ganó experiencia en el circuito colegial estatal y a los diecinueve años grabó su primer sencillo, «*Shout bamalama*», para la pequeña disquera sureña Bethlehem. Este tema fue fuertemente influenciado por el *blues* crudo de Little Richard, cuyo éxito había impresionado al joven Otis.

Otro de sus ídolos en este tiempo fue Sam Cooke, su estilo íntimo y fraseo distintivo fue un ejemplo para todos los jóvenes artistas *soul* emergentes. Otis fue más Cooke que Richard al final y murió joven como él.

Johnny Jenkins grabó sin Otis para Atlantic Records en 1962. Tras ello le pidió al muchacho que lo llevara en su carro al estudio en Memphis. Cuando la sesión de grabación terminó todavía tenían cuarenta minutos de estudio alquilados. Así que Ottis recibió permiso para grabar un tema de su autoría titulado «*These arms of mine*». Una tonada simple, con acompañamiento mínimo, pero Otis la convirtió en un *hit*. Demostró su talento y fue firmado por Volt Records, la nueva subsidiaria de Stax Records. Otis utilizó todo de Stax, el estudio, músicos de sesión, y productores. Por el resto de sus grabaciones sería acompañado por los mismos músicos presentes en «*These arms of mine*», los magníficos Booker T and the MGs, quienes unidos a los Memphis Horns serían The Markeys.

La cara B fue «*Hey hoy hey*», también con reminiscencias de Little Richard. Otis sorprendió a la disquera al incluirse en las listas R&B. En los siguientes años grabó baladas pop similares tales como: «*Pain in my heart*»; «*That's how strong my love is*»; «*I've been loving you too long*» y «*Lover's prayer*». Sus letras fueron sentimentales, confidentes, artísticas, con tono implorante y arreglos simples pero atractivos.

Contraparte

The Markeys jugó un rol importante en las grabaciones de Otis, pues en sus comienzos establecieron el tono que sus canciones necesitaban. Su guitarrista Steve Cropper encontró el equilibrio en la voz de Redding mezclando ternura y energía.

«*Mr Pitiful*» fue lanzada al mercado en 1964, con un estilo diferente pues The Markeys sonaron más duros, con *riffs* más insistentes. El mismo Otis hizo justicia total al título de la canción con su voz agonizante, llevando cada línea hasta su conclusión, como un hombre que se impone a las tribulaciones de un romance que ya no puede controlar. Fue una movida ingeniosa.

Al año siguiente, reconocido como el maestro de la balada *soul*, lanzó al mercado una de sus grandes composiciones, «*Respect*», su sonido y tempo son más furiosos que «*Mr Pitiful*». Otis evoluciona del cansado y tedioso amante al orgulloso y desafiante hombre dominante. «*Respect*», originalmente era una canción agresivamente sexual, sus demandas por respeto también pueden ser extrapoladas al ámbito social. Este fue el equivalente de Otis al «*Satisfaction*» de The Rolling Stones.

A pesar de su calidad ninguna de las primeras grabaciones de Otis tuvieron impacto en las listas *pop* y en la audiencia blanca, pues ese público no estaba preparado para la emoción de la música *soul*. Eso sí comenzaron a mostrar interés tras varias versiones realizadas por grupos afamados como The Rolling Stones, que interpretaron «*That's how strong my love is*», de Otis.

Redding se dio cuenta que los números más movidos como «*Midnight hour*», de Wilson Pickett y «*Papa's got a brand new bag*» de James Brown estaban ganado espacio radial y éxitos en las listas. Así que Cropper le sugirió interpretar «*Satisfaction*». Otra movida ingeniosa.

Después vinieron dos álbumes superlativos, *Dictionary of Soul* y *Otis Blues*, que definieron su imagen de fuerza creativa. Su reputación como uno de los mejores compositores de *soul* se confirmó. Sus temas «*Ole man trouble*», «*Try a little tenderness*»; «*Siting on the dock of the bay*» y «*Sweet soul music*» junto a Arthur Conley, llegaron a los confines del amor y el romance.

Steve Cropper expresó a la revista *Rolling Stone* en 2004:

> Era fabuloso tenerlo cerca. Siempre tenía un cien por ciento de energía. Muchos cantantes de nuestros días, con todo el respeto, han estado en el negocio por mucho tiempo y están resentidos por el trato que han recibido. Pero Otis no sentía eso. Quizás el fuera el ser humano menos prejuiciado que yo haya conocido. Redding era un grande en todos los sentidos, físicamente, su talento y sabiduría acerca de las otras personas. Después de su muerte, me sorprendió descubrir que teníamos la misma edad pues siempre lo vi como un hermano mayor.[25]

También produjo las grabaciones de Conley, otra faceta de su vida artística que estaba comenzando a explorar. Otis amaba el trabajo, por lo que existe mucho material de su autoría en los archivos. Siempre estaba componiendo, haciendo giras y grabando. Todavía podía dedicar tiempo a su esposa Zelma y sus hijos en su casa de Round Oak, Georgia.

[25.] www.rollingstone/otisreddingbio.html

El Rey del Soul componía en los autobuses, en las habitaciones de moteles, en los asientos de atrás de los taxis. Llevaba consigo siempre su pequeña y barata guitarra roja y casi siempre andaba con una grabadora de cinta encima. Sacaba sus ideas de lo que pasaba a su alrededor. Steve Cropper le enseño la grabación de «*Satisfaction*» por The Rolling Stones. Otis no conocía a la banda ni a la canción, pero quiso grabarla. Realizó una nueva versión y cuando salió al mercado en 1966 fue tan convincente su interpretación que mucha gente pensó que The Rolling Stones la habían tomado de él.

Otis amó el éxito y la fama, así como le importó muchísimo que su mensaje le llegara al mayor número de personas posible. La comunicación fue su principal preocupación, una vez expresó: «Básicamente me gusta la música simple y creo que esa es la fórmula que hace al *soul* exitoso».[26]

Simplicidad no significaba falta de calidad. Steve Cropper poco tiempo después de la muerte de Otis dijo:

> Le expresaba a la gente lo que sentía, y todo con pocas palabras. Si las veías escritas en un pedazo de papel quizás no tuvieran sentido. Pero cuando escuchabas la manera en que las cantaba entonces te dabas cuenta de lo que estaba diciendo.[27]

Su técnica de barrido verbal y repetidas interjecciones no le dieron resultado en sus conciertos cuando interpretó los temas «*I can't turn you loose*» y «*Daytripper*». Pero «*Sad Song*»; «*Tramp*», a dúo con Carla Thomas y «*Down in the valley*» si tuvieron éxito. La versión de «*Respect*» de Aretha Franklin fue más reconocida que la original de Otis.

Operación de garganta

Por tiempo pareció que Otis había perdido su magia. Tuvo que ser operado de la garganta y estuvo fuera de acción por un tiempo. No pudo grabar cuando más lo necesitaba. Pero encima del escenario

---

[26] T Jeremy Pascall and Rob Burt, *op.cit,* pag 60.

[27] *Ibídem.*

nunca perdió su carisma. Su presentación en el festival de Monterey fue legendaria y tras ello recibió los premios Grammy en las categorías de Mejor Canción R&B y Mejor Interpretación Masculina de R&B en 1967. «*Sitting on the dock of the bay*» es un tributo al público que lo ovacionó en el festival californiano. Impresionante que lo último que escuchemos del artista haya sido lo mejor. ¿Que más nos hubiera regalado? Nadie puede saberlo.

El 10 de diciembre de 1967 nunca se olvidará cuando el avión privado de Otis impactó un lago cercano a Madison, Wisconsin cuando se dirigía a la ciudad de Cleveland. Otis murió junto a otros siete, incluidos cuatro miembros del grupo The Bar-Kays, todos menores de veinte años.

Otis tenía veinte y seis años cuando fue enterrado en Macon, en un funeral con más de 4 mil 500 asistentes, muchos de ellos entre los mejores cultivadores del *soul* que fueron a brindarle respeto. La pérdida fue enorme.

Otis fue uno de los pocos artistas que combatió la estigmatización del *soul*, y sus *covers* fueron más que adecuados pues les insertaba su sello interpretativo. Cuando lo escuchabas sabias que era Otis. Se salió del personaje del *soulman* y llegó a la audiencia como una persona real.

Un chico pueblerino, un vagabundo quizás, pero lucia muy bien en el escenario y en las listas de ventas simplemente cantando sus canciones tristes, haciendo temblar al público, siendo presuntuoso, introvertido, confundido y seguro de sí mismo, todo en el mismo concierto. No hay dudas de cuan fuerte era su amor por la música. Fue incluido en el Salon de la Fama del Rock and Roll en 1989.

OTIS REDDING
THE KING OF THE SOUL SINGERS
1941 - 1967

This seating area is dedicated to honor the memory of Otis Redding, Jr., who lost his life in a plane crash in Lake Monona on December 10, 1967 while en route to a Madison engagement.

Known as the "King of the Soul Singers," Redding was acclaimed during his life in France and England as the world's top popular male singer. Four months after his death, he achieved his first American number one record with "Dock of the Bay."

On the morning of the flight to Madison, Redding had been warned of bad weather and was advised to postpone his trip. His loyalty to his Madison fans forced him to proceed. It was the only engagement of his career that he ever missed.

Otis Redding stands with Ray Charles, Aretha Franklin and Sam Cooke in the first rank of American rhythm and blues singers.

ERECTED 1987

BY THE
OTIS REDDING MEMORIAL FUND

RAY CHARLES, GRAN REVERENDO DEL SOUL

Para Alma Rosa González, mi madre

Si no siento lo que estoy haciendo en una grabación entonces prefiero olvidarla. Si el artista siente la canción que está grabando entonces puede hacer un gran trabajo… Diría que el problema de cualquier artista es simple. Si todos los músicos hicieran lo que es correcto para ellos y sintieran lo que están haciendo, entonces estarían arriba por más tiempo. Una nueva estrella nace cada día, pero la pregunta es cuánto tiempo brillará. El verdadero artista se mantiene en la cima por mucho tiempo.[28]

Ray Charles escribió lo anterior en las notas de su álbum *What'd I Say* en septiembre de 1959.

[28.] Jeremy Pascall and Rob Burt, *op.cit*, p.48.

Consideremos sus palabras en su correcta perspectiva, en septiembre de 1959: Craig Douglas estaba en la cima de las listas británicas con el tema «*Only sixteen*». En los Estados Unidos dominaba la versión de The Browns, «*The three bells*», una canción de comienzos de los cincuenta. Fue un periodo de malestar en el *rock & roll*. Las estrellas originales que crearon el género mutaron de alguna manera u otra. Elvis estaba en el ejército, Jerry Lee Lewis fue marginado tras su matrimonio con Myra, una niña de trece años y Little Richard estaba haciendo cosas extrañas (se rumoreaba que había tirado sus cadenas de oro a la bahía de Sydney y había ingresado en un monasterio. Sus lugares habían sido tomados por títeres de papel, una bandada de mutantes del *rock and roll* que solo aparecían en Gran Bretaña como muñecones sonrientes en el programa de televisión de Perry Como.

Este fue el contexto donde Ray Charles apareció. Ya llevaba una década cantando, pero su música aun no era conocida por el gran público, algo que cambio a finales de los cincuenta debido principalmente a que aún no se había encontrado a si mismo musicalmente. Su estilo repleto de una precisión cruel no rondaba los confines del *rock* y además era rechazado por la industria comercial no de manera abierta, pero sin con las armas de control. Simple, la pasión, sinceridad y sus historias de la vida real no eran bien recibidas por los dirigentes de la industria blanca del momento. El público percibió su música de manera libre por primera vez desde 1959 a 1962. Ese fue el periodo de su consagración, convirtiéndose en el gurú del *rock* de todos los tiempos. Me atrevo a decir que Ray Charles fue el primer Héroe Underground.

Ray el huérfano

Su vida fue trágica. A los seis años de edad se quedó ciego totalmente tras un ataque de glaucoma. Estudió en la escuela St. Augustine para ciegos a unas millas de su casa en Greenville, Florida. Ahí fue donde aprendió los elementos rudimentarios de la música, piano y clarinete. Cuando tenía quince años de edad sus padres murieron y tuvo que ganarse la vida como músico. Después de un par de años de trabajo con bandas locales se mudó al Oeste y se ubicó con un trio en Seattle.

De 1949 a 1952 realizó sus primeras tentativas en los estudios de grabación de la pequeña empresa Swingtime de Los Angeles. Esas grabaciones estuvieron a disposición de los fanáticos muchos años después a mediados de los sesenta y muestran a Ray como un plagiador competente. Nat King Cole fue su ídolo y a veces era difícil establecer diferencias entre el joven pretendiente y sus héroes. Ocasionalmente nos percatamos en esas grabaciones de los días de glorias que vendrían para el artista. Un número en particular nos ilustra, «*St. Pete Florida blues*». También me llamó la atención «*Hey now*». En estos temas se aparta un poco de sus influencias tomando conciencia de que el imponerse por sí mismo era posible.

Ray finalmente logró un contrato con Atlantic Records. Ahmet Ertegun lo firmó en 1952. Swingtime vendió al «Genio» por alreo dedor de mil libras esterlinas, un escape similar a lo hecho por Sam Phillips cuando vendió a Elvis Presley a la RCA.

Atlanctic Records era una de esas compañías seminales dirigidas por entusiastas llenos de ideas, Ertegun y Jerry Wexler. Enseguida quisieron probar algunos números «*up-tempo*». «*Mess around*», una composición de Ray e «*It should have been me*». La sesión mostro un gran progreso en el artista que utilizaba material compuesto por sí mismo, sus propios arreglos y su banda. Fue una innovación importante.

Góspel puro

El sonido Ray Charles había nacido para noviembre de 1954 cuando grabó «*I got a woman*», su primer tema en dieciséis pistas y para el que utilizó un formato que sería su estándar por mucho tiempo: dos trompetas, Marcus Blegrave y John Hunt, saxo barítono, Bennie Crawford, alto y tenor, el gran David «Fathead» Newman, batería, Teagle Fleming y bajo, Edgar Willis. Se desentendió de la guitarra que lo caracterizó en sus grabaciones *blues* de doce pistas con Swingtime (tómese en cuenta su tema «*Losing hand*» de 1953). Finalmente estaba confiando en el piano como su instrumento líder. La banda acompañante enfatizaba su piano con un toque de puro *góspel*.

A partir de aquí exploró las vías del *góspel*. Fusionó la tradición con el *blues* y la formula le dio resultado. El crítico Alan Lewis apuntó en las notas de un disco compilatorio de Ray: «Utilizó las cuerdas cambiantes del *góspel* y el patrón de llamado y respuesta, primero con los metales y después con las voces de The Raelets para crear un nivel sin precedentes de tensión y entusiasmo».[29] los mejores ejemplos de ello se pueden apreciar en las versiones de estudio de «*It's all right*» (quizás el primer tema donde utilizó el acompañamiento vocal para enfatizar el sonido de los metales), «*Talking about you*», que suena bien diferente con la adición de The Raelets, «*A fool for you*» y «*Drown in my own tears*».

Todo le estaba saliendo bien a Ray, gracias a que Atlantic le permitió experimentar en todas las áreas de la música negra y más, *blues* tradicional, instrumentales con basamento en el *jazz*, *góspel* con su grupo vocal acompañante The Raelets. Su desarrollo fue impresionante. Su voz se volvió más exitante y sus grabaciones asimilaron y trascendieron toda la influencia de Nat King Cole. Más bien asimiló el estilo del cantante *góspel* Alex Bradford. Se convirtió en un compositor prolífico, reescribió viejos números *góspel*: «*This little girl of mine*» y «*Talking' bout Jesus*» se convirtieron en «*Talking' bout you*».

Dos discos en vivo, *Ray Charles at Newport* (1958) y *Ray Charles in Person* (grabado en el estadio Herndom de Georgia el 28 de mayo de 1959) se mantienen como testimonios verídicos del sabor *góspel* presente sus presentaciones en vivo. Ray se conectó con el público como el pastor con su congregación. Fue un proceso interesante

---

29. *Ibídem*, p. 50.

de retroalimentación. Los resultados fueron maravillosos, «*Drown in my own tears*» del concierto de Herndom y «*A fool for you*», de Newport se mantienen hoy en día como pináculos de su carrera. Es verdad que están repletos de elementos para vender el espectáculo pero que no interfieren con el espíritu de la música. Ray era más un hombre de pueblo que una estrella para que el pueblo la idolatrara.

A través de su proceso dialéctico, la simpatía casi religiosa entre el artista y el público, Ray inventó la música *soul*. Sabía la importancia de lo que estaba haciendo. Encontró la formula elusiva. Pudo ser una estrella de *jazz*, cantante de iglesia, un rockanrolero, un blusero, pudo ser cualquiera de esas cosas, pero no lo hizo. Sabía que debía adoptar un rol específico en la historia de la música, no debía adaptarse a rol sino alguno sino fusionar todos los estratos de la música negra y según su experiencia posibilitar el nacimiento de todo un género. Ray forma parte del Salón de la Fama del Rock and Roll desde 1986.

Ray Charles. La leyenda. Negro, Ciego. Adicto a la heroína por cerca de dos décadas. El hombre que siempre rechazaba a las disqueras y que declaró con aspereza en su autobiografía, *Brother Ray*:

> Nunca me consideré parte del *rock & roll*. No creo estar entre los precursores de la música, nunca me he agenciado el crédito por haber inventado algún género o haber tenido algo que ver con su nacimiento. Figuras como Chuck Berry y Little Richard y Bo Diddley... hicieron algo de música fogosa y eso rompió algunas barreras fuertes pero mi repertorio era más adulto, lleno de desesperación y que no podías relacionarlo de alguna manera con el rock & roll.[30]

Aunque nunca lo aceptó, Charles fue sin dudas el progenitor del *soul*. Un estilista del R&B que sabía leer música, un gusto musical sofisticado y un sabor sureño impresionante. En el papel parecía casi perfecto. Crudo, rebelde, con un estilo de trabajo perfeccionista.

---

[30] Peter Guralnick, Back Bay Books/*Little, Brown and Company, 1986, 1999, Sweet Soul Music, Rhythm and Blues and the Southern Dream of Freedom*. HarperCollins Publishers, Inc, 1986, p. 51.

Así era Ray. Se convirtió en un héroe para la comunidad negra en un sentido mítico que ningún otro artista popular pudo alcanp zar. Ray fue el Obispo, el Gran Reverendo del *Soul* que sedujo al mundo con su voz. Atlantic Records lo declaró «Genio», el declaró ser músico. En una entrevista expresó:

> Los únicos discos que compro son buenas grabaciones de *góspel*. Amo una canción de *góspel* si verdaderamente tiene alma. Pero aun en ese género el que sean canciones *góspel* no significan que sean buenas. No importa si es *blues*, *góspel* o música clásica, existe mala o buena. Tiene que ser una canción fina y el intérprete tiene que sentirla, sino no es buena.[31]

Parodia vacía

Big Bill Broonzy dijo de él: «Tiene el *blues*, llora como un santo y sé que eso está mal… el debería estar cantando en una iglesia».[32] Pero los más jóvenes no hubieran aceptado eso. Ray rompió las barreras del prejuicio y su implicación fue enorme.

[31.] *Ibídem*, p. 64.

[32..] Jeremy Pascall and Rob Burt, *op.cit*, p. 50.

Los días de Ray en Atlantic Records llegaron al climax con su grabación de «*What'd I say*». La canción se convirtió en uno de los estándares *rock* más reconocidos de todos los tiempos.

Ray dejó Atlantic en 1960 y se mudó para ABC-Paramount, etapa no muy fructífera en su carrera, aunque se obtuvieron clásicos de la fusión entre el *country* y el *soul* como «*I can't stop loving you*»: «*You don't know me*» y «*Take these chains from my heart*».

Si ibas a un concierto de Ray en 1963 te podías encontrar con que abría con «*I got a woman*», pero el tratamiento que le daba a la canción era similar al de Dylan con «*The times they are a changin'*» en su gira de 1965. Con «*Careless love*» melodramatizaba su ceguera: *Once I was blind but now I see*. Con todas esas armas se enfrascó en una gira europea. Era un *show* y ganaba dinero.

Su legado es indiscutible. Primero su fusión del *blues* y el *góspel*, su descubrimiento de la música soul, abriéndole el camino al rock negro. Cualquier grabación negra desde «*What' d I say*» le debe a Charles. Sin sus presentaciones las carreras de Otis Redding, James Brown, Bobby Parker, Percy Sledge y Sly and the Familiy Stone hubieran sido muy diferentes. Todos esos artistas aceptaron la definición de Ray sobre la música soul y trabajaron desde ahí. Además, la música negra más comercial de los sesenta —Tamla Motown— hubiera sido impensable sin la colaboración de Ray con The Raelets.

Segundo, su impacto en los músicos blancos-directo o no. Durante los cincuenta numerosos artistas blancos comenzaron su alianza con el Genio, Bobby Darin, Lonnie Donegan, Cliff Richard, Billy Fury, Gene Vincent, Eddie Cochran y Adam Faith, la lista puede ser interminable. Pero su impronta más importante fue sobre aquellos que lideraron la Invasión británica de comienzos de los sesenta, pues usaron su genuina y real emoción hacia el *pop* que no habían hecho Bobby Vinton, John Leyton y Frankie Avalon. Ray se convirtió en una figura de culto entre el público blanco que compraba sus discos porque sus sentimientos estaban intactos, el hombre era su música. El Genio enseñó en los días oscuros del *rock & roll* que era posible ser usado como una forma de arte. Es verdad eso había pasado antes, pero fue crucial lo que Ray estaba validando en un momento en que nadie más se estaba preocupando.

El Genio aún vive

Si Elvis Presley y Chuck Berry fueron las figuras vitales del *rock* de 1955 a 1958 y Bob Dylan y The Beatles asumieron similar posición de 1963 a 1968, los años entre esos periodos pertenecen a Ray Charles. No fue su música la que unió las dos eras más bien su espíritu. Ray fue fiel a sus sentimientos y convicciones mientras producía muy buena música. Su mensaje y grabaciones sobrevivirán el paso del tiempo.

Charles es calificado como uno de los pioneros de la música soul. Sus primeros trabajos muestran la influencia de Nat King Cole con su trío y el gran pianista de blues Charles Brown. Charles combinó sus sofisticados estilos con R&B y el *góspel* para crear su sello personal, un piano duro combinado con exquisitas letras y voz que caen en algún lugar entre un predicador venido a menos y un baladista romántico. Absorbió estilos como una esponja, sonidos de big band de *jazz*, *country* y *pop*, todo añadido a su arsenal musical.

Ray obtuvo su primer Top 10 de la *Billboard*, con el tema *Baby, let me hold your hand* en el año 1951. Creció en popularidad a mediados de los sesenta en gran parte debido a temas de la calidad de «*Busted*»; «*You are my sunshine*»; «*Take these chains from my heart*» y «*Crying time*». Ray interpretó la canción «*Georgia of my mind*», la que fue proclamada como melodía de excelencia del estado de Georgia el 24 de abril de 1979.

Casi al final de su vida grabó un álbum de duetos titulado *Genius Loves Company* (2004) y obtuvo los premios Grammy en las categorías de Álbum del año y Canción del año en el 2004. Durante su carrera recibió doce premios Grammy. Ray Charles falleció el 10 de junio de 2004 en su casa de California debido a una enfermedad del hígado.

Van Morrison expresó en una entrevista a la revista *Rolling Stone*:

> Ray Charles es la prueba de que la música traspasa todas las fronteras y alcanza todas las denominaciones. Él podía hacer todo tipo de música y siempre fue sincero consigo mismo. Todo fue acerca de su alma. Esa fue la razón por lo que lo llamaron "Genio". Imagínate en la forma en que reinvento la música country y que le

funcionó, demostrando que no tenía limitaciones, no para alguien tan bueno como él. Cualquier cosas que Ray Charles hiciera, cualquier cosa que tocara la hizo suya. Él era su propio género, era su propia música.[33]

Como cantante Ray fraseaba como ningún otro, no llevaba el tiempo como tú pensabas que debía ir, pero siempre era perfecto, siempre correcto. Reinventó la música country y le funcionó. Mostró que no tenía limitaciones. Todo lo que hacía, todo lo que tocaba, lo hacía suyo. Puedes notar un artista diferente en cada uno de estos discos: *Ray Charles at Newport*; *Ray Charles in Person*, *Genius + Soul = Jazz* con la orquesta de Count Basie y Quincy Jones, así como *Modern Sounds in Country and Western Music*. Su música iba más allá del *marketing*, era global y su atractivo universal. Ray Charles cambió la música simplemente siendo el mismo, traduciendo su mensaje a millones de personas con su estilo único de música soul. Ese es su legado. Creo que su música nos sobrevivirá a todos, al menos eso espero.

100

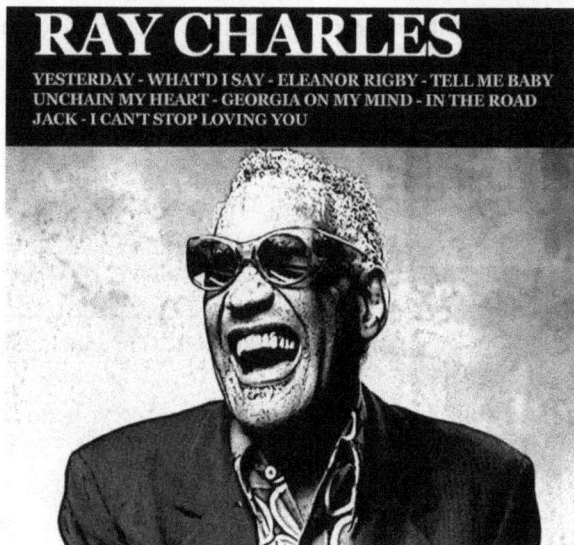

---

[33] ..www.rollingstone/raycharlesbio.html

EL BOOM, BOOM DE JOHN LEE HOOKER

L eyenda del *blues* sin comparación, John Lee Hoker nació el 22 de agosto de 1917 en Clarksdale, Mississippi. Resaltaba todo aquello que los padres no querían para los adolescentes, eso es lo que podías escuchar en su voz. Todo eso que amas de la noche, amor y deseo, sexo y retribución. Todas esas cosas alocadas a las que nos impulsa el *blues*.

Su voz enfatizaba un rango amplio de emociones, el mayor rango de colores que pudo cantante alguno de *blues* proyectar. Fue seductor y presentía el dolor, desafío y la furia. Todas esas emociones eran tan acordes con Hooker que no sabemos si el *blues* era él o a la inversa. Mi parte favorita de sus canciones es cuando llora. Su tono suave, casi susurrante contrarrestaba la otra parte que era mucho más poderosa. Su tono grave, con sus sombras, picardía como si todo fuera una falsa, hasta podías escucharlo reír y Hooker sonrió mucho en el escenario, pues disfrutaba mucho tocar.

Hooker grabó más de cien discos convirtiéndose en uno de los artistas más prolíficos del género, del cual es una leyenda. Sus álbumes más escuchados son: *The Healer* (1989), por el que recibió un premio Grammy, y el extraordinario *Alone* (1976). Sus temas más renombrados son «*Boom boom; One bourbon*», «*One scotch, one beer*» y «*Boogie chillen*». Influyó a Van Morrison, Jim Morrison y Robert Plant. John forma parte del Salón de la Fama del Rock and Roll desde 1991.

Cuando cantaba las personas lloraban y se hacían adictas al *blues*.

Su tema «*I'm in the mood*» es un *blues* poderoso y erótico. Si hubiera sido fumador hubiera necesitado un cigarrillo cuando lo escuché por primera vez. Muchos dicen que si se hiciera una droga llamada John Lee Hooker nunca estarían sobrios.

John Lee Hooker pertenece a un mundo lejano, a un mundo rural de pobreza y jornadas eternas de trabajo en el que la música más que un pasatiempo era el único analgésico, la salvación, la última esperanza.

La gloriosa rendención del viejo

A lo largo de su extensa carrera John Lee Hooker grabó un centenar de álbumes para una maraña de sellos que hace difícil seguir con detalle su viaje musical y registró, sin apenas saber escribir, más de seiscientas canciones que son parte de la historia de la música americana. Hooker terminó su carrera por todo lo alto con una de las redenciones más emocionantes del *blues* de la mano de Van Morrison. Una serie de discos que le elevaron entre los grandes del género y que hicieron que su obra reviviese en nuevos públicos.

Hooker influyó enormemente en cientos de artistas y bandas que tomaron el relevo para hacer renacer el interés por el *blues*. Un hito en la historia de la música, que marcó a las generaciones posteriores a la hora de hacer música.

John Lee Hooker se mantuvo en activo hasta casi el día de su muerte, pues se sabe que dos o tres días antes de morir había estado tocando sobre un escenario. En 2001 se marchó para siempre, convirtiéndose en una de las grandes leyendas del *blues*. Nos dejó mucho material para seguir disfrutando de este maravilloso género, y sus discípulos continúan su gran labor de difusión del *blues*.

DILE A MAMÁ QUE LLEGÓ ETTA JAMES

Etta James es una de las mejores cantantes que he escuchado en mi vida. Ella era feroz, descarada e increíblemente sexy; pero no de la manera convencional de The Supremes sino más bien de forma sencilla y enérgica que fue descubierta por Johnny Otis.

Etta fue irreverente como ningún otro artista. La escuché por primera vez cuando era adolescente, canciones como «*Tell mama; I'd rather go blind*» y «*At last*» hablaban de un dolor interior que había que madurar para entender. Me estremecían, aún lo hacen.

Existe mucho sufrimiento en las canciones de esta diva de maravillosa voz, pero además existe vida y por sobre todo, mucha fuerza. No le fue bien en numerosas ocasiones y se impuso a pesar de todo. En su autobiografía, un libro extraordinario titulado *Rage to Survive* nos cuenta como sobrevivió un montón de dificultades que parecen ser común para las cantantes: drogas, alcohol, dinero, el peso corporal y por supuesto problemas con los hombres. Quizás por eso las mujeres la comprendieron mejor y pudo lucirse, aunque le rompieran su corazón.

Etta influyó claramente a gente como Janis Joplin, Diana Ross y Beyonce. Fue magistral al cruzar el puente entre el *blues, R&B* y el *pop*. No se puede subestimar su influencia en la música actual. Con el tiempo creció como cantante y se convirtió en una super estrella con más de seis décadas de trabajo. Me encantan sus versiones de canciones de Billie Holiday.

Hace algunos años recibió un reconocimiento entregado por la Fundación del Blues en the House of Blues en Los Angeles. Cuando se subió al escenario expresó: «Conozco la diferencia entre una diva y un castor y hay muchos castores por ahí y muy pocas divas».[34] Frase que se convirtió en un clásico y de la que salió bien parada porque su calidad como artista le permitía expresar lo que le viniera en gana.

Fue una persona con gran calidad de espíritu, extremadamente generosa pero que no le aguantó paquetes a nadie. Digna como un guerrero siempre pudo salir adelante convirtiéndose en una heroína y un modelo a seguir para miles.

Existe una comparación entre Etta James y Ray Charles con respecto a su adicción a las drogas. Pero me gustaría ir más allá, más

---

[34.] www.rollingstone.com/ettajamesbio.html.

bien hacia su amor por el *góspel*, su *r&b* apasionado y su defensa de la música *soul*, algo que muy pocas personas pudieron hacer. Ambos fueron revolucionarios y difíciles de igualar. Me gustaría pensar que ambos todavía están cantando.

Porque la gran Etta James dominó como ninguna otra cantante de su raza todas las músicas de raíz afroamericana. Nada se le resistió. Con su arrolladora personalidad y su potentísima y versátil voz, fue capaz de cantar cualquier cosa que se le pusiera delante, desde la balada más tierna y almibarada al *blues* más sucio y descarnado, desde el *soul* más descarado y sensual al *rock* más robusto y enérgico. Etta fue un volcán en erupción, un huracán que hacía tambalear todo a su paso, un auténtico prodigio de la naturaleza.

Para Etta la vida y la canción sucedieron a través de un compromiso salvaje, a menudo desesperado que incluía violencia, drogadicción, robo a mano armada y comportamiento altamente caprichoso. Cantó con inmejorable hambre emocional y un dolor que puede llegar a helar la piel del oyente. La ferocidad de su voz recuerda a un niño salvaje.

Su nombre real fue Camiseta Hawkins y falleció el 20 de enero de 2012 debido a una leucemia terminal. Sus álbumes en solitario más escuchados son *Tell Mama* (1968), *Mystery Lady* (*Songs of Billie Holiday*) (1994) y *Blue Gardenia* (2001). Forma parte del Salón de la Fama del Rock and Roll desde 1993. Es merecedora de dos premios Grammy en las categorías de Mejor Interpretación de Jazz Vocal de 1994 y Mejor Álbum de Blues Contemporáneo de 2003. El disco *The Dreamer* (2011) fue su último trabajo con material inédito.

AL GREEN: A LA SOMBRA DE OTIS

Para Pablo Fariñas Viñals, mi padre

Su música fue sagrada y profana. Se nutrió de los grandes Sam Cooke y Otis Redding y se convirtió en uno de los vocalistas más exitosos de los años setenta con más de veinte millones de copias de discos vendidas. Su improvisado y estático llanto provino directamente de la música *góspel* y a finales de la década regresó a la Iglesia Bautista como pastor. En los 2000 regresó a la música popular y editó varios álbumes bien aclamados manteniéndose cerca del sonido Memphis-soul que lo hizo famoso.

Tras la muerte de Otis Redding en un accidente aéreo en 1967, el título de Rey del Soul tuvo varios contendientes: Arthur Conley, William Bell, Joe Simon (quien fue seleccionado para cantar en el funeral de Otis), Z. Z. Hill y muchos más.

Pero un muchacho se irguió como un fuerte pretendiente que al igual que Otis trabajaba en Memphis, Tennessee, no en los estudios Stax donde Redding había grabado todas sus obras maestras, sino en la rival Hi Records, bajo la egida de Willie Mitchell.

Su nombre era Al Green y como Otis se las agenció para crear un estilo vocal propio, inconfundible e inolvidable. También las primeras grabaciones de Green, anteriores a su periodo Memphis, mostraron lo profundo y honesto de su talento trascendiendo los límites de su creatividad.

Green (quitó la tercera "e" de su apellido cuando se encaminó a una carrera como solista) nació en Forrest City, Arkansas. A los nueve años fundó junto a sus hermanos, Robert, William y Walter, un cuarteto *góspel* llamado The Greene Brothers. Llevaron a cabo una gira por el circuito *góspel* del Sur y del Medio Oeste después que la familia se mudó a Grand Rapids, Michigan. Tres años después su padre lo sacó del cuarteto porque lo capturó escuchando la música «profana» de Jackie Wilson. A los dieciséis años formó un grupo de música *pop*, Al Greene and the Creations, amigos de su secundaria con los que grabó un par de *tracks* para Zodiac Records. Con dos miembros de la banda, Palmer James y Curtis Rogers creó una casa disquera llamada Hot Line Music Journal para la que el grupo renombrado Al Greene and the Soul Mates, grabó «*Back up train*». El sencillo llegó a la quinta posición de las listas nacionales de R&B. era un tema suave, gentil, lírico al que le fue bien en las listas. Posteriormente comenzaron los problemas financieros y el grupo y la disquera se disolvieron.

Al conoció a su más importante colaborador musical Willie Mitchell, en Midland, Texas en 1969. Mitchell era líder de bandas, trompetista, productor y vicepresidente de Hi Records de Memphis y firmó a Green, al que convirtió en super estrella en solo dieciocho meses. Sin dudarlo se convirtió en su productor y co-compositor por los próximos ocho años. *Green is Blues* introdujo el sonido que haría por siempre la pareja laboral: simples pero enfáticos beats, llenos de metales y cuerdas y la voz de Green flotando entre todos los instrumentos.

Su segundo álbum contendría sus primeros éxitos «*You say it*»; «*Right now, Right now*»; «*I can't get next to you*» y «*Tired of being alone*», su primer sencillo categoría oro y que a la vez compuso. Le siguieron años de éxitos casi todos compuestos por Green, Mitchell y Jackson: «*Let's stay together*», número 1 en las listas R&B y *pop* en 1971; «*Look what you done for me*»; «*I'm still in love with you*», «*You ought to be with me*»; «*Call me*» *(Come back home)*; «*Here I am*» *(Come and take me)*; «*Sha la list as*» *(Make me happy)* y «*L-O-V-E* »*(Love).*

Manejando por Memphis una noche, Al escuchó en la radio el éxito de The Temptations, «*I can't get next to you*» y se le ocurrió la idea de hacerlo más lento para llevarlo más al *funky*. Esto trajo consigo uno de los sonidos más originales que hayan golpeado las listas *soul* en mucho tiempo. Ese tipo de inquietudes fueron madurando en el artista. Su don natural vocal fue suavemente cultivado por Mitchell, haciéndolo su sello característico, esos cambios sutiles hacia la luz, altamente etéreos, con casi un tono afeminado, todos manejados con una facilidad consumada que de que alguna manera sonaba mucho más natural que algo teatral. Un estilo similar al que llevó a Otis Redding a la fama.

En sus presentaciones en vivo barría a la audiencia con sus canciones de amor, dinamismo y su sonrisa infecciosa. Las chicas lo encontraban irresistible y el gozaba lanzándoles rosas. Green repletó la capacidad de 18 mil asistentes al Fórum de Los Ángeles, El Espectrum de Filadelfia y el Cow Palace de San Francisco.

Se presentó por una semana en el Apollo de Harlem y rompió todos los récords. Una gira por Gran Bretaña tuvo un éxito sensacional.

La revista especializada *Rolling Stone* lo nominó al mejor «Rock & Roll Pop Star» de 1972. Mientras las tres publicaciones más importantes del negocio musical en los Estados Unidos, *Record World*; *Cashbox* y *Billboard* lo declararon el mejor vocalista R&B y pop del año.

A estas alturas ya había alcanzado cosas que Otis no había podido, como el convertirse en una estrella *pop* para los blancos, sin tener que renunciar ni diluir la innata negritud de su música. Mientras otros artistas afronorteamericanos sufrían bajos salarios por presentaciones en vivo, Green se ubicó entre los mejor pagados en el negocio.

Todo esto se debió a mucho más que su calidad artística pues desde el primer momento supo hacerse cargo de sus intereses monetarios dirigiendo Al Green Enterprises, fue su propio manager, su propio programador, dirigió su propia campaña publicitaria y con un *staff* bastante reducido organizó un beneficioso club de fans donde vendía pulóveres, anillos, sellos y otros *souvenirs*.

También trabajó en el filme negro *Mimi*, rodado en New Orleans y basado en la ópera clásica *La Boheme*. También se le proyectó como la estrella a protagonizar una posible película sobre la vida de Sam Cooke. 111

Green fue hospitalizado con quemaduras de segundo grado en su espalda, brazo y estómago el 25 de octubre de 1974. Una exnoε via, Mary Woodson, le vertió agua hirviendo mientras se bañaba en su casa en Shelly Forest, Memphis, acto seguido la muchacha se suicidó. Todo se adjudicó a la negativa de Green de atarse a pareja alguna, más bien fue propenso a rodearse de diversas muchachas, alcanzando sus éxitos amorosos calificativos legendarios.

El incidente aparentemente provocó una crisis espiritual en Green y anunció su intención de convertirse en pastor. Compró una iglesia en Memphis en 1976 y se convirtió en pastor del Full Góspel Tabernacle.

No renunció a su carrera *pop* y predicó en su iglesia solo cuando no estaba de gira. Continúo cosechando éxitos y construyó un estudio de grabaciones al año siguiente. Se convirtió en su propio productor, pero mantuvo el estilo y estándares instaurados con Mitchell. Pero en 1979 durante un concierto en Cincinnati se cayó estrepitosamente del escenario y milagrosamente escapó de ser gravemente herido. Consideró el accidente una advertencia de Dios. Por mucho tiempo después sus apariciones públicas se limitaron a servicios religiosos en iglesias a través del país en donde cantaba y predicaba.

Sus grabaciones de los ochenta fueron distribuidas por Myrrh, una compañía *góspel* y se limitaron a canciones religiosas, himnos y originales que el propio Green compuso, en un estilo que mezcló el Memphis-soul con el *góspel*. Probó suerte en Broadway en 1982, coprotagonizando junto a Patti LaBelle, el musical *góspel*, *Your Arms Too Short to Box with God* de la autoría de Vinnette Carroll.

La banda Talking Heads alcanzó el éxito versionando uno de sus temas, «*Take me to the river*» en 1978. El propio Green cantó a dúo con la espectacular Annie Lennox en la versión del clásico de Jackie DeShannon, *Put a little love in your heart* incluida en la banda sonora del filme *Scrooged* de 1988.

Green firmó contrato con BMG Records en 1992 y retornó al sonido Memphis-soul de sus raíces con el larga duración *Don't Look Back*. Este trabajo contó con la colaboración de los productores de música electro dance: David Steele, Andy Cox y Arthur Baker.

112 MCA lanzó una versión revisada del disco en los Estados Unidos en 1995 bajo el título *Your Heart's in Good Hands*. Él años antes, había cantado junto a Lyle Lovett el éxito de Willie Nelson, «*Funny how time slips away*», para Rhythm, Country, and Blues, una colección de dúos que unió a artistas conocidos de esos géneros. Esa colaboración le agenció un Grammy. La Antología de cuatro cds no solo incluía los *hits* y otras canciones sino a Green ofreciendo sermón en el escenario y algunas entrevistas.

Para 1995 fue incluido en el Salón de la Fama del Rock & Roll. En la ceremonia cantó junto a Willie Nelson, «*Funny how time slips away*». Su autobiografía *Take Me to the River* fue publicada por Harper Collins en el otoño del 2000 y dos años después recibió el Grammy por la labor de su vida.

Retomó su trabajo con Willie Mitchell en el álbum *I Can't Stop* (2003). El disco fue un triunfo y utilizaron los mismos músicos empleados por ellos a comienzos de los años setenta. Green fue introducido en el Salón de la Fama de la Música Góspel en el 2004 y un año después lanzó al mercado *Everything's OK*.

Al Green prosiguió con su vigor, emoción y fervor transparentes. Nuevamente se le notó envuelto personalmente en su carrera, dolores de cabeza, problemas para dar lo mejor de sí mismo y su alma en el escenario.

Billie Holiday sufrió problemas con las drogas, Johnny Ace inestabilidad mental, la pobreza y depravación de la vida real que sufrieron muchos de los grandes cantantes de *blues* también alcanzó la tragedia en la vida privada de Al Green. Algo de lo que supo imponerse con la música *góspel,* la Iglesia Bautista en su corazón y muchísimo sentido común.

En mayo de 2008 a los sesenta y dos años de edad lanzó al mercado *Lay It Down* producido por el baterista de The Roots, Ahmir «uestlove»? Thompson y el tecladista James Poyser con colaboraciones de artistas jóvenes contemporáneos tales como John Legend, Corrine Bailey Rae y Anthony Hamilton.

Justin Timberlake expresó en una entrevista para la revista *Rolling Stone* en 2004:

> Al Green ayudó a súper poblar el mundo pues cantó música para hacer bebes. Pero lo que lo hizo tan inspirador fue su fuerte pasión, su sinceridad y el placer que transmitió a través de su música. Las personas nacen para hacer ciertas cosas, Al nació para hacernos sonreír.[35]

[35.] www.rollingstone/algreenbio.html.

Al Green influyó fuertemente en la música del pasado siglo y aún hoy intérpretes como Michael Bolton y Michael McDonald versionan sus temas con gran éxito. Dueño de un estilo muy característico, en muchas de sus canciones rinde tributo a sus ídolos James Brown, Sam Cooke y Jackie Wilson. Ganador de trece premios Grammy, entre ellos, el de la obra de toda la vida.

Este intérprete constituye uno de los artistas afronorteamericanos que en más ocasiones ha sido nominado a dicho galardón. También es miembro del Salón de la Fama de la música *góspel* y del *rock and roll* desde 1995. Caracterizado por los críticos como el último gran cantante de soul, todavía mantiene una gran energía en sus presentaciones a las que asisten miles de seguidores de su música. Sus canciones no fueron tan políticas como las de Marvin Gaye o Donny Hathaway pero sí ellos te estaban hablando, Al Green estaba hablando por ti.

B. B. KING, EL REY DEL BLUES

B. B. King se autoproclamó como «El Embajador del Blues», pero para mí es el Rey. Sin dudas el más famoso de los *bluesmen* modernos. Este grande de la guitarra fue revolucionario desde 1951 con su primer hit «*Three O' clock blues*», donde se denota su estilo original y apasionado, mezclando el jugoso *country blues* con fuego electrónico y *jazz* educado. King creció en una plantación del Delta del Mississippi, se trasladó a Memphis en 1948 a los veinte y tres años, donde alcanzó fama como radio DJ en la emisora WDIA y se agenció el apodo de «Beale Street Blues Boy». De Blues Boy provienen las dos B en su calificativo pues su nombre real fue Riley B. King. Como joven músico estudió las grabaciones de guitarristas de blues y *jazz* tales como T-Bone Walker, Charlie Christian y Django Reinhardt.

Su programa de radio y actuaciones junto a Johnny Ace y Bobby «Blue» Bland le otorgaron una buena reputación local por lo que pudo comenzar una carrera discográfica satisfactoria. Por el camino adquirió una visión eléctrica del *blues*, alcanzó un intricado lenguaje *country blues*, una fuerte emoción *góspel* y la suave fineza del *jazz*.

Sus clásicos de los cincuenta «*Every day I have the blues*»; «*Sweet little angel*» y «*You upset me baby*» son tiernos y a la vez duros. Su disco en vivo *Live at the Regal* (1965) se considera uno de los mejores álbumes de *blues* de la historia, además me encanta su colaboración con Eric Clapton, *Riding With the King* (2001).

La fluidez en el instrumento la tomó de T-Bone Walker. Su guitarra nombrada Lucille es famosa en el mundo entero y que a veces nos pareciera que llora como una verdadera mujer. Nadie influyó como él en los guitarristas de *blues*. Buddy Guy comentó: «Antes de B. B. King todo el mundo tocaba la guitarra como si fuera acústica».[36]

[36.]www.rollingstone.com/bbkingbio.html.

El resurgir del *blues* a mediados de los sesenta lo insertaron en el mercado blanco y para 1966 se presentó regularmente en el circuito rockero y se promovió bastante en las emisoras de *rock* progresivo.

Continúo incluyendo éxitos en las listas de *blues* «*Paying the cost to be the boss*»; «*Why I sing the blues*» y mi canción favorita de B. B. King, «*The thrill is gone*» que ocupó la posición 15 de la Billboard en 1970.

Destacados fueron sus discos grabados con Bobby Bland; *First Time...Live* (1974) y *Together Again...Live* (1976) y cuando Stevie Wonder le produjo el tema «*To know you is to love you*».

Sus giras lo llevaron a Rusia en 1979 y a Sudamerica en 1980, así como a docenas de prisiones. Su álbum *There must be a better world somewhere* en 1981 le agenció un Grammy así como *Live at San Quentin* (1990).

Se incluyó en el Blues Foundation Hall of Fame en 1984 y en el Rock and Roll Hall of Fame en 1987. Tres años después recibió el premio Songwriters Hall of Fame Lifetime Achievement Award.

Su aspiración de ser el embajador del *blues* pareció cumplirse en los noventa, alcanzó la categoría de icono y recibió en 1995 un homenaje en el Kennedy Center. Posteriormente publicó una autobiografía, *Blues All Around Me* en coautoría con David Ritz.

Dos virtudes caracterizan a B.B. King: una mezcla de fiereza y sensibilidad tan prototípica de los grandes del género y su voluntad de acercar su arte al mayor número posible de aficionados.

Más allá de su contribución más referencial a la música con mayúsculas, es decir, el encuentro del *blues* más rural con las rítmicas urbanas de Estados Unidos, el inmenso legado de King fue el haber acercado un género en principio relativamente minoritario a las audiencias planetarias, en haber hecho del *blues* un género musical más familiar a aficionados de toda clase y condición.

Su influencia va más alla del *blues* pues Eric Clapton, Mike Bloomfield y David Gilmour expresaron que King fue su ídolo. Quince veces ganador del premio Grammy, incluido el de la labor de toda una vida en 1987, recibió prácticamente todos los galardones posibles. Falleció el 14 de mayo de 2015 en Las Vegas, Nevada.

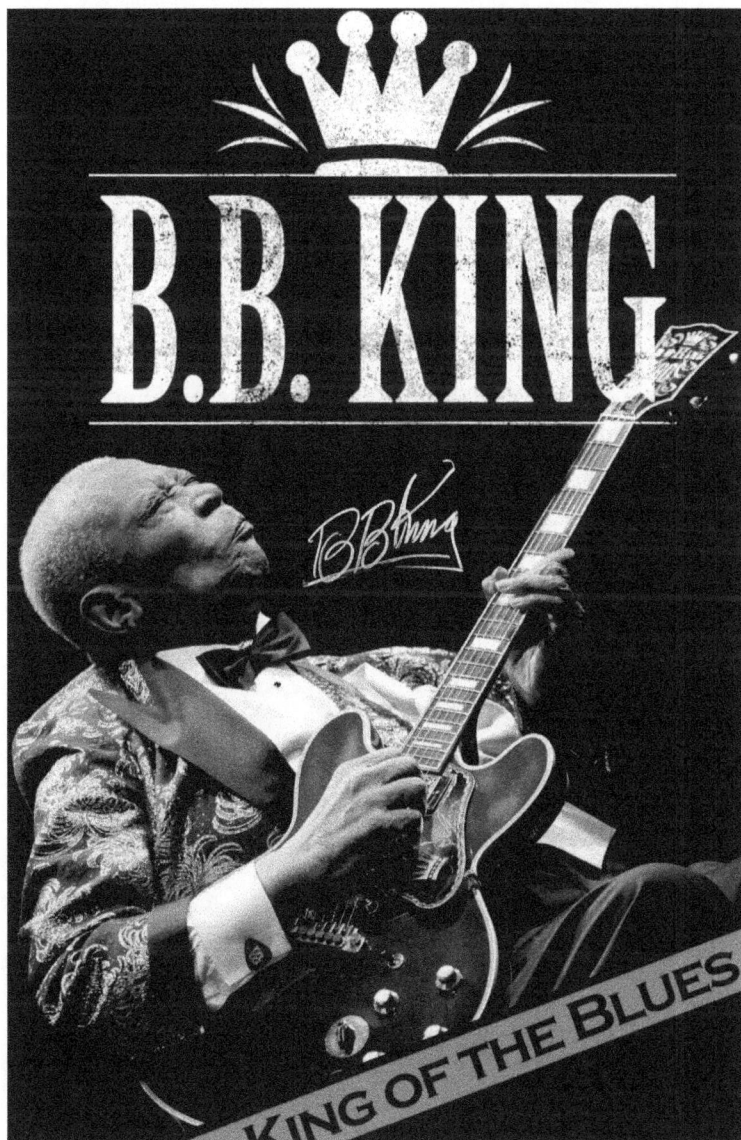

THE POINTER SISTERS, HERMANAS DE FUEGO

Elvis Presley, The Beatles, The Rolling Stones, The Osmonds, The Bay City Rollers, todos jugaron su papel en establecer los roles a desempeñar por los artistas ante los ojos de su público. Establecieron modas de vestido, calzado, peinado y formas de vivir. The Pointer Sisters también fueron de esas artistas que marcaron una época cuando irrumpieron en la escena internacional a finales de 1973 y pareció que su imagen lo era todo.

Vestidas en trajes exóticos inspirados en los años cuarenta fueron amadas por los diseñadores de moda de New York. Su *show* en vivo rondó lo teatral, pero detrás de toda esa parafernalia también estaba el talento musical de cuatro muchachas, las hermanas Bonnie, June, Anita y Ruth Pointer.

La moda las lanzó al estrellato, pero no se quedaron ahí, lograron una diversa inventiva musical que expandió una gama de estilos desde el *scat, soul, pop*, nostalgia y *country*. ¡Si *country*! Pues su tema *Fairytale* apareció en las listas del género y hasta les agenció un premio Grammy en esa categoría.

Nada mal para un grupo de cuatro hermanas afronorteamericanas provenientes de Oakland, California. Como muchos artistas negros sus raíces provienen de la música *góspel*. Sus padres eran pastores que no dejaban escuchar ninguna canción secular en casa.

Las muchachas cantaban en la iglesia, pero solo música estricta y formal para la ocasión. La Iglesia de Dios donde sus padres predicaban era dirigida por un establecimiento clerical blanco situado en el guetto negro y los himnos religiosos tradicionales fueron mucho más comunes que el góspel exuberante de los negros.

Clubs Locales

Pero en la escuela la historia fue diferente y fueron expuestas a las influencias de Bob Dylan, Jimi Hendrix, Motown, Besie Smith, Johnny Cash y Aretha Franklin, aprendiendo un poquito de cada uno.

Bonnie fue la primera en comenzar a cantar profesionalmente por los años 1968-69, escapándose a trabajar en club locales con la ayuda de un guitarrista amigo. June se unió a su hermana e integraron con Dorothy Morrison el coro Nothern California State Youth Choir antes de separarse para hacer sus temas propios. Anita y Ruth se les sumaron para comenzar a grabar su primer álbum en septiembre de 1972.

A estas alturas ya poseían experiencia trabajando en clubes nocturnos y como coristas de estudio para Elvin Bishop, Boz Scaggs, Tower of Power, Grace Slick, Esther Phillips, Cold Blood, Taj Mahal y realizaron una breve visita a Inglaterra como coristas de Dave Mason.

David Rubinson las instó a grabar y fue el catalizador de su eventual estrellato. Inclusive las había rescatado antes cuando su *manager* las había abandonado en Houston Texas.

Triunfamos en el club Troubadour de Los Angeles

Un amigo le había dado a Bonnie la tarjeta de Rubinson y le dijo que lo llamara si alguna vez necesitaba un trabajo. Las hermanas, que no lo conocían, lo llamaron de larga distancia, pidiéndole ayuda, él le envió los pasajes de avión a San Francisco y las utilizó como coristas en las grabaciones que estaba produciendo.

Jerry Wexler, el jefe de la Atlantic Records las escuchó en un club de California y les ofreció un contrato discográfico. El grupo fue llevado a los estudios Malaco en Alabama para grabar con el productor de R&B Wardell Quezergue, pero la grabación fue olvidada.

Así que Rubinson comenzó a trabajarles la imagen. Hasta ahora se presentaban en el escenario con *jeans* pero Rubinson las convenció de usar ropa de los años cuarenta. Sin dudas una jugada maestra.

La primera presentación de las chicas como grupo vistiendo los trajes de la década del cuarenta fue el club Troubadour de Los Angeles, plaza donde muchísimos artistas aspirantes habían alcanzado la fama y donde otros habían mordido el polvo debido al público asistente que califica como uno de los más exigentes y conocedores del mundo. Las Pointers se impusieron desde el comienzo, recibiendo buenas críticas y promoción en la televisión en el *show* de Flip Wilson.

Las chicas finalmente firmaron con Blue Thumb Records con Rubinson produciéndoles su primer álbum. David capturó el espíritu de sus presentaciones en vivo, la felicidad y música para bailar que les interesaba proyectar, no era *rock* pero estaban llenas de influencias del *rock*, no era soul pero mostraron gran afinidad, no era *pop* pero si popular.

Muy femeninas en su vestir, con tacones altos, vestidos floreados, mucho maquillaje y sombreros atractivos hipnotizaron a la audiencia. Esto creó un contraste con las imágenes casi masculinas de Fanny, Suzi Quatro y otras artistas contemporáneas.

Obtuvieron gran aceptación por parte del público homosexual, principalmente en aquellos que se travestían pero que principalmente eran fanáticos del *soul* y el *rock*.

Algunos las criticaron por plancharse el pelo y su extraordinaria preocupación por insertarse en el mercado blanco. Pienso que The Pointer Sisters trajeron una bocanada de aire fresco a la música negra en un momento que el fuerte discurso político predominada en el mensaje de sus principales figuras. Diversión, pero no pretensión fue su máxima.

Como el escritor del *Philadelphia Bulletin*, Matt Damsker apuntó: «Son una mezcla extraordinaria del ayer y hoy, enamoradas del estilo de tiempos pasados, con su vestir *jazz chic* de los cuarenta, son muy contemporáneas».[37]

123

Música Universal

The Pointer Sisters se vieron a sí mismas como universales: «Nos han criticado por no sonar lo suficientemente negras. ¿De qué se trata? —dijo Bonnie— La gente se puede dar cuenta de que somos negras simplemente al mirarnos. ¿Por qué debemos parar de cantar *country* o hasta *opera* si lo quisiéramos? Queremos cantar buena música, no queremos estancarnos en un solo estilo».

Su primer éxito fue la versión del tema popularizado por Lee Dorsey, «*Yes we can*», una composición de Allen Toussaint repleta de R&B de New Orleans al que le inyectaron una fuerte dosis de *funk*. Seguidamente interpretaron un clásico del *blues*, «*Wang dang doodle*», un *hit* para Koko Taylor en los sesenta que llevaron a bailable con sonoridades de la música disco.

Sus discos *The Pointer Sisters* y *That's a Plenty* vendieron millones de copias y fueron las primeras artistas *pop* en aparecer en la San

---

[37.] Jeremy Pascall and Rob Burt, *op.cit*, p. 38.

Francisco Opera House. Las entradas se agotaron en cuatro horas y fue preservado para la posteridad como un álbum doble en vivo.

Más que cualquier grupo vocal usaron sus voces como instrumentos musicales. En un punto del concierto engañaron a la audiencia tocando trompetas y saxofones de juguete, pero el sonido proveniente de sus bocas se sintió auténtico. Sin dudas unas maestras del *scat* mostrando estar a la altura de las cantantes de *jazz* de antaño: Ella Fitzgerald, Sara Vaughan y el resto. Su sabor jazzístico lo podemos apreciar en su composición *Jada*, nombrada por la hija de Anita y una de sus piezas más populares.

Unión de chicas

Improvisación fue una de las principales características de su trabajo, aspecto proveniente de sus influencias jazzísticas. Sus coreografías fueron bien diferentes a las anteriormente utilizadas por The Supremes o The Three Degrees. Cada una se vistió diferente, se movió diferente y a pesar de toda su espontaneidad se denotó la unión y uniformidad en su acto. Glamorosas y extrovertidas nos entretuvieron hasta la saciedad

The Pointer Sisters pertenecen a la tradición «burlesque», repletas de rutinas de comedia, pero cantando en serio y con buenas voces. No podemos subvalorar el trabajo de estas muchachas como estrellas *pop*. La imagen que proyectaron influyó en su publicidad, pero no podemos olvidar que son artistas de gran valía que hicieron época. Sus grabaciones muestran diversidad estilista y su talento innato se impuso por encima de sus ropas de moda. The Pointer Sisters ostentan tres premios Grammy en las categorías de Mejor Interpretación Country por un Grupo en 1974, además de Mejor Arreglo de Voces y Mejor Interpretación Pop por un Grupo en 1984.

Bonnie Pointer fue fichada por Motown en 1978, para llevar a cabo carrera en solitario y grabó los temas, «*Free me from my freedom*» y «*Tie me to a tree*» *(Handcuff me)*. El cuarteto se convirtió en un trío a partir de 1979. Su canción más escuchada de ese período es «*Fire*», compuesta y popularizada por Bruce Springsteen, ocupante de la segunda posición de la *Billboard* en 1979. Pero sin Bonnie ya no fue lo mismo. June Pointer falleció de cáncer el 12 de abril del 2006.

ATLANTIC/STAX LÍDERES DE ESTILO

El gran desarrollo en la música *rock* tiende a ocurrir cuando dos tipos de intereses coinciden: el interés de una contracultura en expresarse a sí misma y el interés de grandes emprendedores en hacer mucho dinero.

Esos momentos son relativamente raros porque mientras más dinero haya en juego los inversores tienen menos interés en correr riesgos en esos productos que no se asemejan al mercado «establecido». Consecuentemente, el ímpetu para los grandes cambios en la música pop ha ocurrido, pero casi siempre proveniente de las compañías pequeñas e independientes. La enormemente exitosa historia de Atlantic Records nos brinda el más vivido ejemplo del proceso en toda su extensión. Ninguna otra disquera puede presumir de una lista mayor de innovadores musicales a través de los años.

Atlantic se fundó a finales de los años cuarenta en New York por Herb Abramson y Ahmet Ertegun, quien entró al negocio para ganar un poco de dinero mientras completaba su doctorado. Sus estudios se fueron por la borda aparentemente cuando los problemas para hacer que las grabaciones dieran dinero aparecieron.

Por ese tiempo la industria del disco en los Estados Unidos estaba dominada por Columbia, RCA Victor, Decca y Capitol. Esas compañías se llevaban los premios gordos y no permitían que lo que se pudiera comercializar musicalmente hablando en los callejones y en los *guettos* viera la luz. Según *Billboard*: «El impacto inicial de Atlantic fue su pugna por establecer una variada en el jazz que comercializaba».[38] La capacidad de Ertegun de conocer lo que iría bien con la audiencia los mantuvo a flote durante los primeros meses basándose en las ventas locales. Aunque la compañía continuaba constantemente buscando una salida al mercado nacional para sus artistas.

[38.] *Ibídem*, p. 42.

Stick McGhee logró tener un relativo éxito nacional con «*Drinkin' wine spo-dee-o-dee*» en 1949. Desde este momento los grandes distribuidores conocieron Atlantic Records. Así que Joe Turner, Ruth Brown y The Clovers se incluyeron en las listas R&B nacionales por varios años.

Todos esos grandes artistas fueron descubiertos por la disquera. Otros artistas negros que habían alcanzado notoriedad se mudaron a Atlantic desde otras compañías y maduraron radicalmente con un estilo más personal con el apoyo de la firma. En ese caso podemos mencionar a Chuck Willis con sus éxitos «*C.C. Rider*» y «*What am I living for*», antes de morir prematuramente en 1958 y por encima de todos, Ray Charles.

Aquí fue donde comenzaron a llamar a Ray, el Genio. Antes era un cantante y pianista de *blues* muy similar en estilo al gran Nat King Cole. Con Atlantic creó una original e influyente forma musical, combinando el poder emocional del *góspel* con arreglos jazzísticos y el *beat* del R&B. La grabación que lo estableció como estrella nacional fue «*What'd I say*». Poco tiempo después que el tema acabará en las listas Ray dejó Atlantic y firmó con ABC-Paramount y perdió una arista en su música que demoró en recuperar.

Una de las razones por la que el estilo único de Ray Charles pudo florecer en Atlantic fue que los directores de la compañía estaban abiertos a toda la variedad de la música negra, el *jazz* incluido.

Nesuhi Ertegun, hermano de Ahmet, dirigió el departamento de *jazz* desde 1956 y los músicos bajo su egida fueron los responsables de los avances más significativos en ese género durante más de veinte años. Díganse John Coltrane, Omette Coleman y Charlie Mingus, por solo mencionar algunos.

La escasez de personal en la disquera provocó un trato más rector por parte de los directivos que se desempañaban simultáneamente escogiendo a los artistas, produciendo las grabaciones y en el caso de Ahmet componiendo la mayoría de las canciones. Cuando Jerry Wexler se hizo socio de la firma en 1953 continúo el patrón como productor y compositor ocasional. Por supuesto dicho patrón fue posible porque el estudio y la oficina estaban en la misma habitación.

Atlantic estaba repleta de talento, pero falta de recursos. Un problema fue que la mayoría de los éxitos R&B de Atlantic nunca se lanzaron al mercado fuera de los Estados Unidos. Además, las grandes disqueras esperaban que los artistas emergentes se probaran primero con una disquera pequeña para después robárselos con un cheque más atractivo. Atlantic no solo perdió a Ray Charles sino también a Clyde McPhatter, un cantante *góspel* que se estableció como un baladista popular que también fue importante.

Pero MCPhatter se fue y entonces Atlantic decidió expandirse compitiendo en el mercado en masa con los términos existente. La explosión del *rock and roll* provocó grandes ganancias a las compañías disqueras que fueran capaces de encontrar arreglistas y compositores que capturaran esos sonidos mágicos. Así como impulsar sus cantantes de cualquier raza a convertirse en ídolos adolescentes. Entonces Atlantic encontró su propia versión de Frankie Avalon y Tommy Sands, un joven cantante newyorkino de ascendencia italiana llamado Bobby Darin. Se enfrascaron en su producción y les dio buen negocio.

Otra arista fue el realizar grabaciones muy idiosincráticas y comprometidas socialmente que nadie los copiara. Para ello contrataron a los compositores Jerry Lieber y Mike Stoller en 1956. Ese

equipo trabajó con The Coasters logrando varias de las mejores grabaciones *pop rock* de la disquera: «*Young blood*»; «*Searchin'*» y «*Yakey yak*» que tuvieron ingeniosas y coloridas letras, así como un trabajo instrumental excitante que incluyó solos de saxofón por parte de King Curtis.

Leiber y Stoller desarrollaron con Atlantic otro punto de ruptura en la historia del pop al trabajar como productores con The Drifters. Fueron los responsables de incluir en su sonido el efecto del eco y el casi clásico arreglo de cuerdas en «*There goes my baby*». El tema fue un exitazo en 1959 y fue precursor de la oleada de artistas R&B de los sesenta. Me atrevo a asegurar que muchos de los éxitos *pop-soul* de hoy en día son descendientes directos de esa canción.

Muchas de las figuras importantes del género se conectaron en sus comienzos con esta fase de The Drifters. Phil Spector estaba allí como productor asistente y guitarrista acompañante. The Drifters estuvo entre los primeros grupos en interpretar temas de la autoría de Goffin/King y Mann/Weil. El grupo tuvo varios éxitos entre 1961 y 1964. Ben E. King, el cantante líder de su primer *hit* en Inglaterra; «*Save the last dance for me*», tuvo una exitosa carrera en solitario posteriormente.

Muchas cosas buenas estaban por venir. Temprano en los sesenta, Wexler aseguró los derechos de distribución de una disquera satélite radicada en Memphis: Stax Records, dirigida por Jim Stewart y Al Bell. El primer gran éxito de esta fusión fue «*Gee whiz*» de Carla Thomas, una balada dramática repleta de cuerdas. Estas fueron los cimientos para algo que sería mundialmente famoso: El Sonido Memphis.

El Sonido Memphis

Los fundadores del sonido fueron un combo *funky* pequeño llamado Booker T. and the MG's quienes alcanzaron gran fama con su tema «*Green onions*». Con los metales incorporados se denominaron The Markeys y alcanzaron la cima de las listas con el instrumental «*Last night*».

El material de Stax poseía una combinación única de fluido y golpe que se volvió muy popular entre los bailadores. Así que un gran número de vocalistas góspel comenzaron a emerger de la misma fuente sus grabaciones definieron todo un nuevo género musical: *Soul*. Debemos agregar que estos sonidos de Stax estaban fuertemente influenciados por el gran James Brown.

Para los fanáticos blancos el jefe de Stax era Otis Redding, quien grabó en su subsidiaria Volt. A su muerte en 1967 ya se había asegurado una gran cantidad de seguidores en el público blanco rockero. Pero había mucho más en Stax. Sam and Dave grababan en los estudios de Memphis con el súper productor y estrella musical Isaac Hayes. Wilson Pickett nos regalaba «*In the midnight hour*» en 1965.

Otras estrellas sureñas fueron distribuidas por Atlantic como Percy Sledge y su «*When a man loves a woman*» y Joe Tex con sus incomparables baladas.

Además, encontraron en New York a Solomon Burke y comenzaron a grabar en 1967 a una de las cantantes negras más grandes de la historia, Aretha Franklin. El apoyo incondicional de Atlantic Records a Aretha es una de sus más notables contribuciones a la historia musical. Ella como Pickett y Tex grabó parte de su mejor material en el legendario estudio Fame en el poblado de Muscle Shoals, donde Duane Allman comenzó como músico de sesión.

Atlantic Records tiene mucho mérito en la masificación de la música apoyando el surgimiento y proliferación de varios géneros y subgéneros musicales. Todos sabemos que estuvo a la vanguardia del fenómeno soul, que produjo artistas blancos como el dúo Nino Tempo y April Stevens. Debido a ellos es que Sonny Bono se relacionó con la compañía y el éxito colosal de Sonny and Cher, «*I got you babe*» abrió el camino para que Atlantic firmara numerosos artistas exitosos tales como: The Young Rascals, Iron Butterfly y Buffalo Springfield. Parte importante fue su producción de los discos de Crosby, Stills, Nash and Young que demostró la sensibilidad de la disquera a los cambios en el gusto de la audiencia y su habilidad para escoger a los artistas cultivadores de un nuevo estilo que posteriormente sería un clásico.

La compañía conoció bien temprano del potencial de las grabaciones británicas y su salto trans Atlántico le dio buenos dividendos al firmar nada más y nada menos que a Led Zeppelin, cuando el *heavy* metal estaba en su infancia. Su juicio fue acertado y el segundo disco de la banda se incluye entre los mejores de la historia del *rock*. También se agenciaron a Yes precursando el *rock* orquestal.

Atlantic se diversificó, Dr. John fue capaz de redescubrir su rock & roll de New Orleans con matices *funk*. The Allman Brothers fundaron el *rock* sureño. J. Geils Band es una de las bandas más atractivas del *blues rock*. Boz Scaggs dio rienda suelta a su talento en los estudios de la disquera.

Por problemas económicos Stax pasó a formar parte de Fantasy Records y su decadencia afectó a Atlantic. El dirigir una compañía discográfica es como jugar a la ruleta en Las Vegas, pero las probabilidades de ganar son menores. Ya nada fue lo mismo más los discos quedaron. Atlantic Records no es hoy una compañía pequeña pues pertenece al consorcio Warner Music Group. El espíritu de sus precursores, los hermanos Ertegun Jim Stewart, Al Bell y Jerry Wexler se mantiene rondando sus oficinas. Debemos agradecerles a todos los miembros de Atlantic/Stax esa visión futurista que construyó nuestro presente sonoro.

CON THE DRIFTERS SE VA MI CHICA

Mientras los grupos de *pop* solo duraban unos pocos años antes de separarse, la longevidad en la música negra fue más la regla que la excepción. Los verdaderos veteranos fueron The Mills Brothers y The Ink Spots, ambos formados antes de la Segunda Guerra Mundial y que todavian se mostraban consistentes a la mitad de la década de los setenta, así como otros grupos establecidos en los años cincuenta también establecieron carreras duraderas.

Los años cincuenta fue una de las décadas productivas en la historia de los grupos vocales cultivadores de la música negra. Muchos de ellos duraron más de veinte años en la palestra pública. The Flamingos, The Platters, The Coasters y The Dells de los más reconocidos. Pero pocos retuvieron un status tan alto como The Drifters, no solo reconocidos en América, sino en Europa.

The Drifters en 1975 eran integrados por Clyde Brown, Grant Kitchings, Bucht Leake y el veterano Johnny More. Poca semblanza quedaba de aquel grupo fundado por Clyde McPhatter en 1953, pero todos fueron continuadores de una tradición.

Más de treinta individuos han pasado por la formación hasta hoy en día. Muchos de ellos tras su paso por la banda formaron «falsos» The Drifters. Los más destacados han sido The Original Drifters dirigidos por Bill Pinkney y Charlie Thomas and the Drifters. Esos grupos pertenecieron a las disqueras Capitol; Class; Coral y Crown. Según varios de los dirigentes de esas discográficas, sus apadrinados guardan más relación con la era dorada del grupo que los actuales miembros. A mí entender todos tienen su mérito.

Su nombre The Drifters fue registrado por su *manager* Faye Treadwell, viuda del miembro fundador George Treadwell. Faye expresó que la banda es como un grupo de futbol américano, si las estrellas de un equipo lo abandonan y forman un equipo nuevo no tienen derecho alguno sobre el nombre del equipo anterior.

Más confusión al asunto le trajo que uno de los grupos más famosos de los sesenta poseía ese nombre y el calificativo original de los ingleses The Shadows, fue The Drifters. Por supuesto se dieron cuenta a tiempo y lo cambiaron.

Pero vayamos al grano, las estrellas que conocemos de toda la vida comenzaron de la mano del gran Clyde McPhatter quien en 1953 dio rienda suelta a su identidad musical al apartarse de The Dominoes dirigidos por Billy Ward. Su lugar en esa agrupación lo ocupó otra leyenda, Jackie Wilson.

La voz de tenor McPhatter fue apoyada por Gerhard Thrasher (tenor), su hermano Andrew Trasher (barítono) y Wilie Ferbee (bajo). Sus actuaciones eran muy vocales con escasa instrumentación del saxofonista Ben Webster y el guitarrista Jimmy Oliver.

Seis sencillos de la agrupación fueron lanzados al mercado desde septiembre de 1953 a junio de 1955, todos incluidos en las listas R&B con «*Money honey*» y una nueva versión de «*White christmas*» como las más destacadas. Bill Pickney reemplazó a Ferbee en agosto de 1953 y la formación se mantuvo estable por dos años hasta que McPhatter inició carrera en solitario.

David Baughn, cuya voz increíblemente era similar a la McPhatter, fue reclutado como líder interpretando la extraordinaria «*Honey bee*», lanzada al mercado ne 1961.

Aunque sus grabaciones fueron prolíficas la etapa post McPhatter fue escasa de *hits*. Algo que se subsanó en parte por la dupla de compositores Leiber y Stoller y la maravillosa voz de Bobby Hendricks.

Discusiones cotidianas con Treadwell llevaron a la disolución del grupo. Lo que dejó al manager con un nombre, pero sin cantantes. La solución fue brusca, simple y muy norteamericana. Se puso a buscar y encontró otro grupo y les dijo a partir de ahora ustedes son The Drifters.

La banda escogida era conocida, The Five Crowns, hasta se habían presentado en el teatro Apollo. El negocio aceptó el cambio, pero el público por supuesto que no. Tras el primer rechazo todo comenzó a cambiar cuando en agosto de 1959 colaron su primer gran éxito en las listas, «*There goes my baby*» producido por Leiber y Stoller, así como Stan Applebaum como arreglista. La sesión de grabación fue una pesadilla hasta que a alguien se le ocurrió que Ben E. King hiciera la voz líder, hasta ese momento solo una de las voces armónicas del grupo. A partir de aquí no fue lo mismo. No solo alcanzaron la fama en el mercado negro sino en el blanco. King sorprendió con la madurez de su trabajo vocal. «*There goes my baby*» influyó en el *Wall of Sound* (Muro de Sonido, modo de grabación creado por Phil Spector) y el estilo posterior de la Motown. El arreglo musical de Stan Applebaum demostró que el *rock and roll* y los instrumentos de cuerdas podían llevarse bien.

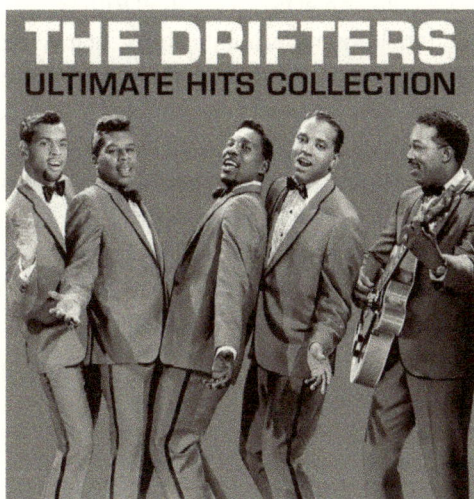

King (líder barítono),Charlie Thomas (tenor),Ellsbury Hobbs (bajo), Doc Green(barítono) y el guitarrista Billy Davis fueron los que grabaron el mega éxito. The Drifters a pesar de la calidad de sus grabaciones fue el grupo con el *line up* menos estable de todos.

Situaciones de la vida real

Para The Drifters el trabajar con Lieber y Stoller fue una bendición, como lo fue para The Coasters, Ruth Brown, Joe Turner, Elvis Presley y muchos otros. Los nuevos, y mejores, The Drifters se envolvieron en una mezcla de R&B con ritmos latinos y un efectivo uso de cuerdas que se convirtió en su sello.

Su material posee un efectivo y definitivo patrón, canciones de amor acerca de situaciones de la vida real, cosas que pudieran pasarle a cualquier chico, como el ir a la playa, al cine o al night club.

«*Save the last dance for me*», significó algo real para millones de consumidores. Además, le presentó al mundo el talento del productor Phil Spector quien fuera descubierto por Lieber y Stoller en la misma secundaria de Hollywood a la que ellos asistieron.

Spector hasta tocó la guitarra en «*On Broadway*». Pero su definitivo salto a la fama fue cuando produjo «*Spanish Harlem*» para un Ben E. King cantando en solitario. Un tema que estilísticamente posee mucho vínculo con el estilo de The Drifters.

Rudy Lewis, uno de los pocos hombres en cantar en el grupo *góspel* Clara Ward Singers ocupó el lugar de King. Además, se agregaron como coristas, teniendo un papel definitorio en los siguientes éxitos, los grandes nombres de Doris Troy, Dee Dee y Dionne Warwick.

The Drifters prosiguió constantemente con cambios en su formación. Difícilmente el grupo que estaba de gira coincidía con el expuesto en la foto de la carátula de su larga duración del momento. Pero gracias al esfuerzo de sus compositores-productores el sonido se mantenía intacto. Cabe señalar que la época en que se señalan estos hechos el número de talentosos vocalistas negros cultivadores de este estilo era bien extenso.

Clásicos del pop

The Drifters se nutrió del equipo de compositores tanques pensantes que fueron ubicados en el edificio Brill. Jerry Goffin, Carole King,

Barry Mann, Cynthia Weill, Jeff Barry, Ellie Greenwich, Jerry Leiber y Mike Stoller le entregaron temas al conjunto.

El brillante Bert Berns se convirtió en su productor y su contribución fue definitiva para que sus canciones entraran en la escena *pop*.

Lewis falleció en 1964 y desde la grabación de «*Under the boardwalk*», Moore y Charlie Thomas tomaron las riendas vocales de la banda. Para el año siguiente las ventas del conjunto ya ascendían a más de 15 millones de dólares. Ninguno de los «falsos» The Drifters alcanzó un éxito similar.

Bert Berns falleció en 1967 comenzando un declive en la banda. El esfuezo por revivirlos fue palpable desde las oficinas de dirección de Atlantic Records. Una época de constantes giras por la escena de la nostalgia interpretando sus viejos éxitos los mantuvo a flote. Reediciones como «*Saturday night at the movies*» y «*Down at the club*» fueron de lo más importante.

The Drifters fueron firmados por la disquera británica Bell Records para la década de los setenta y Faye Treadwell les agenció un jugoso contrato cantando en los cabarets de Las Vegas y Lake Tahoe.

Bill Fredericks se les unió y su rutina humorística fue parte importante de su acto en el escenario hasta 1974 cuando Clyde Brown ocupó su lugar como líder de la banda en una exitosa gira por Suráfrica. The Drifters fueron los primeros artistas negros con una banda acompañante blanca en trabajar ante una audiencia mezclada en ese país regido por el Apartheid en aquel tiempo.

Su apoyo a los mejores compositores del momento fue evidente pues llevaron a la fama los éxitos: «*This magic moment*» y «*Save the last dance for me*» de Doc Pomus y Mort Shuman; «*Up on the roof*» de Jerry Goffin y Carole King, así como «*On Broadway*» de Jerry Lieber, Mike Stoller; Barry Mann y Cynthia Weil. The Drifters trabajó con Burt Bacharch y gracias a ellos conoció a Dionne Warwick. The Drifters, como institución musical con númerosos miembros, se enmarca como una de las instituciones de la música negra. Desde 1988 forman parte del Salón de la Fama del Rock Roll, mérito más que merecido. Su exquisita mezcla de voces es inconfundible. Quizás no me toque decir que su música es inmortal, pero creo que lo hicieron muy bien.

ARETHA FRANKLIN, LA REINA DEL SOUL

Para Stephanie Evans

El sonido del *góspel* negro fue la música *underground* en los Estados Unidos por mucho tiempo. Fuerte, excitante y emocional fue desconocido por la comunidad blanca, ignorado por los medios y abandonado por las publicaciones musicales. Pero su legado es innegable, a veces inspirando los sonidos del soul, otras nutriéndose de ellos. El *góspel* tiene sus propias estrellas quienes al igual que sus contrapartes profanas llevaron sus carreras como un negocio, con altos resultados comerciales.

Los artistas *góspel* tienden a durar más que los cultivadores del *soul*, por lo que son muy renuentes a cambiar de género o a cantar «baby» o «my darling» en vez de «Él» o «El Señor», por razones morales o simplemente porque les gusta la vida que llevan, expresan la pureza de las canciones que interpretan.

Solo unos pocos nombres de artistas *góspel* establecidos han cambiado de género. Sin embargo, es extraño que un artista *soul* no haya pasado su niñez cantando en la iglesia.

Aretha Franklin nació el 25 de marzo de 1942 en Memphis, Tennessee. Su padre el reverendo Clarence LeVaughn Franklin, se convirtió en el pastor de una congregación de más de 4 mil 500 feligreses de la iglesia bautista New Bethel de la ciudad de Detroit y fue un cantante *góspel* conocido nacionalmente como «El Hombre con la voz del millón de dólares». Su madre, Barbara, también can» tante *góspel*, abandonó a su familia cuando Aretha tenía seis años de edad y falleció cuatro años después.

Aretha y sus hermanas, Carolyn y Erma, cantaron regularmente en la iglesia de su padre y sus primeras grabaciones se llevaron a cabo cuando tenía catorce años. Los Franklins se encontraban entre las familias negras más prominentes de Detroit. Smokey Robinson conocía a la familia y en los cincuenta Berry Gordy Jr. trató de firmar a Aretha para la Motown. El reverendo Franklin se negó.

La adolescente Aretha realizó una gira por el circuito *góspel* con su padre. Fue apadrinada por Clara Ward (acorde a las malas lenguas la amante de su padre), Mahalia Jackson, James Cleveland y Sam Cooke. Clarence LeVaughn Franklin tiene más de ochenta álbumes en su haber. Aretha en el *tour* viajó en ómnibus, su padre en avión.

Su entrenamiento fue cantando en la iglesia. El entrenamiento puede darte forma, tradición y cadencia. Cuando los genios tienen buena preparación pueden acelerar el proceso de convertirse en leyendas. Pero el entrenamiento no es ser un genio. Aretha Franklin es un genio.

Cooke que recientemente se había pasado del góspel al *pop* fue una influencia importante en la muchacha que firmó con Columbia Records en 1960 con la que grabó varios éxitos, «*Rock-a-bye Your baby with a Dixie melody*»; «*Without the one you love*»; «*I'll keep on smiling*»; «*I still can't forget*» y «*Land of dreams*».

La disquera se centró en su carrera como vocalista y no le dejó interpretar el piano. Pienso que un cantante, aunque no sea un virtuoso interpretando un instrumento, debe plasmarlo en sus grabaciones porque les aporta otro aspecto único de su trabajo. Con Aretha no había problemas en su calidad como pianista pues era brillante, una combinación de Mildred Falls y Thelonious Monk. En otras palabras, Aretha trajo el toque jazzístico a su piano *góspel*. Todo fue instintivo. Sin ningún entrenamiento clásico. Solo tocó.

Ella es un genio, nadie la puede copiar. Ella es toda grandeza, una fuerza venida desde el Cielo. Algo que Dios hizo para regalarnos el disfrute de su música. Nadie se puede comparar con ella si de expresarse a través de una canción se trata. Ella es la razón por la que las mujeres quieren cantar. Ella es todo, poder, confianza, técnica y honestidad en lo que dice.

Punto culminante en su carrera fue el cambio hacia Atlantic Records en 1966 y con la ayuda del productor Jerry Wexler reformó la música *soul* con los clásicos «*I never loved a man*» *(the Way I love you)*; «*Respect*», número 1 de las listas *pop* y R&B en 1967, «*Baby I love you*»; «*Chain of fools*» y «*Since you've been gone*». Por mucho que interprete otros géneros en su estilo siempre se denota la fuerte influencia del *góspel*.

Franklin se nutrió de los mejores compositores del momento, Otis Redding (*Respect*), Carole King y Jerry Goffin (*[You make me feel like] a natural woman*) así como Lennon y McCartney (*Eleanor Rigby*). Además, cantó sus propias creaciones coescritas con su primer esposo y manager Ted White, (*Dr. Feelgood*; *Since you've been gone [Sweet sweet baby]* y *Think*). Trabajó en los arreglos en el piano que tenía en su casa para lograr la textura adecuada.

Con «*Respect*» alcanzó un impacto global por su pedido social y de igualdad de género. Aunque es curioso que uno de los himnos feministas de la historia haya sido escrito por un hombre. Aretha defendió el tema con dignidad y sobriedad. Es una canción que hace un llamado a la acción. Otis Redding expresó: «Acabo de perder mi canción. Esa muchacha me la quitó».[39]

Aretha reinó como «La Señora Soul» y fue un símbolo del orñ gullo afronorteamericano. Se convirtió en una de las artistas más dinámicas de la historia. Recibió un premio de manos de Martin Luther King Jr. y apareció en la portada de la revista *Time*. Dicha revista publicó y otras fuentes confirmaron que la vida de Aretha era bastante turbulenta, aunque se mantenía como una figura enigmática, ofreciendo pocas declaraciones y medio recluida en su vida privada. Se divorció de White en 1969, quien la golpeó en público en una ocasión y le disparó a su nuevo *manager* en otra.

---

[39] Peter Guralnick, Back Bay Books/Little, Brown and Company, 1986, 1999, *op.cit*, p. 332.

Apareció en un concierto benéfico por Angela Davis en 1970. Pareciera que la super estrella está liderando el cambio. Todos escucharon el fuerte mensaje de su fervor *góspel* con acordes de música popular negra. Ejemplo de ello es su álbum *Young, Gifted, and Black* (1972).

Su álbum *Amazing Góspel*, grabado en vivo en Los Angeles junto a su padre y el Reverendo James Cleveland en el piano y dirigiendo el coro fue su último trabajo con Wexler. Durante sus años finales con Atlantic, cambió de productor a productor, Quincy Jones, Curtis Mayfield, Lamont Dozier y Van McCoy.

En 1980 firmó con Arista Records que marcó un paso definitivo al *pop*. Su aparición cantando «*Respect*» y «*Think*» en la película de los Blues Brothers significó el comienzo de una nueva fase. Por esta época colaboraron con ella George Beson, Michael McDonald, George Michael, the Eurythmics, Mavis Staples, El Reverendo Jesse Jackson, Dizzy Gillespie, Carlos Santana y Luther Vandross. Sus éxitos fueron acompañados por videos muy televisados por la cadena MTV. La Franklin siempre supo mutar y expresarse acorde a los tiempos. Nunca fue una artista desfasada como algunas de su generación. Su música es tan vigente y atractiva hoy como en sus inicios. Todo sin perder su fuerte identidad afronorteamericana.

Figura legendaria

Aretha ha estado en la cima en todos los campos artísticos en los que ha incursionado. Creyó en el consejo y guía de los que la apoyaron por eso llegó donde quiso y es la artista que vendió más discos y recibió más premios que sus pares de la época. Todo lo que hizo estuvo rodeado por un aura de grandeza. Aretha es la realeza en la música.

Fue la primera mujer incluida en el Salón de la Fama del Rock & Roll en 1987. Además, recibió el premio Grammy por la labor de su vida en 1994. Fundó las disqueras World Class Records, principalmente para promocionar la música *góspel* y Aretha Records para el *soul*, R&B y el *pop*. Después que alcanzará su madurez artística y comercial en 1967, grabó más de una docena de sencillos que vendieron millones de copias cada uno, así como 20 *hits* números 1 en las listas R&B. Se movió hacia la corriente *pop* en los setenta y en los ochenta vivió una resurrección en su popularidad. Después de más de cuarenta años de lucha personal contra la discriminación racial Aretha Franklin cantó «*My country 'tis of thee*», en la ceremonia de inauguración del presidente Barack Obama en 2009.

La revista especializada *Rolling Stone* la seleccionó la mejor cantante y la novena artista más importante de todos los tiempos. Si dudas es la enciclopedia de la música *soul*. Aretha falleció el 16 de agosto de 2018 debido al cáncer.

Aretha Franklin no es solamente la cantante *soul* definitiva de los sesenta sino una de las más importantes e influyentes voces en la historia de la música pop. Franklin fusionó la música *góspel*, creó con la sensualidad del R&B, la innovación del *jazz* y la precisión del *pop*.

BOOKER T. & THE MG'S Y EL SOUL PROFUNDO

Los genios de la guitarra abundan en la música rock. Jimi Hendrix, Eric Clapton, Carlos Santana, Jeff Beck, Jimi Page, muchos nombres saltan a la vista. Pero un guitarrista miembro de Booker T. & the MG's se ganó su reputación desempeñándose en un género diferente.

Steve Cropper, un blanco con un alma musical negra fue el maestro del buen gusto, un virtuoso que podía decir más durante una ruptura de 10 segundos en el medio de un sencillo que muchos de sus colegas que realizaran un solo de siete minutos en una canción extensa de un álbum.

Cropper estuvo en la versión de Otis Redding de «*Stand by me*», tocó media docena de notas y cambió la canción de un *cover* normalito a un clásico. El propio Steve siempre insistió en ser más un guitarrista rítmico que líder, reflejo de su tímida personalidad, aunque su reputación entre los músicos es enorme.

Su grandiosa carrera no se construyó a base de grabaciones bajo su nombre sino en su rol como miembro de MG's. Además de guitarrista de sesión de cuanta estrella *soul* fuera a grabar a la ciudad de Memphis con Stax Records en el mágico periodo de los sesenta.

Cropper probó que no era necesario ser negro para tocar buen *soul* y su contribución al progreso del R&B fue inmensa.

Evolución del Sonido Memphis

Como compositor Cropper también se destacó, junto a Wilson Pickett con «*In the mignight hour*», quizás una de las canciones *soul* más versionadas de todos los tiempos.

La música de Cropper fue sinónimo de la evolución del Sonido Memphis. El guitarrista formó un grupo con el bajista (posteriormente de los MG's) Donald «Duck» Dunn, Charlie Freeman en la segunda guitarra y Terry Johnson en la batería.

Agregaron tres metales en 1957, Charles «Packy» Axton (quien posteriormente dirigió The Packers), Don Nix (quien se convirtió en el productor de Delaney and Bonnie) y Wayne Jackson (miembro posterior de The Memphis Horns) y el ensamble resultante de siete instrumentistas (todos blancos), asumió el nombre de The Markeys, pero su sonido fue definitivamente R&B.

Grabaron varios demos para Satellite Studios en 1959 y se les unió Jerry Lee Smith quien tuvo la idea del tema «*Last night*». Así que en 1961 su productor Chips Moman, envió la cinta a los distribuidores de Satellite, Atlantic Records. La grabación fue una de las más vendidas ese año, principalmente para la audiencia negra, agenciándose un disco de oro por el volumen de sus ventas.

Apareció en Stax (el nuevo nombre de Satellite, proveniente de los apellidos de sus dueños, Jim Stewart y Estelle Axton).

Stewart comenzó utilizando al grupo como músicos acompañantes en las sesiones de grabación de otros artistas y de vez en cuando lanzando al mercado algún que otro sencillo.

Booker T. Jones fue agregado al *staff* de Stax como organista. Aunque todavía estaba en la escuela comenzó a ganar protagonismo. Stax decidió formar otro combo instrumental para tener dos formatos de donde nutrirse con el énfasis en la sección rítmica en vez de en los metales, así nacía Booker T. and the MG's.

De hecho, ambos grupos eran fácilmente intercambiables. Los metales de The Mar-Keys tocaron en la mayoría de las grabaciones de los MG's, así como en su sencillo debut «*Green onions*», un éxito masivo que vendió millones de copias.

En *Green onions* el formato de los MG's, uno de los primeros grupos multirraciales, fue compuesto por Booker T. Jones(negro) en el órgano, Steve Cropper (blanco) en la guitarra, Al Jackson Jr. (negro) en la batería, Louis Steinberg (blanco) en el bajo. *Green onions* fue grabada casi por accidente, el grupo estaba haciendo un *jam* en el estudio y se adentraron en una balada jazzística que Stewart plasmó en cinta, sin que ellos lo supieran.

Soul Clásico

The MG's trabajaron bastante como músicos de sesión, de lunes a viernes. Sus conciertos fueron relegados a los fines de semana y en localidades cercanas pues su formato era simple y manipulable. Fácilmente parte de la banda podía trabajar en el estudio sin los arreglos musicales comunes y con el cantante grabando al unísono, no pista sobre pista. Por supuesto todos estos músicos eran extremadamente talentosos. Esta fue una formula ganadora para Rufus and Carla Thomas, William Bell, Albert King, Sam and Dave y Eddie Floyd.

El zenith de la banda fue alcanzado como músicos acompañantes del gran Otis Redding. La canción fue «*These arms of mine*», y el resultado un éxito masivo para uno de los mejores baladistas en la historia de la música *soul*. Copper interpretó el piano en el tema, la guitarra estuvo a cargo de Johnny Jenkins.

Lo siguiente fue una sucesión de obras maestras de Redding, todas con Cropper a la guitarra y con David Porter e Isaac Hayes como compositores. El Sonido Memphis ya se había convertido en una institución de la música negra para competir con el Sonido Motown.

El Sonido Memphis realizó una gira por Europa en 1966. Sus discos se estaban vendiendo muy bien. Tuvieron que delegar en varios músicos adolescentes, The Bar-Kays, como grupo acompañante de Otis. El 10 de diciembre de 1967, un trágico accidente aéreo, le quitó la vida a Redding y con él a todos menos uno de The Bar-Kays. Fue una noticia desbastante para Stax.

Otro de los aportes de Booker T. and the MG's fueron sus versiones de éxitos de otros músicos como McLemore Avenue, disco instrumental que incluyó todas las canciones del Abbey Road de The Beatles. Bien merece la pena deleitarse con esta visión *soul* de la banda sobre esta obra maestra de los Chicos de Liverpool.

Cada vez el trabajo en conjunto de MG's fue menos frecuente. Jones incursionó en el *softrock* y firmó contrato como artista solista con A&M. Cropper se hizo cargo de su empresa Ardent Studios. Dunn se centró en el trabajo se sesión y producción de músicos rock. Jackson comenzó a trabajar como baterista de Al Green y fue asesinado por un intruso en su casa de Memphis acabando con la posibilidad de reformar el grupo original. Steve Cropper forma parte del Salón de la Fama del Rock and Roll desde enero de 1992.

147

NINA SIMONE, LA GRAN SACERDOTISA DEL SOUL

Eunice Kathleen Waymon, tomó su nombre artístico de la actriz francesa Simone Signoret. Su música transitó del *góspel* al *jazz*; del *pop* al R&B y del *blues* a la canción protesta. Nina se movió del circuito de los súper clubes nocturnos y conciertos de *soul* a actos políticos contra la discriminación racial. Así de comprometida fue esta leyenda musical.

Conocida como La Gran Sacerdotisa del Soul desde finales de los cincuenta; experimentó un renacimiento en su obra a los sesenta años de edad con la publicación de su autobiografía *I Put a Spell on You* y a la exposición de su música en un filme norteamericano de éxito masivo.

Nina Simone es el prototipo de la diva *soul*. Comenzó cantando en la iglesia, aprendió piano y órgano a la edad de siete años. Recibió clases de teclado clásico y fue a la escuela Juilliard School of Music de New York y después se adentró en los centros nocturnos de la Costa Este. Su primer éxito fue «*I loves you, Porgy*» lanzado al mercado en 1959.

En los sesenta se adentró más en el R&B, grabando de Screamin' Jay Hawkins': «*I put a spell on you*» y «*Don't let me be misunderstood*».

Esto la llevó a tener muy buena popularidad en Inglaterra que confirmó con las grabaciones de «*Ain't got no/I got life*» y «*To love somebody*».

Además, fue una activista importante contra la discriminación racial. Su primera canción protesta fue «*Mississippi goddam*» que aborda la muerte del líder social Medgar Evers. El políticamente orientado «*Four women*» la alienó del público blanco que no entendió sus demandas en un principio.

Muy intensa e impredecible en sus presentaciones en vivo, aunque mantuvo el clamor de los críticos perdió cierta popularidad debido a su mal carácter. Financieramente se vio en aprietos varias veces, lo que la llevó a sufrir un fuerte estado depresivo refugiándose en el alcohol.

Debido a estos aspectos abandonó los Estados Unidos y dejó el negocio musical en 1974, radicándose momentáneamente en Suiza, Liberia, Barbados, Francia y el Reino Unido. Regresó a la música cuatro años después con una gira exitosa por Norteamérica.

La grabación en 1987 de un comercial televisivo del perfume Channel No. 5 fue muy importante para ella ya que utilizó como banda sonora su tema «*My baby just cares for me*» propiciando que las nuevas generaciones se interesaran por su discografía.

Esta leyenda musical falleció el 21 de abril de 2003 tras años de lucha contra el cáncer de seno. Recomiendo, «*I loves you, Porgy*»; «*Trouble in mind*»; «*I wish knew how it would feel to be free*»; «*I put a spell on you*» y «*To be young, gifted and black*». Nina podía cantar cualquier cosa y estremecerte el corazón.

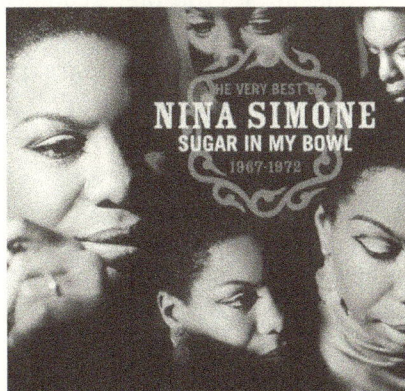

MOTOWN: LOS PRIMEROS AÑOS

Los inicios de todas las grandes leyendas usualmente se encuentran rodeados de misterio y oscuridad. Es invariable que mientras más grande sea la subsecuente fama de esas figuras, mayor la tendencia a exagerar y embellecer esos orígenes.

Eran los días de la «inocencia» de los Estados Unidos, de la «Era Eisenhower». Lady Day falleció y Fats Domino atrajo la atención con *Blueberry Hill*. Elvis Presley salió de Mississippi como un tornado y acumuló seguidores de todos los ámbitos de los Estados Unidos. Sus caderas y su música fueron una oleada cultural. Las estaciones de radio inundaron el país con esta nueva música del Sur, pero sus raíces, sus creadores, permanecieron desconocidos. Estos pioneros del R&B se encontraban al final del dial de la radio tocando para sus admiradores fieles. Pero solo podían sentir frustración al ver a sus homólogos blancos triunfar con un estilo que ellos habían creado. Luchando por entrar en la corriente dominante de Estados Unidos, veintenas de artistas negros y compañías discográficas buscaron un nuevo sonido que los liberara de la etiqueta «racial». Ese sonido llegó a Detroit.

Pocas personas son capaces de imaginar como Tamla-Motown pudo sobrellevar la gigantesca misión de competir en la colosal industria disquera norteamericana. En la lucha fue capaz de crecer desde un pequeño estudio local hasta un complejo multimillonario.

Todos amamos un ganador, todos amamos a la Motown. La música que se grabó y produjo en sus estudios trascendió su tiempo y marcó pautas en la industria y en la cultura musical norteamericana.

En el mundo de las grabaciones el tener una buena canción para vender es solo una parte de la historia. La Motown tomó ventaja de los cambios que estaban ocurriendo en Estados Unidos y otras partes del mundo.

Cuando Tamla-Motown se estableció, ya se sentían las influencias del *rock and roll*. Por ese tiempo las listas de preferencia estaban ya divididas en *pop* y en *r&r*. Meramente un eufemismo para dividir los mercados en dos, el blanco y el negro. Por ese tiempo no había mucha diferencia entre los dos, aunque para los años setenta era palpable que los compradores negros de discos preferían artistas negros. Aunque el imponerse sus figuras en el mercado blanco fue parte importante de la estrategia comercial de la disquera, algo difícil en sus comienzos.

Por esa época, los estilos musicales preferidos por la audiencia blanca distaban mucho de los defendidos por la Motown. Pero lograron hacer su música atractiva al público blanco. No sin una pequeña ayuda de sus amigos...

El presidente y fundador de Motown Record Corporation fue Berry Gordy Jr., un afronorteamericano notable quien a mitad de sus treinta ya había conocido el éxito y el fracaso. El negocio no era nuevo para él, pues ya había tenido una tienda de discos que quebró. Se basó en la experiencia ganada con su vínculo a la empresa Chess-Checker Records de Chicago. Fue a través de su hermana Ana (quien se casaría con Marvin Gaye) que alcanzó su primer éxito sustancial, aunque no fue su primera grabación. *Money* compuesta por Barret Strong fue lanzada al mercado el 10 de diciembre de 1959 con un gran éxito en las listas R&B. Por aquella época el término *soul* era utilizado para describir canciones ultra lentas hechas por artistas negros.

Gordy reunió a los mejores músicos provenientes del ámbito floreciente de *jazz* y *blues* en Detroit para grabar canciones para su nueva compañía. Para el final de su fenomenal carrera este desconocido grupo de músicos había tocado más éxitos números 1 que The Beach Boys, The Rolling Stones, Elvis y The Beatles combinados. Lo que hace a la Motown la máquina productora de *hits* más exitosa de la música *pop*.

Money fue editada en Gran Bretaña por la disquera London. Una apuesta arriesgada pues el mercado inglés de R&B era bastante limitado. No se vendió mucho, pero uno de esos discos llegó a las manos de cuatro chicos de Liverpool que años después serian la banda más aclamada de la historia.

Gordy se hermanó con Somkey Robinson and the Miracles siendo estos los primeros de una procesión de artistas y bandas negras en pertenecer a la Motown. Una casa simple fue adquirida en la calle West Grand Boulevard de la ciudad de Detroit, pronto se expandieron a las dos casas colindantes y fue solo cuestión de tiempo para que los éxitos comenzaran. Detroit era el epicentro de la industria automotriz en los Estados Unidos, por ello el nombre de la disquera Motown (Motor Town-Ciudad Motor).

Casi al mismo tiempo de la proliferación de la disquera, «El Sonido Liverpool» estaba dando sus primeros pasos en Gran Bretaña. Solo unos pocos *fans* dedicados al R&B sabían que los temas que grababan esos grupos de muchachos al norte de Inglaterra no eran originalmente compuestos por ellos. Pero poco la audiencia de ese país aprendió a apreciar lo verdadero.

En Estados Unidos, los cambios se estaban dando lentamente y «el dólar negro» se estaba haciendo más poderoso. El movimiento de los derechos civiles tomó protagonismo y la igualdad de razas fue una de sus prioridades, aspecto en el que la Motown tuvo un papel importante.

La escena blanco rockera se mostraba estática por estos años y solamente las grabaciones de artistas negros parecía que estaban diciendo algo real, un mensaje para lograr un mundo mejor. En Gran Bretaña cada éxito norteamericano era versionado por numerosas bandas locales. Los medios de difusión masiva del Reino Unido preferían promover a sus artistas por encima de los originales y más talentosos norteamericanos. Por suerte The Beatles estaba solo a la vuelta de la esquina.

Motown creció rápidamente y sus discos se comenzaron a vender bastante. El tema «*Shop around*», de The Miracles fue muy bien recibido y finalmente «*Please Mr. Postman*» de The Marvelettes fue el primer número 1 de la disquera. También fue definitoria la firma de un joven de doce años de edad llamado Stevie Wonder y su grabación de «*Fingertips*» siendo el primer tema en la historia en topar la list Hot 100 de la *Billboard* y la de R&B simultáneamente.

La joven y sensual Mary Wells emergió como la mayor estrella de la Motown con grabaciones tales como «*Bye, bye baby*»; «*You beat me to the punch*» y la inmaculada «*Two lovers*». The Contours hicieron lo suyo con «*Do you love me*». Los nombres cambiarían en el futuro, pero el cimiento de la Motown estaba siendo construido sobre bases sólidas.

Muy inteligente por parte de Gordy el licenciar las letras de las canciones grabadas por su disquera bajo su empresa Jobete Music Publishing asegurándose una buena colecta cuando otros tenían éxito debido a la inspiración de sus compositores.

El mercado en Gran Bretaña les fue esquivo. London Records perdió los derechos con Fontana Records y su trabajo no fue positivo. Los fanáticos al R&B tenían que importar los discos desde América cosa no tan fácil en aquellos tiempos. Berry visitó personalmente Inglaterra y firmó con Oriole UK Records resolviendo el problema en parte pues el mercado estaba saturado de versiones. Todas estas cuestiones ayudaron a incrementar el prestigio de la disquera pues su catálogo era de excelencia siendo de gran influencia en el público y en generaciones de músicos que estaban por venir.

Campaña de Promoción Masiva

Ya con los discos disponibles en el Reino Unido se necesitó una campaña de promoción masiva. Después de un año con Oriole se transfirieron con optimismo a Stateside llegando el primer éxito de la Motown en suelo británico: «*My guy*» de Mary Wells. La maldición se había roto. Pero un solo *hit* no les permitió establecerse en el mercado. Wells de veintiún años de edad y en el pináculo de su popularidad declaró que no estaba interesada en renovar contrato. Aprovechándose de la situación la Motown editó otro de sus temas: «*Where did Our love go*» que impactó en las listas.

Otras vinieron a ocupar su lugar, talento había de sobra en la Motown: Brenda Holloway, Kim Weston y Martha and the Vandellas, pero fue un grupo muy poco conocido llamado The Supremes que estaba destinado a ser la más preciada propiedad de Motown. Ya habían grabado «*Let me go the right way*» y «*When the lovelight starts shining thru his eyes*», con éxito limitado al público afronorteamericano. Comenzaron como cuatro cantantes pero rápidamente alcanzaron a la fama como trío. En sus comienzos de desempeñaron como coristas de otros artistas más conocidos.

Llegó el momento para que The Supremes interpretaran el tema «*Baby love*», escrita por los talentosos Holland, Dozier y Holland. Otro número 1 para la Motown en Gran Bretaña. La promoción constante en las tiendas de discos estaba dando resultados.

La revista de variedades de la Motown

El cambio en el estilo de vida de los jóvenes compradores de discos en Gran Bretaña también trabajó a favor de la compañía. Las radios emisoras piratas mostraron su poder e influencia al converir en *hits* algunos sencillos que ni siquiera aparecían en las listas de otras emisoras, centrados principalmente en el R&B y lentamente la palabra *soul* fue escuchada más y más. El éxito de las grabaciones de Stateside también animó a la empresa a aumentar su número coincidiendo con una gira de la legendaria revista de variedades de la Motown en Gran Bretaña.

En un solo paquete en este *tour* se pudo disfrutar de las super estrellas de la disquera: The Miracles, Stevie Wonder, The Earl Van Dyke band, Matha and the Vandellas, The Supremes y The Temptations.

El público aún no estaba listo para ellos, pero recibieron máxima publicidad y exposición en la televisión. Su promoción fue en todas direcciones. The Beatles que estaban construyendo su propia historia nunca dudaron en expresar la influencia directa recibida por la Motown y a manera de tributo incluyeron varias de esas canciones en sus primeros álbumes. Las ventas por supuesto fueron fenomenales y los derechos de autor fueron a engrosar las bolsas de la compañía. En algunos casos el dinero fue mayor por las versiones que por los artistas originales que las interpretaron. Por supuesto los discos ingleses eran adquiridos por la audiencia blanca demostrando ser el gran mercado.

Poco a poco la Motown comenzó a verse como una disquera cuyos artistas podían insertarse en el mercado internacional. La Invasión Británica tuvo mucho que ver. La era de puro R&B de la compañía estaba terminando pues existían muchos intereses monetarios involucrados, llegando a la segunda fase de su desarrollo. Motown fue cambiando gradualmente probando suerte y fortuna en el *pop*.

MOTOWN: LOS AÑOS DORADOS

El «Sonido de la Joven América» fue el slogan adoptado por la Tamla Motown para vender su producto. El mensaje de la frase era bien acertado. En los sesenta la empresa disquera negra independiente se había convertido en una poderosa multinacional que su música estilísticamente original provocó un impacto social antes nunca visto.

Artistas como The Supremes, Marvin Gaye, Stevie Wonder, The Miracles y Martha and the Vandellas ya no se clasificaban como cultivadores del *soul* sino como poseedores del «Sonido Motown», que prácticamente se convirtió en una marca registrada de calidad suprema que traspasó todas las barreras raciales.

El fundador Berry Gordy Jr. desde los comienzos de la compañía se dio cuenta que la audiencia negra era un pequeño porcentaje de 155 los compradores de discos en Estados Unidos. Golpear las listas R&B fue provechoso, pero solo representaba un estimado de 200 a 300 mil copias vendidas. Ahora el insertarse en el gusto de los jóvenes blancos, especialmente de la clase media con sus grandes recursos y su orientación musical era lo primordial pues estos muchachos poseían una cultura del consumo muy enraizada en su forma de vida. Motown necesitaba incluirse en el dinero real. Chess, Duke-Peacock, Kent-Modern, Stax y otras compañías R&B concentraron sus ventas para penetrar los guettos urbanos negros. Gordy estaba un paso por delante.

Primeramente, aseguró que su distribución fuera no solamente rápida y eficiente, sino que llegara a todas las tiendas de discos, negras o blancas. Contrató a personal experimentado en *marketing* de mercado blanco como el presidente de ventas Barney Ales quien creó una imagen para toda América y por encima de todo graba- ciones con un sonido multi racial. Leiber y Stoller, Phil Spector, George Goldner y otros productores neoyorquinos incursionaron en la música para adolescentes con éxito rotundo. Gordy no dejó de golpear con su sonido bailable vibrante.

Además, Motown continúo su lucha social, eso no pudo ser puesto de lado por supuesto, ejemplo de ello es el tema *Message from a black man*. La Motown se dio cuenta rápidamente de la importancia del mercado extranjero convirtiéndose en esa época en la más exitosa compañía negra de cualquier industria.

Una estrategia valerosa, no exenta de riesgos fue el lanzar al mercado algunos sencillos de pegada primero en Gran Bretaña y Europa para dejar a los Estados Unidos en un segundo plano. Inclusive dieron poder de decisión sobre cual tema o artistas y cuando editar los sencillos a una de sus distribuidoras más imd portantes, la EMI. Esto explica el por qué algunos de sus sencillos americanos nunca vieron la luz en Europa y algunos de los que fueron exitazos en Inglaterra fueron meramente álbum *tracks* en los Estados Unidos.

Figuras como Jimmy Ruffin y The Motown Spinners (luego The Detroit Spinners) fueron mucho más famosos en Gran Bretaña que en su país de origen y que Bobby Taylor and the Vacouvers, The Monitors y Brenda Holloway fueran prácticamente desconocidos.

Demasiado negro y étnico

John Shrieder, quien ayudó en las carreras de Cliff Richard, Helen Shapiro y otros como productor asistente de EMI, se unió a la Oriole como gerente productivo. Allí se dio cuenta de cuantos sencillos de la Motown se estaban ubicando bien en las listas norteamericanas. Contactó a la compañía y llegó a un acuerdo de licenciamiento y propició que el «*Fingertips*» de Stevie Wonder se convirtiera en favorito de los clubes y fiestas de Londres. El entusiasta Dave Godin formó una sociedad de apreciación que editó una revista interesante y brindaba muy buena promoción de la música de la Motown. Pero la BBC no quería saber: «Música muy buena, pero es muy negra y étnica para el formato de nuestra programación».[40] —le dijeron los directivos a Schoereder y Godin. Algo que no impidió que la nueva audiencia de la Motown en el Reino Unido se incrementara. Su difusión radial masiva no se hizo esperar porque los artistas más

---

[40.]Jeremy Pascall and Rob Burt, *op.cit*, p. 72.

populares del momento The Beatles y The Rolling Stones estaban tocando versiones de la Motown.

No todo era la radio por ejemplo la obra maestra «*Heard it through the grapevine*» de Marvin Gaye estuvo en las listas antes de que tuviera una significante exposición radial. Todo esto trajo consigo que el «Sonido Motown» se agenciara seguidores de culto con una dedicada devoción usualmente reservada a artistas individuales.

No fue difícil pues todos los lanzamientos de la compañía siguieron un patrón sonoro fácilmente reconocible. Afortunadamente dicho patrón pareció ser extremadamente bueno. La calidad de los artistas de sesión de la Motown que trabajaban en los estudios de la compañía en Detroit fue incuestionablemente superlativa. Se destacó el organista Earl Van Dyke presente en tantos clásicos de la Motown, quien había grabado maravillosos discos de *jazz* para Blue Note, la sección de cuerdas fue adquirida de una orquesta sinfónica local y todos los demás músicos regulares eran de una vasta experiencia.

Cualquier estilo diferente fácilmente reconocible puede degenerarse en un cliché. Algo que ocurrió con la Motown exactamente cuando mudaron las oficinas centrales a la ciudad de Los Angeles. Sus productores combatieron la tendencia con una bocanada de aire fresco en el estilo y una total diversificación de la dirección musical de la mayoría de sus artistas.

Entre 1965 y 1969 su línea de producción se centró en el *pop-soul* y las imágenes individuales de los artistas se supeditaron a la imagen general de la compañía. No solamente su estilo interpretativo fue dictado por los compositores: Harvey Fuqua (cuñado de Gordy), Mickey Stevenson (esposo de la cantante Kim Weston), el equipo de Holland-Dozier-Holland y el importantísimo Smokey Robinson sino también lo que debían decir en las entrevistas, como vestirse y todo el riguroso entrenamiento coreográfico, el como debían moverse en el escenario.

Motown seguramente fue una familia como declaró, pero una estrictamente controlada por sus «padres» Las frustraciones resultantes fueron muchas. Empezando con Mary Wells, muchos se cambiaron de disquera al no poder hacer sus propias cosas, pero casi siempre fracasaron. Kim Weston hizo lo mismo, así como Florence Ballard que dejó The Supremes en 1967 con esperanzas de alcanzar la fama como artista solista. Peor fue cuando la Motown firmaba a un artista ya establecido, con imagen definida y se empeñaban en eliminarle su individualidad.

Chuck Jackson fue un buen cantante con Wand Records, pero con Motown perdió su identidad, también Billy Eckstine y el gran Sammy Davis Jr. Fue difícil esperar que se adaptaran fácilmente al Sonido Motown, más fue lo que se les exigió. Solo la fuerza de la personalidad y ambición de Gladys Knight and the Pips fue lo que les permitió preservar su integridad.

Detalles aparte, la calidad de la propuesta de la Motown a mi entender es insuperable, jamás disquera negra tuvo tan catálogo de excelencia, con prácticamente todos los artistas que marcharon a la cabeza de géneros musicales, movimientos sociales y culturales de la época pertenecieron o estuvieron estrechamente relacionados con la disquera. Además, lograron insertarse de manera impresionante en el mercado blanco. Decir Motown fue sinónimo de éxito, buen gusto y calidad musical.

Gordy realizó múltiples esfuerzos para insertar a sus artistas en el lucrativo mercado del circuito de los super clubes nocturnos con The Four Tops, The Temptations y The Supremes incluyéndose en la programación de los afamados Copacabana de New York y Talk Of The Town de Londres. Con este cambio los artistas tuvieron que incluir en su repertorio material acorde al lugar de presentación y matices del negocio del espectáculo. Todos ya eran internacionales y lo más importante llegaban a varias generaciones de consumidores.

Los discos de estándares no fueron lo fuerte del Sonido Detroit como también se le llamó al movimiento. Sus ventas no se podían comparar con las de los discos con repertorio original. The Velvelettes, The Fantastic Four y The Originales sirvieron para apoyar a los super mega famosos The Four Tops, The Temptations, The Supremes, The Miracles, Marvin Gaye y Stevie Wonder.

Ya la Motown no solo se escuchaba en los guettos negros sino en prácticamente el mundo entero. El dinero corrió a raudales y la atmosfera creativa en Detroit fue impresionante. Aunque los artistas se dieron cuenta de que cada día poseían menos control sobre sus destinos artísticos. Una técnica empleada por la disquera para asegurarse el control fue la firma de contratos a largo plazo con los artistas, ofreciendo seguridad laboral por control artístico. Varias de las estrellas de la disquera posteriormente se sublevaron y tomaron las riendas, pero en casos muy escasos pudieron salirse con la suya.

Cada artista de la Motown inspiraba a los otros porque todos querían ser buenos. Los actos Motown estaban entrenados para ser los mejores. Eran inmaculados. La mayoría de su gente fue realmente pulcra artísticamente.

El espíritu de la Motown y otros sonidos

Se comentó que la Mafia estuvo involucrada con la Motown y que hasta la compañía era la dueña de la ropa que usaban los artistas. Nada de esto ayudó a su imagen. Las oficinas se mudaron del número 2648 de West Grand Boulevard, Detroit a un edificio de 10 pesos en el centro de la ciudad. Desde los inicios de la compañía en 1959 ningún año había pasado sin un incremento en entradas en las listas de popularidad y por consiguiente mayor ganancia monetaria. Para 1968 la Motown producía más de la mitad de las grabaciones de *soul* vendidas en el Reino Unido, la empresa no era solo la mayor poderosa representación del éxito musical negro sino pocas disqueras rivales blancas podían competir.

Poco a poco la compañía fue siendo más importante que la música y esto la llevó a su fin. Muchos ejecutivos de otras empresas declararon que numerosas grabaciones que se estaban haciendo en Motown alcanzaban un éxito que no hubiera sido posible en otra disquera, por el simple hecho de ser en la Motown. Los imitadores del Sonido Detroit proliferaban por doquier.

Tan poderosa era la disquera que cuando un posible reto en Detroit surgió con la empresa Golden World/Ric-Tic, la Motown la sacó de la palestra agenciándose el contrato de Edwin Starr y opacando a J.J Barnes y Al Kent.

El Sonido Motown siguió rodando. Se perdieron algunos seguidores por falta de nuevas ideas, pero la nueva gama de grupos sumó muchos más de las nuevas generaciones. Sin duda la mejor música bailable antes del advenimiento de la música disco se producía en la Motown. Varios de sus clásicos que movieron el mundo fueron: «*I'm living in shame*», de The Supremes, «*For once in my life*», de Stevie Wonder, «*I'll pick a rose for my Rose*», de Mary Johnson, «*Whats going on*» de Marvin Gaye y «*Keep on trukin*» de Eddie Kendricks.

Motown creció y creció lo suficiente para mudarse de sus raíces en Detroit hacia la capital del entretenimiento, Los Angeles. La compañía continúo progresando en la costa Oeste.

Soul psicodélico

El advenimiento del *rock* ácido comenzó a influir en las cosas. The Temptations con el productor Norman Whitfield, asumieron un estilo que llamaron soul psicodélico. El cambio también se denotó con la firma de bandas blancas como Rare Earth.

Con la mudada los contratos a largo plazo cesaron. Comenzó un éxodo, The Four Tops a Probe, Jimmy Ruffin to Polydor y Gladys Knight and the Pips a Buddah. La Motown tuvo respuesta a todo con nuevas producciones discográficas por parte de Marvin Gaye, Stevie Wonder y Eddie Kendricks.

Quizás Motown ya no es sinónimo del Sonido de la Joven América pero grabó quizás la mejor música del país y como compañía marcó época.

160

LA MOTOWN EN LOS SETENTA

El final de los años sesenta encontró a Estados Unidos viviendo con horror, como un arroyo diario de muerte televisada que llegaba desde la guerra de Vietnam. En casa la revolución cultural y social que se libraba en las calles dividía más a las masas. Motown jugó un papel prominente en la banda sonora cultural que enmarcó todos estos acontecimientos y principalmente en Vietnam donde los soldados aterrados y desilusionados encontraban consuelo en las letras y melodías cantadas por las estrellas de la Motown.

El paso hacia la década de los setenta trajo consigo varios cambios en la música y que por supuesto involucró a Tamla Motown. Uno de los primero fue el anuncio por parte de Diana Ross que dejaba a The Supremes para comenzar carrera en solitario. Un año antes habían adoptado el nombre de Diana Ross and the Supremes, así que esto no nos tomó por sorpresa. Lo que si lo hizo fue la fácil que le encontraron sustituta, Jean Terrell, que no era tan atractiva como la Ross, pero una vocalista eficiente y que podemos apreciar en el tema «*Up the ladder to the roof*».

The Supremes, aunque sin la Ross, fueron presentadas por Gordy como el producto esencial de la empresa. Aunque a mi entender, estaban ya desfasadas musicalmente. Así que los compositores Brian y Eddie Holland y Lamont Dozier intentaron modernizarle el estilo. Algo que habían alcanzado exitosamente con Martha and the Vandellas y The Four Tops. Este equipo se manifestó como el más eficiente de la compañía. De hecho, cuando estuvieron silenciados por dos años, todas las canciones de la autoría de compositores desconocidos se les atribuyeron bajo el uso de seudónimos. Esto solo afianzó la idea general de que la Motown era similar al poder zarista.

Una familia feliz

Lo sorprendente acerca de la Motown es que muy poco de su personal, a pesar de las contradicciones, quiso irse de la disquera. Todos se llevaban muy bien y la compenetración artística de músicos acompañantes, compositores y productores fue tal que trajo consigo varias de las mejores grabaciones de la historia. Rumores y realidades de amoríos salían en la prensa constantemente, como el de Diana Ross por Gordy, el matrimonio de Marvin Gaye con Anna, la hermana menor de Gordy, así como de que Smokey y Berry eran hermanos de sangre. Pero lo concreto fue que un niño ciego que creció dentro de los estudios de la Motown se convirtió en su artista más vendido y leyenda de la música actual, Stevie Wonder.

Esta familiaridad es importante tomando en cuenta la situación existente con los miembros de Atlantic Records y su show Soul Together que realizó una gira por Gran Bretaña en 1971 con las estrellas Sam and Dave, Clarence Carter y Joe Tex. Sam no le hablaba a Dave. Carter abandonó la gira casi al comenzar y Joe Tex cuando terminaba su actuación anunciaba el espectáculo como suyo propio.

Smokey Robinson explicó: «La gente no se da cuenta que las relaciones personales que nosotros tenemos son las mismas que tenemos en el guetto».

Varios de los artistas más importantes de la disquera partieron en 1972, The Four Tops, Edwin Starr, Valerie Simpson y Gkadys Knight and the Pips. Varios agregaron su descontento con la calidad del material que se les estaba entregando a interpretar. Pero rápidamente se dieron cuenta que sin los compositores Holland/Dozier/Holland no eran nada. Cuando ese equipo estaba a cargo de la composición y producción el éxito en las listas era seguro. Pero en el periodo en que se apartaron de la disquera el éxodo resultó evidente.

Por otra parte, Valerie Simpson fue una compositora que quería cantar y grabar. Pero Motown decidió dejarla componiendo solamente junto a Nick Ashford. Ambos escribieron varios de los éxitos de la disquera. Valerie lanzó al mercado dos buenos álbumes con Motown, pero esta no le brindó suficiente promoción e importancia. Si fue intencional o no, no lo sabemos. La Simpson se fue para concentrarse en su carrera en otro lugar. La Motown perdió una excelente compositora. Los discos de Ashford and Simpson interpretando a propia voz sus éxitos son espectaculares y alcanzaron tremenda popularidad.

Los artistas se convierten en compositores

Al perder tantos compositores de primera línea, cuatro de los mejores en dos años, trajo consigo que los artistas ahora tenían que componer y producir su propio material. Lo hicieron y a nadie le fue mejor a Stevie Wonder.

Wonder maduró musicalmente rápidamente. Como compositor se interesó por producir. Ahora fue el momento de que comenzó a tomar decisiones por sí mismo. Después de un no buen recibido álbum de estándares de cabaret, *Stevie Wonder Live at the Talk of the Town*, sacó al mercado *Where I'm Coming From* y la prensa especializada notó el cambio. No supieron si aceptarlo o no. ¿Qué estaba haciendo Stevie Wonder? Simplemente renovando la música para siempre.

Siguió la tendencia con *Music of my Mind*, para después impactar al mundo con dos de los álbumes más trascendentales de la historia: *Talking Book* e *Innervisions*. Stevie encontró su dirección musical definitiva y el público la aceptó con los brazos abiertos. Además, se enfrascó en la producción de otros artistas como su esposa Syreeta Wright.

La compañía más importante

Diana Ross, «La Reina de la Motown», se convirtió en una estrella de cine en 1973 tras su papel interpretando a Billie Holiday en el filme *Lady Sings the Blues*, por el que recibió una nominación a los premios Oscar.

El doble álbum resultante de la banda sonora de la película se vendió mucho y Motown Records se convirtió en Motown Industries, la mayor compañía independiente negra en el mundo.

Además, otra propuesta interesante que salió de los estudios de la compañía fueron The Jackson 5, un acto que alcanzó la categoría de culto entre la generación más joven. Agradables, educados y maravillosos, los hermanos se convirtieron en la crema del inmenso pastel propuesto por la Motown. Además, poseían un talento inmenso, llevaban el *soul* dentro, principalmente uno de los más pequeños que rápidamente se convirtió en su voz líder, Michael Jackson.

La industria blanca creo su contraparte, también de mucha calidad artística, en la figura de The Osmonds. Ambas agrupaciones suplieron un vacío en el mercado.

Se le atribuye a Diana Ross el descubrimiento de The Jackson 5 al verlos en un concurso amateur en su poblado de origen, Gary, Indiana. La agrupación se agenció una serie interminable de éxitos y encabezaron el catálogo de la empresa. Jermaine Jackson se casó con Hazel, hija de Berry Gordy, parecía que los lazos entre la agrupación y Motown estaban completos.

La sorpresa vino en 1976 cuando los renombrados The Jacksons, sin Jermaine, se mudaban a Epic Records por un lucrativo contrato. El cambio de nombre fue para evitar cualquier problemática legal acerca de los derechos.

Ya no todo fue lo mismo para The Jacksons 5, solo Michael pudo ser una superestrella en solitario.

Otra cosa interesante en la Motown de los setenta fue el cambio en la música de The Temptations hacia vertientes más rockeras y psicodélicas. Norman Whitfield y Barret Strong fueron los encargados de escribir los temas cuyas letras trataron la problemática de los afronorteamericanos en esos años. La organización probaba el estar acorde a los tiempos, no ser estática más bien en constante evolución y mucho menos conservadora. Claro mientras estuviera entrando el dinero todo iba bien.

Motown logró hacerse de un nombre en la industria musical sin comparación. Se identificó con un tipo de música, que prácticamente creó y llevó al estrellato. Es cierto no fue muy abierta a la diversidad, pero fue fiel a sus parlamentos e intereses. Siempre estuvo orientada al éxito. La pequeña casa donde comenzó no fue nombrada por gusto «Hitsville USA».

Motown en los setenta se convirtió en la exitosa punta de un inmenso iceberg de música negra, en términos capitalistas, solo se preocupó por tener ganancias. La compañía le debió muchísimas cosas a la comunidad negra que la defendía a ultranza como una de sus joyas intocables. Muy pocas fisuras demostró, pero ejerció un control total sobre todos los aspectos concernientes a su funcionamiento.

El *rock* de los blancos fue en ciertos aspectos más libre, siendo pretencioso pero sus músicos podían tocar prácticamente todo lo que quisieran e innovar mucho más. Algo imposible para los grupos de la Motown.

La obsesión de la Motown por las listas de preferencia y sus énfasis en los sencillos lanzados al mercado al menos permitió que la creación musical y su comercialización fluyeran de una manera directa. Berry Gordy Jr. se creó un mundo propio dentro de las cuatro paredes de su oficina. Ese mundo muchas veces fue perfecto para él, otras no. Gordy es sin dudas un visionario musical, un empresario extremadamente exitoso, sus aportes a la cultura afronorteamericana son indudables, su atino para reconocer el talento fue envidiable. Además, se supo rodear de la gente adecuada para construir uno de los imperios musicales más importantes de la historia.

Motown fue la introducción de la música *soul* para los Estados Unidos. La música soul es poderosa, nos hace creer en un mundo mejor, nos da esperanza en la manera que sentimos y en la manera en que queremos sentir.

DIANA ROSS, UNA ESTRELLA SUPREMA

Para Omar Lázaro, el Puchi

El pianista de *jazz* Lennie Tristano una vez escribió una carta a la revista especializada, *Downbeat*, preguntando si alguien además de él se había dado cuenta de que la sucesora de Billie Holiday como la mejor cantante de *jazz* era… Diana Ross.

No podemos ser tan absolutos, pero es real que junto a Aretha Franklin y Dionne Warwick, *Ross* posee una de las mejores voces del *pop, rock, jazz* o *soul*.

La Ross es una estrella que comenzó su vida como una chica de un guetto ubicado en la parte más mala de Detroit. Creció en unos edificios subsidiados por el gobierno. Entre las amigas de su infancia se encontraban Mary Wilson y Florence Ballard y cuando estaban en la secundaria se inspiraron en un grupo llamado The Primes «The Supremes» (quienes después se convertirían en los magníficos The Temptations) para formar The Primettes y estuvieron por más de dos años cantando en escuelas, iglesias y actos cívicos.

The Supremes. Florence Ballard, Diana Ross y Mary Wilson, 1970, Las Vegas

Una noche que se encontraban como público en un club conocieron a un funcionario de Motown al que convencieron para que les ofreciera una audición de rutina.

Años después, la Ross contó una historia diferente:

> Me mudé a una calle al norte de Detroit y Smokey vivía a cuatro o cinco puertas de mí. Yo solía sentarme y verlo ensayar en los escalones de su sótano. Le dije que tenía un grupo y si en algún momento podía escucharnos se lo agradecería. Él nos consiguió una audición. La única razón por la que Berry Gordy nos aceptó es que él pasó por casualidad por la calle y nos vio cantando en ese momento. Finalmente se decidieron a firmarnos si regresamos y terminábamos la escuela. Yo necesitaba un trabajo para ayudar a mi familia y para el transporte para ir y venir del estudio cuando hacía algunas sesiones como corista. Gordy me dio el trabajo por tres meses. Le organicé su escritorio. No era una oficina real en aquel tiempo porque se utilizaba toda la casa. Creo que me pagó 20 dólares.[41]

167

Desde el principio, Diana se destacó entre las otras muchachas, primero por su belleza y que su voz era bien clara, con un trino de soprano y un rango y afinación impresionantes.

La fórmula del éxito

De los tres primeros sencillos de The Supremes, «*Buttered popcorn*» fue muy bueno y arriesgado para una grabación de la Motown:

Nice and greasy and sticky and gooey and softly
I said what do you like, he said you know
What I Like: buttered popcorn

Su cuarto sencillo, «*Where did our love go?*» catapultó a The Supremes a la cima del ranking de los grupos femeninos en 1964.

[41.]Jeremy Pascall and Rob Burt, *op.cit*, p. 80.

168   La competencia no fue fácil pues el *rock* esta barriendo en el mundo. La única competencia de hecho era la Motown.

Continuaron el éxito con cuatro números 1, «*Baby love*»; «*Stop in the name of love*»; «*Come see about me*» y «*Back in my arms again*». Alcanzaron quince sencillos consecutivos en el top 20.

La inevitable fricción comenzó. Por un lado, algunos observadores se quejaron de que las canciones de The Supremes estaban escritas con una fórmula pre establecida y otros que la voz de soprano de Diana era irritante en la radio. Todas esas cosas parecen tontas hoy por supuesto.

Entre esas quince canciones tan exitosas también se encontraban los clásicos: «*My world is empty*»; «*The happening*»; «*You can't hurry love*» y «*You keep me hangin' on*». Holland/Dozier/Holland compusieron la mayoría y son reconocidos como unos genios innovadores del *pop*. Obras maestras, todo en las canciones era grandioso y distintivo, hasta los intros.

El rock aún no había producido un grupo vocal, masculino o femenino, capaz de capturar el poder espontáneo y la tensión emoacionante de esas primeras grabaciones de The Supremes.

Otra cosa, el grupo comenzó a llamarse Diana Ross and the Supremes a partir del disco *Reflections* (1968), siguiendo la tendencia de llamar a los grupos según sus estrellas como Smokey Robinson and the Miracles. Quizás el romance entre Berry y Diana, que fue semipúblico pudo haber influido. La calidad del grupo según expresaron algunos, decayó pues posteriormente solo alcanzaron la cima de las listas con «*Love child*» y «*Some day we'll be together*». Pienso que la competencia en esa época aumentó, muchas bandas estaban grabando buenas cosas, inclusive dentro de la propia Motown otras bandas se agenciaron el protagonismo y la atención de los compositores. La racha no fue la misma pero las canciones de The Supremes siguieron teniendo una calidad suprema.

Los «sabios» convencionales del pop pueden ubicar a The Temptations como el primer grupo con conciencia social en la Motown, pero realmente fueron The Supremes con *Love child*, que interpretaron la primera canción con un sentido social. Diana no era una niña tan inocente, pero no podemos decir por la angustia que proyecta en la canción que no esté clamando por otras que no corrieron la misma suerte en la sociedad despiada que les tocó vivir: 169

Started my life
In an old cold run-down tenement slum

Diana lo cantó con el corazón y retumbó a través de cuatrocientos años de historia afronorteamericana.

Entre 1968 y 1969, The Supremes formaron equipo con The Temptations. A mi entender una jugada muy acertada de *merchandising* con aportes musicales y artísticos impresionantes. Sin dudas se juntaron los dos mejores grupos vocales de cada sexo del momento. Empastaron muy bien en el escenario. Posteriormente se hizo otro esfuerzo, también valedero, con The Four Tops pero sin Diana.

De la dupla grupal me encantó «*I'm make you love me*», ocupante de la segunda y tercera posiciones de las listas, en Estados Unidos y Gran Bretaña, respectivamente.

Diana Ross asumió su carrera en solitario en 1970 y su primer tema fue «*Reach out and touch*» *(Somebody's hand)*. La diva expresó que Gordy no quería lanzarlo al mercado porque era un vals. Ella la quiso como su primer sencillo porque su mensaje creaba consciencia acerca del creciente problema de la droga en la comunidad negra. Le siguió un exitazo, «*Ain't no mountain high enough*», que capturó todo el espíritu *góspel* insertado en el *soul* recreado por la disquera en sus comienzos.[42] En mi opinión después de «*Love child*», es su mejor interpretación.

Entre otras cosas Diana tuvo el atino hasta de encontrar talento esparcido por los Estados Unidos. Descubrió a The Jackson 5 en un concurso amateur en Gary, Indiana e impulsó su carrera. Su relación con ellos, especialmente con el icono del *pop*, Michael Jackson ha sido legendaria.

Diana también contrajo matrimonio con un joven empresario blanco, no con Berry Gordy. Las portadas de sus discos comenzaron a revelar algún cambio. Adelgazó y su expresión de estrella pop creció y creció.

A mediados de 1971 Motown anunció que comenzaría a producir películas. Su primer proyecto fue un filme sobre la vida de Billie Holiday, llamado *Lady Sings the Blues*. Diana fue escogida para interpretar a Billie.

[42.]Jeremy Pascall and Rob Burt, *op.cit*, p. 80.

Como es usual los puristas protestaron: ¿Cómo podía una cantante *pop* presumir de representar a la mejor cantante de *jazz* del mundo? Cuando la película se terminó en 1972, los críticos guardaron silencio. El trabajo de Diana fue simplemente magnífico, no intert pretando a Billie literalmente, sino como una figura que representó las posibilidades y los problemas del éxito. Su canto no fue imitativo más bien evocativo. Cuando canta «*Good gorning headache*», te dan ganas de llorar, algo que se acerca mucho más al espíritu de Billie que al inevitable y menos emotivo homenaje literal.

La película hizo de Diana Ross una estrella mayor. Su calidad artística se impuso como una obra maestra y apartó la tendencia de violencia y sexo que estaba llevando la incipiente industria cinematográfica negra, ejemplo de ello el largometraje *Superfly*. *Lady Sings the Blues* tiene clase y aunque abordó la temática del sexo, drogas y violencia presentes en la vida de Holiday lo hizo con una sensibilidad que es casi gentil.

Premio de la Academia

Diana Ross se estableció como una estrella *pop*. Su imagen triunfal entró a los hogares de América de la mejor manera posible con una nominación a los premios Oscar. Mereció ganar por supuesto, pero la Academia aún no estaba lista para reconocer el impacto total de un filme negro. El público fue a ver el filme de manera multitudinaria. Simplemente no pudieron ignorar a Diana Ross que se hizo cada vez más presente en la pantalla, en especiales de televisión y en la radio.

Pudiéramos argumentar que Aretha Franklin causó un impacto mayor y que el estilo de Dione Warwick se adentró más en el corazón del pueblo norteamericano, pero fue Diana la que alcanzó lo jamás logrado por Billie Holiday o alguien más, el pináculo del sueño americano, Hollywood.

Seguidamente participó en la película *Mahogamy*, junto a Billy Dee Williams, que no fue tan bien recibida por la crítica pero en la que tuvo un muy buen desempeño. También en *The Whiz*, versión cinematográfica de *El Mago de Oz*, junto a una constelación de estrellas que incluyó a Lena Horne, Richard Pryor, Michael Jackson Además trabajó en Broadway no en un musical sino como estrella de sus conciertos.

Su fama se fue diluyendo a través de los años, aunque su imagen de super estrella legendaria permanece intacta. Sus temas «*Upside down*» y «*I'm coming out*» fueron éxitos bailables. Su dúo con Lionel Richie, «*Endless love*», se encuentra entre los himnos románticos de todos los tiempos. Diana brindó apoyo total al proyecto benéfico *Usa For* África, dirigido por Quincy Jones, Michael Jackson y Lionel Richie en 1985. Después de veinte años dejó de trabajar con la Motown para firmar un contrato multimillonario con RCA que no duró mucho y su regreso a la disquera que la convirtió en estrella no se hizo esperar.

No cantó como Aretha Franklin, no cultivó el *góspel*, pero fue una estilista cautivante y romántica. Sin dudas ejemplificó la estrella suprema del movimiento femenino afronorteamericano y se convirtió en la artista negra más exitosa de la era *pop*. Pienso que de comenzar hoy su carrera hubiera funcionado de igual manera en la industria de musical de nuestros tiempos. Hay varias posteriores que tuvieron éxito, Janet Jackson, Madonna o Beyonce, pero Diana fue una cronista a la altura de Aretha, Gladys o Patti Labelle. Las hay que intentan cantar como ellas, pero aún no han podido.

172

SMOKEY ROBINSON, EL MILAGRO DE DETROIT

Pocos parlamentos de Bob Dylan acerca de la música han sido más remarcados como el siguiente: «Smokey Robinson es el más grande poeta vivo de América».[43] Exagere o no Dylan es cierto que Smokey es un poeta, un artista en el sentido completo de la palabra, ya que es el autor no solo de un sinnúmero de canciones que alcanzaron la estatura de clásicos, sino que su estilo vocal es tremendamente expresivo, de tenor a soprano, con un falsetto envidiable y lo ubica entre las figuras más talentosas de todos los tiempos, de cualquier raza y género musical.

William «Smokey» Robinson fue un chico humilde de Detroit, Michigan que llegó a vicepresidente de Tamla Motown quizás la empresa negra más importante de su tiempo. Su labor como compositor puede ser medida con los éxitos: «*My girl*»; «*The hunter gets captured by the game*»; «*Let me be the time*» (*on the clock of your heart*); «*More love*»; «*Ooh baby baby*»; «*Ain't that peculiar*»; «*Choosey beggar*» y «*The way you do the things you do*».

Nacido el 19 de febrero de 1940, Robinson fundó junto a Ronnie White y Pete Moore, The Miracles, con el nombre inicial de The Matadors, mientras asistían a la escuela Northern High School. Como adolescente deseó cantar el doo-wop similar al The Platters, pero terminó inventando su propio estilo vocal. En sus comienzos la banda realizó una audición para el representante de Jackie Wilson en 1957 ocasión en la que conocieron a Berry Gordy.

Berry había escrito algunas canciones para Wilson por eso estuvo presente y quedó muy impresionado con la labor del grupo. Tras varios intentos la suerte les sonrió pues «*Bad girl*» fue distribuido localmente por Motown y nacionalmente por Chess Records de Chicago alcanzando la posición número 93 en las listas *pop* en 1959. Esto convenció a Gordy para expandir su compañía para

---

[43.]Jeremy Pascall and Rob Burt,*op.cit*, p. 85.

que produjera y distribuyera su producto antes de entregarlo a otros. The Miracles fueron los primeros artistas firmados por la Tamla en 1959. Aunque Smokey ya era compositor desde 1957 de la empresa de representación de derechos de autor, Jobete, también propiedad de Berry.

The Miracles. De derecha a izquierda: Bobby Rogers, Marv Tarplin, Ronald White, Claudette Robinson y Smokey Robinson (Pete Moore no aparece en esta foto)

Su siguiente sencillo «*Shop around*» estableció al grupo en 1960 como ocupante de las posiciones 1 y 2 de las listas R&B y *pop*, respectivamente y sirvió como anunció del arrivo a la palestra pública de la agrupación y la Tamla Motown.

Además, contribuyó sobremanera al éxito de la Motown desde el cargo que asumió en 1961. Tengamos en cuenta que proveó 27 de los 40 top *hits* de The Miracles así como escribió, coescribió o produjo varios de los clásicos de la disquera, «*My girl*»; »*Get ready*»; «*Don't look back*», de Temptations, «*Still water*» [*Love*] de The Four Tops, «*Floy joy*» de The Supremes, «*Don't mess with Bill*»; «*The hunter gets captured by the game*»; «*My baby must be a magician*» de The Marvelettes, «*I'll be doggone*» de Marvin Gaye y «*My guy*»; «*The one who really loves you*»; «*You beat me to the punch*» de Mary Wells.

The Miracles se convirtieron en Smokey Robinson and the Miracles para 1967. Su último *hit* juntos fue «*The tears of a clown*» que ocupó la cima en las listas de la Billboard. Smokey comenzó carrera en solitario en 1972.

Después de que Robinson realizará su presentación final con el grupo en julio de 1972, The Miracles continuaron con el vocalista líder Billy Griffin. Sus tres temas más escuchados fueron «*Do it baby*»; «*Don't cha love it*» y «*Love machine*» *(Part 1)*, número 1 de la Billboard en 1976. Billy Griffin fue reemplazado por su hermano Donald, pero se disolvieron a finales de los setenta. Nada fue lo mismo sin Robison.

Smokey contrajo matrimonio con Claudette, quien había trabajado con el grupo hasta 1964. Robinson compuso «*More love*» después de la pérdida de un embarazo. Su primer hijo Berry William, nombrado por Gordy, nació en 1968 y su hija Tamla fue nombrada por la empresa. La pareja se divorció en 1985.

Su primer esfuerzo como solista fue *Smokey* (1973) que incluyó los temas: «*A silent partner in a Three-cornered love affair*» y «*Baby come close*», recapturaron la magia tierna de sus primeras baladas. También incursionó en la temática social con «*Just my soul respoding*» donde protestó por el maltrato a los nativos americanos, con un canto sanador Sioux en el medio de la canción. El disco fue producido por William Hutch y a su amistad con Robinson devengó buenos frutos en el pasado, entre ellos la banda sonora del musical de Broadway, *Cotillion*.

175

A Quiet Storm (1975) es catalogado como su mejor álbum en solitario y su título da nombre a un subgénero del R&B que nació en los noventas con compaces más suaves. Entre sus temas más aclamados sin The Miracles se encuentran «*Cruisin'*».

«*Being with you*»; «*Just to see her*» y «*One heartbeat*». Además, publicó una autobiografía en 1989: *Smokey: Inside My Life* coescrita con David Ritz donde explicó sus infidelidades y su adicción a la cocaína.

Los artistas mas encubrados de la historia interpretaron sus composiciones: The Beatles, «*You've really got a hold on me*», The Rolling Stones, «*Going to a Go-Go*», Johnny Rivers, «*The tracks of my tears*», Blondie, «*The hunter gets captured by the game*», Linda Ronstadt, «*Ooo baby baby*» y «*The tracks of my tears*», Kim Carnes, «*More love*», Rare Earth, «*Get ready*», Rita Coolidge, «*The way you do the things you do*» y Luther Vandross, «*Since I lost my baby*».

El disco *The Temptations Sing Smokey*, es uno de los mejores álbumes hechos por la Motown. El estilo de la agrupación fue modulado por Robinson creándose el Sonido Detroit, con reminiscencias del *góspel*, un R&B flexible, dándole igual o mayor énfasis a varias voces, alternando a Kendricks o Ruffin como líderes y llevando las canciones hasta un clímax a través de la repetición de las líneas de coros.

Una de sus obras maestras: «*The tracks of my tears*» fue coescrita junto a Marv Taplin. El tema explota la diferencia entre los sentimientos internos del amante y la máscara que le presenta al mundo exterior. La canción abre con un refrán triste antes de que Smokey repique con el siguiente verso:

People tell me I'm the life of the party
'Cos I tell a joke or two,
Though I might be laughing loud and hearty
Deep inside I'm blue

La voz de Smokey es pura en la canción, brillando con esplendor sobre los coros de The Miracles. Moviéndose desde un susurro imperceptible hasta un coro tímbrico. Smokey se toma libertades con su fraseo que le agregan convicción a su interpretación vocal.

El legado de Smokey es insuperable por lo que recibió el Grammy como Leyenda Viviente y fue incluido en el Salón de la Fama del Rock&Roll en 1987. Recibió el Grammy por la labor de su vida en 1999.

Smokey escribía sus temas con una originalidad e individualismo ausente en otras estrellas de la Motown. Fue un caballero, quizás la persona más agradable en las oficinas de la disquera, hasta visitó Cuba en 2016. Junto a Gordy puede considerarse como uno de los inventores del Sonido Motown. Desde sus canciones exploró cada aspecto del amor declarándolo apasionadamente con una rara maestría pop. Fue un hombre de letras y a la vez melódico, un músico para los músicos. Las palabras de Paul McCartney pudieran describir su importancia para la historia de la música: «Smokey Robinson era un Dios ante nuestros ojos».[44]

44. www.rollingstone.com/smokeyrobinsonbio.html.

THE TEMPTATIONS, PAPA WAS A ROLLING STONE

No importó cuál de ellos ocupó el puesto de voz líder: David Ruffin, Dennis Edwards, Eddie Kendricks o Paul Williams, The Temptations siempre fue un grupo vocal todos estrellas, sin dudas el más aclamado de la historia.

A través de los sesenta y setenta, la banda logró una cantidad considerable de *hits*, «*My girl*»; «*The way you do the things you do*»; «*Ain't too proud to beg*»; *(I know) «I'm losing you*»; «*I can't get next to you*»; «*Just my imagination*» y «*Papa Was a Rolling Stone*», mi preferida de todas. En una etapa de sus carreras incursionaron en el *soul* psicodélico con «*Cloud nine*», manteniéndose en activo por más de cuatro décadas.

Publicity for Motown Records & The Ed Sullivan Show Left to right: Otis Williams, Melvin Franklin, Eddie Kendricks, Paul Williams, and Dennis Edwards

Sin dudas unas leyendas vivientes que se sacaron un as de la manga en 1998 con la grabación del larga duración *Phoenix Rising*, que alcanzó la categoría de doble platino por el volumen de sus ventas.

Con su formación «clásica», Kendricks, Ruffin, Paul Williams, Melvin Franklin y el fundador del grupo Otis Williams, The Temptations fueron simplemente intocables. Durante años sus llamativas coreografías y finas armonías vocales definieron el estilo de la casa discográfica Motown.

Fuerza musical indiscutible se movieron confortablemente del *pop* suave al provocador *soul rock* y del Apollo al Copacabana. A pesar de cambios de personal y conflictos internos, incontables éxitos y fracasos, el conjunto se mantuvo a flote bajo el liderazgo de Franklin y Otis Williams y aún hoy se mantienen cantando con Williams como su único miembro original en activo.

The Temptations ostenta trece discos de oro y seis de platino por el volumen de sus ventas. Sus estadísticas en las listas son impresionantes, entre 1964 y 1975, diecinueve discos se incluyeron en el Top 20 de la *Billboard*. Treinta y siete sencillos fueron Top 40, de ellos quince en el Top 10 y cuatro ocuparon la cima de la lista. También es meritorio que ubicaron treinta y dos álbumes en el Top 10 de la lista R&B, de ellos diecisiete en el primer puesto.

Los Temptations originales provinieron de dos grupos de Detroit que desaparecieron, The Primes y The Distants. En sus inicios Franklin fue la voz bajo de The Voice Masters. Otis Williams fundó The Elgins en 1961 posteriormente renombrados como The Temptations. El grupo grabó los sencillos que «*Oh mother of mine*»/«*Romance without finance*» y «*Check yourself*»/«*Your wonderful love*» para Miracle Records, subsidiaria de Motown.

Para finales de 1963 agregaron a Ruffin como una de las voces principales, comenzaron a trabajar con Smokey Robinson como compositor y los éxitos comenzaron a aparecer. Su sonido se volvió más elaborado y sofisticado agradando por igual a los críticos y al gran público.

1968 les trajo los *hits* «*I wish it would rain*», número 4 en la Billboard, 1 en la lista R&B; «*I could never love another*» *(After loving you)* y «*Please return your love to me*». Pero Ruffin fue despedido debido a su personalidad volátil y ansias de triunfo en solitario. Su lugar fue ocupado por Dennis Edwards, exmiembro de The Contours.

Al principio el cambio se sintió porque Edwards no poseía la educación vocal de su predecesor, pero su estilo más agresivo fue perfecto para el acercamiento de la banda hacia el *soul rock* psicodélico con «*Cloud nine*», que fue la primera de una serie de canciones con fuerte carga social y política. La Motown declaró que el sencillo antes mencionado no hacía alusión alguna a las drogas, tema por el cual Gladys Knight and the Pips se negaron a grabarlo.

The Temptations lideraron una serie de artistas que se apartaron del tradicionalismo de la disquera. Gracias a «*Run away child, running wild*»; «*Don't let the joneses get you down*»; «*Psychedelic Shack*» y «*Ball of confusion*» (*That's what the world is today*), ocupante de la tercera posición de la *Billboard* y segunda en las listas R&B en 1970, lograron incluirse junto a Marvin Gaye y Stevie Wonder en las emisoras de radio FM progresivas.

Kendricks inició carrera en solitario en 1971. Mas tarde un alcohólico Paul Williams se apartó del trabajo de la banda para suicidarse dos años después. A partir numerosos cambios se produjeron en la formación pero el éxito continuó con «*Superstar*» (*Remember how you got where you are*); «*Papa was a rollin' stone*» número 1 de la *Billboard* en 1972; «*Masterpiece*»; «*Hey girl*» (*I like your style*); «*The plastic man*»; «*Let your hair down*» y «*Shakey ground*».

Como muchos otros actos de la Motown, The Temptations estaban descontentos con la disquera. Por suerte para ellos poseían los derechos del nombre y cuando dejaron la empresa mantuvieron el éxito componiendo y produciendo su propio material. Se mudaron a Atlantic Records para años después regresar por pedido de Berry Gordy. Con Ruffin y Kendricks nuevamente en el grupo grabaron *Reunion* en 1982 y se enfrascaron en una gira promocional. El sencillo del disco, «*Standing on the top*», fue compuesto y producido por Rick James y The Temptations le devolvió el favor haciendo los coros de su mega exitaso «*Super freak*». Dicha reunión fue el sueño hecho realidad para cualquier *fan* pero no duró mucho debido a las mismas tensiones de antaño. Otro éxito fue la batalla de las bandas que escenificaron con otro super grupo, The Four Tops, como parte del espectáculo Motown 25 llevado a cabo en el Apollo en 1983.

Ruffin y Kendricks fueron invitados por Daryl Hall y John Oates a grabar en vivo en el teatro Apollo en 1985, disparando la nostalgia de los *fans* que obligaron a los exTemptations a grabar nuevamente.

Para finales de los ochenta se les unió Dennis Edwards y se enmarcaron en una gira homenaje a la banda. Cuando todo parecía ir bien Ruffin falleció el 1 de junio de 1991 debido a una sobredosis. Michael Jackson pagó su funeral donde cantaron los Temptations originales, Aretha Franklyn y Stevie Wonder. Kendricks falleció de cáncer de pulmón al año siguiente.

The Temptations fueron incluidos en el Salón de la Fama del Rock and Roll en 1989. Vendieron más de 30 millones de copias de discos en el mundo entero. Recibieron los premios Grammy al Mejor Grupo de R&B en 1968 y 1972, así como a la Mejor Interpretación Instrumental de R&B, La influencia de The Temptations en el *soul* es comparada a la de The Beatles en el *rock*. Sin dudas cuando se hable de grupos vocales, estos maravillosos artistas ocupan el lugar cimero.

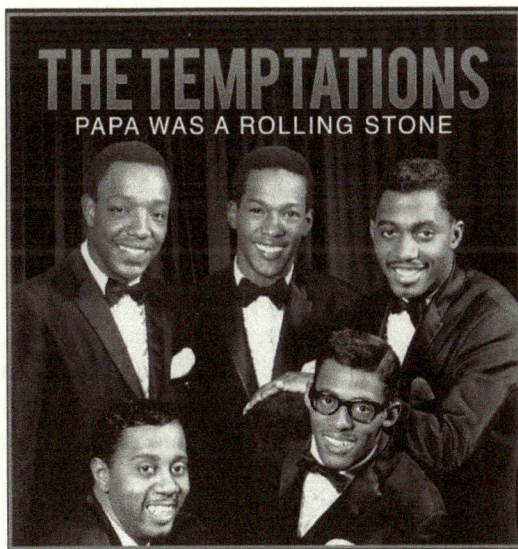

BAILANDO EN LA CALLE CON MARTHA AND THE VANDELLAS

Martha and the Vandellas es el clásico «girl group». Nunca tuvieron la misma exposición en la prensa que sus similares Diana Ross and the Supremes, pero fueron de lo mejorcito de la época con exitazos bailables tales como «*Dancing in the street*»; *My baby loves me*; *You've been in love too long*; *Jimmy Mack* y *Heat wave*.

Tres muchachas, Martha Reeves, Annette Beard y Rosalind Ashford cantaron como The Del-Phis en la secundaria y grabaron un sencillo con Check-Mate Records, una subsidiaria de Chess Records. La Reeves también cantó profesionalmente con el nombre de Martha LaVaille.

En 1961 Martha consiguió un empleo en las oficinas de la Motown como secretaria de William «Mickey» Stevenson. Un día Berry Gordy Jr. necesitó cantantes para que hicieran los coros en una sesión de grabación. Martha y sus amigas acudieron al llamado y eso fue suficiente. Participaron en los temas *Stubborn kind of fellow* y *Hitch hike* de Marvin Gaye antes de grabar *I'll have to let him go* como Martha and the Vandellas tomando su nombre de la calle Van Dyke, ubicada en Detroit y Della Reese, cantante favorita de Martha.

Su primer éxito fue *Come and get these memories*, grabado en 1963 y le siguieron dos composiciones explosivas de Holland-Dozier-Holland: *Heat wave*, ocupante de la cuarta posición en las listas pop y la cima de las de R&B.

Dancing in the street, es su tema más conocido, con sus trompetas y la voz distintiva de Martha. La letra nos invita a todos a la mejor fiesta bailable de la ciudad. Exhortándonos a no tener miedo. Es un pedido para cesar los disturbios sociales que ocurrían a menudo en la época y centrarnos en las cosas buenas de la vida.

Este tema compuesto por Mickey Stevenson y Marvin Gaye, curiosamente fue dejado de lado por la estrella Kim Weston (esposa de Stevenson) y ocupó la segunda posición de la *Billboard*.

Annette Beard se retiró en 1963, su lugar fue tomado por Betty Kelly, ex integrante de The Velvelettes, hasta 1967 en que la hermana menor de Martha, Lois ocupó su puesto. Por su parte Rosalind Ashford dejó la banda en 1969 para dar paso a otra ex Velvelette, Sandra Tilley. A pesar de todos esos cambios en la formación la esencia del conjunto vocal femenino fue la misma, dirigidas por Martha.

Martha contó en su autobiografía publicada en 1994, titulada *Dancing in the Street* y coescrita con Mark Bego, que el éxito de su grupo fue socavado por la Motown y la obsesión de Berry Gordy por The Supremes. Por ejemplo, el lanzamiento del sencillo *Jimmy Mack* fue atrasado dos años porque sonaba fue parecido a The Supremes. La rivalidad de ambas fue mucho más allá de las listas, a veces alcanzó el plano personal.

Reeves poseía una fuerte personalidad y en numerosas ocasiones discutió con Gordy exigiendo explicaciones. Debido al stress por el éxito y a las incomprensiones, Reeves se volvió adicta a varias medicinas psico activas, exacerbando sus problemas emocionales que culminaron en dos recaídas nerviosas y un periodo hospitalizada. Por suerte la super estrella se recuperó en 1977. Ella y sus compañeras llevaron a juicio a la Motown en 1989 por derechos de autor.

Martha firmó con MCA Records en 1974. Su disco debut producido por Richard Perry, contiene el éxito menor, *Power of love*. A pesar de que el álbum fue aclamado por la crítica nunca alcanzó el éxito logrado junto a The Vandellas. Por años continúo haciendo giras y grabando. A veces The Vandellas consistió en Martha y sus hermanas Lois y Delphine. En ocasiones especiales se unió nuevamente a Beard y Ashford. Finalmente, en 1995 fueron exaltadas al Salón de la Fama del Rock&Roll.

MARTHA & THE VANDELLAS
Gordy Recording Artists

MARVIN GAYE, EL INMORTAL

No hay sonido comparable al de Marvin Gaye. Su manera suave de cantar gentil y poderosa. Uno de mis favoritos, difícilmente se encuentre una canción interpretada por esta super estrella que no conmueva a multitudes. Todo en su vida, todo lo que pensó y sintió, influyó en su canto.

La primera vez que lo escuché fue en mi niñez a través de su álbum *What's Going On* y me conmovió para siempre. En el disco, catalogado por la revista especializada *Rolling Stone* como el sexto mejor álbum de todos los tiempos, Marvin habla desesperadamente acerca del estado del mundo estando en la cima de su brillantez musical. Una de las cosas que más sorprendió fue su manera de seguir las cuerdas con su voz, o doblar los sonidos de los instrumentos. Todo parecía fácil con Gaye. Hoy día tenemos el Pro Tools y cientos de pistas donde grabar, pero en aquellos tiempos había que innovar, como en la manera que Marvin se responde así mismo en las canciones, pareciendo un trabajo distante como coro, sonando como un eco. Así impresionó a la humanidad.

MARVIN GAYE
Marvin Gaye Greatest Hits Full Album

[00:00:00] - 01. I Heard It Through The Grapevine
[00:03:22] - 02. Let's Get It On
[00:09:40] - 03. Sexual Healing
[00:13:56] - 04. Ain't No Mountain High Enough
[00:16:22] - 05. Hitchhike
[00:18:29] - 06. Come Get To This
[00:22:14] - 07. You're All I Need To Get By
[00:25:23] - 08. If This World Were Mine
[00:28:14] - 09. Inner City Blues
[00:32:47] - 10. Save The Children
[00:37:15] - 11. Can I Get a Witness
[00:38:46] - 12. I'll be dogone
[00:41:50] - 13. My Love Is Waiting
[00:45:16] - 14. Trouble Man

Su versión en vivo de «*Distant lover*», es una de las interpretaciones más impresionantes de la historia. Puedes sentir su confianza y añoranza, puedes imaginarte sus experiencias. El público entero esta vibrando con cada palabra, flirtea con ellos todo el tiempo. Ese tipo de cosas lo hacen inmortal, la emoción que evoca.

Nacido el 2 de abril de 1939, en Washington D.C., Marvin fue uno de los más consistentes y enigmáticos artistas de la Motown con una carrera que ejemplifica la maduración del *pop* negro en un sonido sofisticado pleno de temáticas sociales. Sin dudas fue bendecido con una voz de tenor con rango de tres octavas que lo enmarcó entre los máximos exponentes del género.

Gaye comenzó a cantar a los tres años en la iglesia de su padre, el Reverendo Marvin Gaye Sr., y pronto comenzó a interpretar el órgano. Después de un tiempo en la fuerza aérea retornó a Washington a cantar en un grupo doo-wop callejero. Formó su propia banda, the Marquees en 1957. Bajo los auspicios de su padrino Bo Diddley grabó *Wyatt Earp* para la disquera Okeh. Posteriormente Harvey Fuqua audicionó al conjunto y los enlistó como la reciente versión de sus ensamble cambiante, The Moonglows.

Berry Gordy lo firmó para la Motown a finales de 1961. Poco tiempo después, contrajo matrimonio con la hermana de Berry, Ana. Su primer trabajo en la disquera fue como baterista de estudio y trabajó en todos los primeros éxitos de The Miracles.

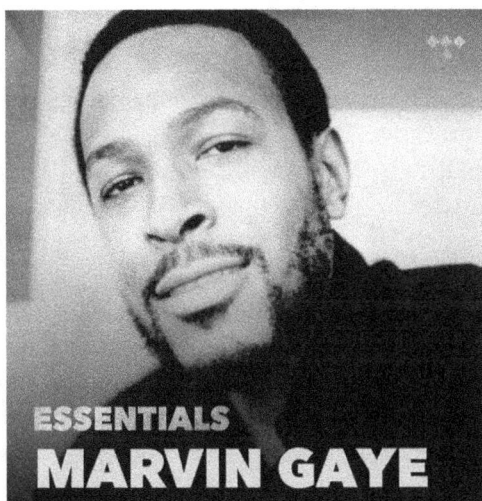

Logró su primer *hit* con su cuarta canción, «*Stubborn kind of fellow*», en 1962. En los próximos diez años trabajó con todos los productores de la Motown, Smokey Robinson, Norman Whitfield y el equipo Holland-Dozier-Holland. Sus favoritas fueron las baladas románticas y sensuales, aunque evolucionó hacia un estilo más sofisticado utilizando a The Temptations, The Vandellas y The Supremes como coristas. Le siguió «*Can I get a witness*», con fuerte carga *góspel* y religiosa que rápidamente se convirtió en uno de sus clásicos y fue versionado por muchos incluidos The Rolling Stones. Desde las primeras notas del piano la canción expresa excitación. Marvin desarrolla un estilo vocal «testigo» común en el género, y el número marcha *in crescendo* hasta que la batería, el bajo, las trompetas y el coro llegan a la cima.

Sus duetos con féminas hicieron historia: «*Once Upon a Time*» y «*What's the matter with you*» con Mary Wells en 1964; «*It takes two*» con Kim Weston en 1967. Grado superlativo alcanzaron: «*Ain't no mountain high enough*» y «*Your precious love*» de 1967, «*Ain't nothing like the real thing*» y «*You're all I need to get by*» con Tammi Terrell en 1968, sin dudas con la que logró el mayor grado de compatibilidad; todos compuestos y producidos por Nicholas Ashford y Valerie Simpson.

Durante un concierto Terrell colapsó en los brazos de Marvin, la primera señal de un cáncer cerebral que la mataría el 16 de marzo de 1970. Contrario a los rumores populares, entre ambos nunca existió romance alguno, la muchacha se enamoró de David Ruffin, cantante de The Temptations. Ahora si fueron muy buenos amigos, su enfermedad y muerte afectaron hondamente a Marvin. Habían grabado juntos tres álbumes y once sencillos.

La segunda fase de su carrera comenzó con «*What's Going On*» lanzado al mercado en 1971. Junto Stevie Wonder, Gaye fue uno de los primeros músicos de la Motown en lograr control total sobre sus grabaciones. Este álbum conceptual fue completamente compuesto y producido por Marvin, quien innovó en ambas funciones. Su voz aparece en pistas dobles, cantando en los dos finales opuestos del registro, utilizando el acompañamiento funky de las trompetas y las cuerdas sin ocultar el fraseo vocal más sensible. Berry Gordy Jr. no lo entendió y se negó a lanzarlo. Nada pudo hacer pues se ubicó en la sexta posición en la *Billboard* y tres de sus sencillos entraron al top

10: «*What's going on*»; «*Inner city blues*» *(Make me wanna holler)* y «*Mercy merca me*» *(the Ecology)*. Parlamentos repletos de pasión acerca de la guerra de Vietnam, la decandencia urbana, los derechos civiles y la protección del medio ambiente. Por primera vez un álbum de la Motown incluyó las letras de sus canciones en el diseño y le dio crédito a treinta y nueve músicos acompañantes que aparecieron en él. Por primera vez la disquera reconoció que existían.

Al año siguiente participó en la banda sonora del filme de la 20th Century Fox, *Trouble man* y enrumbó su carrera hacia el erotismo nuevamente con *Let's Get it on* (1973) y Diana and Marvin, grabado junto a Diana Ross con resultados espectaculares de crítica y ventas, destacándose los singles: «*You're a special part of me*»; «*Don't knock my love*» y «*My mistake*» *(Was to love you)*. «*Let's get it on*», el sencillo clásico de Motown, comienza con tres notas wah-wah que anuncian el arribo de una melodía vintage de los cincuenta. La canción se centra en los cambios en las cuerdas, el arreglo posee un ritmo excéntrico que aumenta su poder. Su nivel de intensidad va subiendo poco a poco. Lo mejor de Marvin lo obtenemos en el medio, con los coros a un lado y un largo *fade-out* que te anima a escucharla nuevamente.

187

¿Exilio voluntario?

Marvin contrajo matrimonio en segundas nupcias en 1977 con Janice, quien se convirtió en su musa, se obsesionó con ella y su relación se volvió tumultuosa. Bajo presiones de la agencia recaudora de impuestos, Marvin se mudó a Europa en 1981 para grabar *In Our Lifetime*, que se concentró en las filosofías del amor, el arte y la muerte. Meses después dejó Motown por Columbia Records y su éxito continúo con «*Midnight Love*», que vendió dos millones de copias y su clásico «*Sexual healing*» le agenció el premio Grammy en la categoría de Mejor Interpretación R&B Vocal Masculina. Había sido nominado en ocho ocasiones anteriormente. Su versión a capella de *The Star-Spangled Banner*, himno de los Estados Unidos, antes del comienzo del juego de las estrellas de la NBA en 1983 pasó a la historia y fue incluida en el compilatorio *The Marvin Gaye Collection*. Su carácter cambiante contribuyó a su leyenda, evitaba aparecer en televisión, rara vez se presentaba en vivo y hasta se ausentaba de conciertos ya programados.

En estado depresivo y abusando de la cocaína regresó a su país fijando residencia en casa de sus padres. El ambiente allí no fue el más propicio debido a los frecuentes altercados con su padre. Principalmente por la contradicción entre Dios y un comportamiento estricto y el Demonio, el sexo y las drogas. Gaye fue en muchas maneras un alma dividida.

Su vida terminó trágicamente el 1 de abril de 1984 en Los Angeles, tras ser disparado por su padre, un pastor Apostólico, tras una discusión violenta, un día antes de su cuarenta y cinco cumpleaños. Su padre declaró defensa propia, fue acusado y condenado de asesinato involuntario. Se descubrió que tenía un tumor cerebral y se le suspendió la sentencia.

Marvin Gaye es uno de los principales personajes en la historia musical, solidificó el Sonido Motown y se convirtió en la voz de una generación. Siempre adorado poseyó un aura de misticismo que nunca pudo ser superada. Podía cantar cualquier cosa: *góspel*, *blues*, *jazz* y *pop*. Pero Marvin fue mucho más que un gran cantante (quizás el mejor cantante *soul* de todos los tiempos), fue un mago, un hacedor de éxitos, un compositor talentoso, un profundo pensador, un artista real en el sentido correcto. Como colofón a su

brillante carrera Marvin Gaye fue introducido póstumamente en el Salón de la Fama del Rock&Roll en 1987.

STEVIE WONDER, EL CHICO MARAVILLA

Para el maestro Carlos Ruiz de la Tejera

Apesar de la enorme influencia de su música en el desarrollo del *pop*, los artistas afronorteamericanos se enfrentaron a barreras raciales por muchos años. Hecho que bloqueó su aceptación general, subvaloró su calidad y los apartó del reconocimiento universal. Stevie Wonder trasgredió y trascendió todos los impedimentos. La industria musical de hoy en día y el concepto de estrellato están basados en muchas de sus concepciones, pensamientos, invenciones, innovaciones y aportes a la sociedad afronorteamericana.

Al principio cuando los cantantes negros se insertaban en las audiencias blancas perdían todo su valor étnico. Chuck Berry tuvo que escribir «*Maybelle*», al estilo country para poder entrar en las listas pop. Algo similar ocurrió en ocasiones con Little Richard, Fats Domino y Ray Charles.

Stevie Wonder, 1967

En los setenta las cosas cambiaron rápidamente. Las canciones tomaron una connotación social más intensa reemplazando el viejo estereotipo del «amor-perdido-ganado». El R&B o el soul, como ya se le conocía, ganó aceptación universal. Artistas como Stevie Wonder, Ike and Tina Turner, Marvin Gaye y Billy Preston eran reconocidos como estrellas del *rock* y contaban por millones a sus fanáticos blancos.

A donde quiera que viajó en el mundo siempre llevó una copia de *Songs in the Key of Life*. Para mí uno de los mejores álbumes de la historia (la revista especializada *Rolling Stone* lo ubicó en la posición 56 de todos los tiempos). Dentro de siglos cuando la gente se siente a hablar sobre los genios de la música mencionaran a Louis Armstrong, Duke Ellington, Ray Charles y Stevie Wonder.

Creció en la era dorada de la Motown, cuando en Detroit se grababa el mejor R&B del mundo, convirtiéndolo en un compositor impresionante y una genuina fuerza natural musical. Como tecladista, simplemente fenomenal. Puede tocar de todo, le impregna un sonido a la armónica que es reconocible a kilómetros, escuchen su maravillosa versión de «*Alfie*», de la autoría de Burt Bacharach. Como instrumentista puede jugar en la liga de Charlie Parker o John Coltrane. Su música siempre sonó libre e hizo lo que otros no pudieron, ser el principal innovador del R&B

Sus grabaciones de los sesenta son impresionantes, repletas de *soul* que aún hoy suena genial. Pero en los setenta tuvo su mejor racha, una seguidilla de álbumes que usurparon la historia musical desde *Talking Book a Songs in the Key of Life*. Esa es la élite, la crema y nata de la buena música. Fue devoto a las ideas exóticas que incorporaron *góspel, rock & roll, jazz* y ritmos africanos y latinoamericanos.

Stevie es un hombre extremadamente positivo, pacífico y geneu roso. Siempre defendió el cambio político sin violencia y se declaró seguidor de Martin Luther King Jr. y Mahatma Gandhi. Ama la música. Cuando entra a una habitación la gente lo adora. Su nombre real es Steveland Hardaway Judkins y nació el 13 de mayo de 1950 en Saginaw, Michigan, a los tres años de edad su familia se mudó a Detroit. Ciego desde pequeño, lo descubrió Ronnie White de The Miracles y se lo presentó a Berry Gordy Jr. Comenzó su carrera discográfica a los once años de edad. Un prodigio desde el comienzo. Sus primeros cuatro LPs fueron *Tribute to Uncle Ray* (1962), *The 12 Year Old Genius* (1963), *With a Song in My Heart* (1963) y *The Jazz Soul of Little Stevie Wonder* (1963), el cual es totalmente instrumental donde interpretó el piano, armónica, batería y los bongos. De ese disco se extrajo el sencillo *«Fingertips» (Part 2)*, su primer éxito.

Wonder logró un verdadero Sonido Motown con *Up-Tight* (1966). Aquí interpretó una de las mejores versiones de *«Blowin' in the wind»* que he escuchado. Esa es otra de sus cualidades el saber llevar a su estilo temas de otros. Su cover de *«We can work it out»*, me encanta.

Signed Sealed & Delivered (1970) fue el primer álbum que Stevie produjo, pero no tuvo control total de su música hasta el siguiente *Where I'm Coming From* (1971) donde utilizó su virtuosismo multi instrumental para tocarlo casi todo. Con *Music of My Mind* (1972) ya lo notamos más maduro, ya es una identidad musical auto suficiente e independiente, produce, compone, arregla, canta y toca casi todos los instrumentos en una movida sin precedentes para la Motown.

192

Stevie Wonder, 1973

Realizó una gira con The Rolling Stones por los Estados Unidos en 1972, lo que le sirvió para romper las barreras que lo clasificaban como un simple «hombre de soul», para alcanzar una dimensión más amplia sin restricciones musicales. Su carrera posterior la desarrolló como un músico total, capaz de llegar a los amantes de cualquier género musical. El *soul* que interpretó asumió el papel que le correspondió en la historia, no como una forma artística, separada, pura o étnica, sino como una parte integral y vital de la escena *rock*.

En *Innervisions* (1973) lo encontramos centrándose en temáticas más profundas con sus letras en el tema «*Living for the city*» donde dramatiza la injusticia de la vida urbana de los afronorteamericanos. En «*Higher ground*» y «*Jesús Children of América*» evoca el sentido de la lucha espiritual.

Para mí *Songs in the Key of Life* (1976) es su punto álgido. Álbum doble, grabado tras firmar un contrato de 13 millones de dólares con Motown, que ocupó la cima de la *Billboard* por catorce semanas y que contiene varias de sus mejores creaciones. La temática de sus canciones ronda la niñez con «*I wish*», el nacimiento de su hija Aisha con «*Isn't she lovely*», un ardiente romance con «*Knocks me off my feet*» y un ferviente homenaje a Duke Ellington en «*Sir Duke*», que ocupó la cima de la *Billboard*. Participaron en la gra- bación George Benson, Herbie Hancock, Minnie Riperton, Bobbi Humphrey, Deniece Williams y Syreeta Wright. El material incluido es tan variado, que tras escucharlo por semanas se descubren nuevos aspectos. Un disco muy fresco que siempre nos ofrece algo para cualquier estado de ánimo. A través de este trabajo nos mostró todas sus experiencias de vida. También innovó muchísimo con el sinte-tizador Moog, haciendo casi que sus teclados «hablaran», su show en vivo fue más espectacular repleto de parafernalias pirotécnicas. Si escuchas el álbum doble completo, canción por canción te lleva a través de la vida. Demostró que la música *pop* también puede ser arte. Cementó el concepto de que una super estrella también debe ser tomada en serio.

En vez de intentar superar ese disco, Stevie se dirigió a una dirección totalmente diferente, se tomó tres años para grabar *Journey Through the Secret Life of Plants* (1979). Banda sonora de un do-cumental que no se ha estrenado nunca. Pocas personas han visto el material con matices ecológicos. Su mensaje expresa que la vida secreta de las plantas es la llave para el conocimiento humano y que la naturaleza existe en un estado de pura inocencia.

El disco es casi totalmente instrumental, pero de un lirismo extraordinario. Los especialistas lo criticaron y lo llamaron un suicidio comercial. Pienso que no lo entendieron, el álbum me encanta, es extremadamente íntimo, atmosférico y sentimental, que alcanzó la categoría de culto para los fanáticos de Wonder, quien se denota como un precursor del *New Age*. En este disco los sueños sonoros de Wonder se hacen realidad. Lo escuché bien joven, gracias a un casete grabado en casa de Carlos Ruiz de la Tejera y que un tiempo después desapareció misteriosamente del cuarto de mis padres, muchos años después desde Australia llegaron los dos CD. Aun hoy me causa el mismo efecto, el que anhele emprender un viaje a través de la vida secreta de las plantas.

Retornó al *pop* con *Hotter Than July* (1980), donde se destacan «*Happy birthday*», tributo a Martin Luther King. Los métodos de Wonder fueron diferente esta vez, muchos de los temas fueron grabados con un coro *all star* y una sección rítmica completa. Se denotan atisbos de *reggae* y *rap*.

Después otro de mis discos favoritos, la banda sonora del filme *The Woman in Red* (1984) repleto de melodías amorosas en colaboración con Dione Warwick, «*Love light in flight*»; «*Moments aren't moments*» y el súper *hit* «*I just called to say I love you*» por el que recibió un premio Oscar. Al año siguiente participó con otras 45 luminarias en el proyecto *Usa for Africa* y el himno humanitario «*We are the world*».

«*Part-Time lover*» fue el primer sencillo en topar las listas *pop,* R&B, Adult Contemporary y dance/disco; su álbum padre *In Square Circle* (1985) le agenció el premio Grammy a la Mejor Interpretacion R&B Vocal Masculina. Además, se juntó con Elton John, Gladys Knight y Dionne Warwick en «*That's what friends are for*», número 1 de la *Billboard* en 1986.

Contrajo matrimonio en tres ocasiones con Syreeta Wright, con la que compuso, cantó y grabó, Yolanda Simmons y Melody McCulley. Sufrió un grave accidente automovilístico que lo dejó en coma por 4 días en 1973.

Estrella desde muy joven fue el maestro de la distintiva fusión del *pop* y el *soul*. Compositor de música idiosincrática, un híbrido entre el *folk*, fluctuaciones en las cuerdas, la energía del R&B, acordes de *jazz*, *reggae*, ritmos africanos. Fue un pionero del sintetizador y de las técnicas de grabación. Stevie es uno de los pocos músicos que cuando graba, interpreta virtualmente todos los instrumentos. Ha sido muy reconocido siendo uno de los artistas que más premios Grammy ha recibido. Influyó a grandes de la música tales como Jeff Beck, George Benson y Bob Marley, así como colaboró con Quincy Jones, Lionel Richie, Michael Jackson (en *Get it* de 1988), B.B. King, The Jacksons 5, The Supremes, Babyface, Paul McCartney (en el icónico *Ebony and ivory*) y Minnie Ripperton. Es miembro del Salón de la Fama del Rock & Roll desde 1989 y recibió un Grammy por la obra de toda su vida. Barack Obama lo nombró como su héroe musical.

Su extensivo trabajo humanitario se centró en combatir el Sida, el Apartheid, cruzadas contra el abuso del alcohol y las drogas, así como recaudó fondos para los ciegos, niños con retardo y los sin casa. Stevie nos enseñó una nueva dimensión del tiempo y del espacio. Forma parte del Salón de la Fama del Rock and Roll desde 1989. No nos podemos imaginar la música pop en los últimos veinticinco años sin situar a Wonder en un sitial cimero. Es uno de los compositores más importantes de su generación.

Su voz siempre sonará como lágrimas de placer, como si estuviera a punto de romper en llanto descontrolado pero lleno de júbilo y paz. Su sonido es rico y claro en todas sus inflexiones. Su falta de vista le desarrolló los otros sentidos, los de imaginar y sentir. Grabó música muy visual, enteramente gráfica, nos trasmitió imágenes a través de sonidos, para crearnos un mundo lleno de sentimientos y sensaciones de todo tipo. Stevie Wonder sabe exactamente quien es y la responsabilidad que recayó sobre él. Se sabe escogido por los dioses, se sabe el chico maravilla.

LOS CUATRO MAGNÍFICOS

De los innumerables grupos vocales que emergieron en los Estados Unidos en la década de los sesenta, The Four Tops son unos de los pocos que pueden ser catalogados justificadamente como súper estrellas.

En sus comienzos se llamaron The Four Aims, cantaban en las esquinas, las secundarias y en fiestas particulares en Detroit. Participaban en muchos concursos de aficionados, pero los miembros de los otros grupos cuando se enteraban que ellos competían, con consternación se conformaban por disputar la segunda posición.

Fueron de los primeros en cantar con armonía moderna: como una mezcla de *góspel* y R&B. Levi Stubbs, su voz líder puede ser catalogado como uno de los mejores cantantes de la historia. La combinación vocal perfecta de Levi, Obie Benson, Duke Fakir y Lawrence Payton los convirtió en los cuatro magníficos del *soul*.

The Four Tops in 1968. (L-to-R) Levi Stubbs, Renaldo "Obie" Benson, Abdul "Duke" Fakir, and Lawrence Payton

Maravillosa su llegada a la Motown y su trabajo con Holland-Dozier-Holland, interpretando de las más dramáticas canciones del equipo de compositores: «*Standing in the shadows of love*»; «*Bernadette*»; «*Reach out I'll be there*»; «*I can't help myself*» (*Sugar pie honey bunch*) y «*Baby I need your loving*».

Siempre a la sombra de The Supremes y The Temptations, esta fenomenal agrupación también representó el Sonido Motown. La banda colectivamente gozó de abundante talento y maestría musical, el éxito de The Four Tops se debió a su persistencia y cuando otros quizás se hubieran sentido descorazonados y desilusionados tuvieron la suficiente fe en sí mismos para seguir luchando.

Época de aprendizaje

Perfeccionaron su estilo a través de su unidad sonora, pues algunos grupos no coordinaban la armonía y no se ponían de acuerdo, aumentaron su confianza. Se prepararon muy bien como aficionados y en el momento que alcanzaron su primer *hit* ya eran todos unos profesionales. Detroit tenía una gran población negra que les aseguró el trabajo en los light clubs y otras presentaciones en vivo, pero no existía una disquera en la ciudad. Por lo que les costó tres años de ardua labor antes de ser firmados por Chess Records en 1956.

Junto a Atlantic y Vee Jay, Chess lideraba la producción de la música negra. Ninguna de sus grabaciones alcanzó el éxito. El público aún no estaba listo para ellos. The Four Tops no modificó su estilo y prosiguió adquiriendo experiencias.

Las desilusiones continuaron pues ocurrió lo mismo con su música en Red Top Records y Columbia Records. Les tocó muchísimo trabajo imponerse. A mi entender los productores encargados de sus grabaciones no supieron encontrarles el estilo, arreglos y el acompañamiento musical adecuados. No fue hasta que conocieron a Berry Gordy que su carrera comenzó a ascender.

Nueva disquera y productores

Finalmente firmaron con Motown Record Corporation en 1964. La disquera tenía una subsidiaria llamada Workshop dedicada al *jazz* y grabaciones experimentales que no eran fáciles de ubicar en alguna categoría o estilo musical. Comenzaron con un álbum titulado *Breakin' Through* que fue muy valorado por los músicos pero que causó muy poco impacto en el público.

Show en New Rochelle (New York) High School, c. 1967

Gordy sintió que tenían el potencial para triunfar, así que los puso a trabajar con los mejores productores de Motown. Para ganar promoción y experiencia hicieron una gira de un año con Billy Eckstine.

Holland/Dozier/Holland compusieron un tema, «*Baby I need your loving*», Berry la escuchó en una cinta y se dio cuenta que sería perfecta para The Four Tops.

Los miembros de la banda tenían un gusto musical muy diverso y esto influyó en el desarrollo de su estilo, que a pesar de ser soul, absorvieron los idiomas de artistas tales como Billy Eckstine, Sara Vaughn y otros jazzistas. La calidad interpretativa de sus integrantes se magnificó con un refinamiento que los hizo únicos entre los grupos vocales. No solo los aceptó la audiencia negra sino la blanca también. Esta canción tuvo mucho éxito en los Estados Unidos. A partir de aquí todo lo que tocaron se convirtió en oro, sus grabaciones fueron hits con la misma regularidad de The Supremes.

Realizaron una gira por Gran Bretaña en el verano de 1965 para promover «*I can't help myself*»; «*It's the same old song*» y «*Reach out I'll be there*», que estuvo en la cima de las listas *pop* en octubre de 1966. Al año siguiente lanzaron al mercado un clásico del *soul*, «*Standing in the shadows of love*». Todo resultó a pedir de boca, sus presentaciones en vivo les aseguraron miles de seguidores y se convirtieron en el acto más popular de la Motown en el Reino Unido. No solamente habían logrado un repertorio de primera calidad, sino que habían alcanzado una madurez que les permitió acercarse a un público con mayor rango de edad.

Educados y perfectos

The Four Tops son dueños de una combinación de voces educadas y perfectas. Su maestría también se manifestó en sus coreografías y rutinas en el escenario. Fueron hábiles y lograban una combinación mágica, irresistible y deslumbrante. Siempre la voz prima estuvo a cargo de Levi Stubbs y es curioso que hayan mantenido el mismo calificativo y nunca hayan sido Levi Stubbs and the Four Tops, lo que demuestra el afecto y respeto que se tuvieron unos con los otros. Me encanta su versión del tema «*If I were a carpenter*», de Tim Hardin. Obie Benson coescribió junto a Marvin Gaye el himno, «*What's goin' on*».

Después de la partida del equipo Holland/Dozier/Holland trabajaron con el productor Frank Wilson. Cuando su contrato expiró se unieron a Dunhill Records. Algo sorpresivo pues dicha disquera había estado prácticamente inactiva en la escena soul.

Su magia especial

El éxito de sus sencillos «*Keeper of the castle*» y «*Ain't no woman like the one I've got*» probó que su popularidad se mantuvo pesar del cambio de disquera. En 1981 pasaron a Casablanca Records y lanzaron al mercado, «*When she was my girl*» Número 1 en las listas R&B. dos años después regresaron a la Motown y participaron en la «batalla de las bandas» junto a The Temptations en el programa televisivo especial por el 25 aniversario de la disquera. Fueron incluidos en el Salón de la Fama del Rock & Roll en 1990. Lawrence Payton, el arquitecto de sus armonías, falleció de cáncer de hígado en 1997. Theo Peoples, exmiembro de The Temptations fue llamado a suplir su puesto. Benson murió de cáncer de pulmón el 1 de julio de 2005 y Levi Stubbs dejó este mundo tras años de enfermedad el 17 de octubre de 2008.

Analizar los artistas que puedan entrar en la categoría de súper estrellas es un duro trabajo para hacer. ¿Qué los hace tan especiales por encima de los grupos vocales que lograron el éxito en Los Estados Unidos y Gran Bretaña? Cómo podemos definir la magia especial que los ubicó por encima de sus competidores y describir en palabras lo que es esencialmente una experiencia musical y emocional?

En el caso de The Four Tops, estamos obligados a aceptar que fue su inmenso talento, sinceridad y dedicación al arte lo que nos convence. Músicos muy amigables que nunca aceptaron facilismos comerciales, ni cambios de imagen para entrar en las modas. The Four Tops son simplemente: buen gusto. Aprendieron de sus derrotas para llegar a la cima y su sonido sofisticado entró a nuestras casas a través de los vinilos que nos hicieron bailar. Una vez conversé con un grupo de afronorteamericanos de cierta edad, les mencioné varios de los grupos vocales más encumbrados, pero al decir los Tops, me manifestaron que estaban en una liga superior a pesar de no ser los más reconocidos de su especie.

The Four Tops fueron de los grupos más consistentes de la Motown. En 1994 cumplieron cuatro décadas de trabajo juntos sin un solo cambio en su alineación. Solo la muerte apartó a varios de los escenarios. Sus miembros pueden estar satisfechos pues brindaron mucha alegría a una cantidad numerosa de personas. Lo que sí podemos estar seguros es que The Four Tops siempre estarán ahí.

LA GENIALIDAD DE MILES

Miles Davis es el trompetista de jazz más reverenciado de la historia y uno de los músicos más importantes del siglo XX. Miles posee en su haber ocho premios Grammy, fue uno de los precursores del *jazz rock*, sus experimentaciones sonoras con la trompeta son consideradas clásicos del género.

Como todo *jazzmen* de la edad dorada tuvo una vida turbulenta, es como si su fraseo siempre fuera por el lado más salvaje. Su desbordante creatividad y una formación de primera le permitieron desafiar, una y otra vez, las leyes del *jazz*. Incluso aquellas que él mismo había sancionado.

Miles Davis, circa agosto de 1947

Acuñó un lenguaje musical nuevo, «El Cool», desarrolló el estilo del *jazz* modal y se aventuró en los territorios de la fusión eléctrica. Ha habido pocos músicos tan influyentes como él en el último siglo. Davis creció en un hogar de clase media en un barrio integrado racialmente en Saint Louis. Su padre, dentista, su madre profesora de música. En 1941 comenzó a tocar la trompeta semi profesionalmente. El talento estaba ahí. Cuatro años después su padre lo envió a estudiar a la afamada Juilliard School of Music de la ciudad de New York. Conoció a Charlie Parker y se convirtió en su protegido tocando en su quinteto en las sesiones del Savoy en 1945, grabaciones definitivas del movimiento *bebop*.

Dejó la Juilliard para unirse a Benny Carter, Billy Eckstine, Charles Mingus y Oscar Pettiford. Miles fue dueño de un fraseo único con un tono frágil distintivo y buen oído para los emsembles sonoros. Se apartó del *bop* para insertarse en algo más introspectivo. Su dirección musical se definió con su colaboración con Gil Evans al grabar *Birth of the Cool* con una banda de nueve integrantes que incluyó a Max

Roach, John Lewis, Lee Konitz, y Gerry Mulligan utilizando arreglos meticulosos de Evans, Mulligan, Lewis, Davis y Johnny Carisi.

Las drogas eran recurrentes en la escena nocturna y para 1949 ya era un adicto a la heroína. Aunque se mantuvo grabando por los siguientes cuatro años el éxito no fue el mismo hasta su curación en 1954. Llenó de fuerzas fundó un grupo al año siguiente contando con la colaboración del baterista Philly Joe Jones, el bajista Paul Chambers, el pianista Red Garland y el saxofonista fuera de serie John Coltrane. Esta versión del quinteto de Davis pronto se convirtió en el grupo de *jazz* más importante de la década.

Encabezó la corriente del *jazz* modal con su *Milestones* (1958), que prescinde de las progresiones de acordes en favor de los modos o escalas. Miles estaba acostumbrado a romper esquemas, participó del *boom* del *bop* y le dio replica fundando el *cool*. En la primavera de 1959 reunió a un equipo de ensueño, John Coltrane, Cannonball Anderley, Bill Evans, Paul Chambers, Jimmy Cobb y Winton Kelly, para grabar el revolucionario *Kind of Blue*.

El formato de sus bandas entre 1958 y 1963 fluyó de quinteto, sextetos y orquestas pequeñas que incluyeron a los pianistas Bill Evans y Wynton Kelly, saxofonistas Cannonball Adderley, Sonny

Stitt y Hank Mobley, así como el baterista Jimmy Cobb. Miles evolucionó hacia un sonido más complejo con *Miles Ahead* (1957); *Porgy and Bess* (1958); *Sketches of Spain* (1959) y *Quiet Nights* (1962). Por otra parte, transitó por caminos sonoros más simples en *Kind of Blue* (1959) donde las cuerdas son la base para la improvisación en lugar de favorecer las escalas modales.

Miles Davis, 26 de julio de 1963

Para 1963 formó un quinteto con el bajista Ron Carter, el pianista Herbie Hancock, el baterista Tony Williams y el saxofonista George Coleman a quien Wayne Shorter reemplazó en 1965.

El proceso de fusión del *jazz* y el *rock* por parte de Miles comenzó en 1968 con *Miles in the Sky*, donde incluyó instrumentos electrónicos, con la guitarra de George Benson en una pieza y un beat rockero en la batería. Con el siguiente *Filles de Kilimanjaro*, la influencia del *rock* se notó más pronunciada.

Su obra maestra *In a Silent Way*, incluyó tres tecladistas, Hancock, Chick Corea y Joe Zawinul, así como al guitarrista John McLaughlin, siendo casi psicodélico. Para su siguiente grabación reunió a la que llamó la mejor banda de rock&roll del mundo con Shorter,

McLaughlin, el bajista Dave Holland, Corea, Joe Zawinul, el organista Larry Young, el bajista Harvey Brooks, el clarinetista Bennie
Maupin, y los percusionistas Jack DeJohnette, Lenny White, Don
Alias y Jim Riley. Sin instrucciones y sin ensayos simplemente
grabaron un *Jam Session* del que resultó el histórico *Bitches Brew*.
Después de esto arrasó con la audiencia rockera presentándose en
conciertos masivos alrededor del mundo alcanzando la categoría
mítica de leyenda.

*Dizzy Gillespie, John Lewis, Cecil Payne, Miles Davis, and Ray
Brown, Downbeat, New York (entre 1947-1948)*

Sufrió un accidente automovilístico en 1972 que lo apartó de
los escenarios por un tiempo. Sus grabaciones hasta 1975 siguieron la línea de *Bitches Brew*, utilizando instrumentos electrónicos
con grandes amplificadores, priorizando los emsembles de *funk*
por encima de los solos. En los ochenta su música se volvió más

comercial sin dejar los atisbos de genialidad, así como grabó con Cyndi Lauper y la banda de rock Scritti Politti.

Davis publicó su controversial autobiografía en 1989, en colaboración con el poeta Quincy Troupe, donde detalló sus problemas con las drogas y su vida amorosa. Al año siguiente recibió un premio Grammy por la labor de toda su vida.

Miles fue el primer jazzista posterior a la era *hippie* en incorporar ritmos del *rock*, de ahí su gran influencia en ambos géneros. Experimentó mucho, desde el *bebop* que interpretó inicialmente con el saxofonista Charlie Parker hasta su fusión del *jazz-rock* que marcó hasta al mismísimo Hendrix.

Falleció el 28 de septiembre de 1991 en Santa Mónica, California debido a una neumonía, una falla respiratoria y cardiaca. Con su muerte nos dejaba el último príncipe del *jazz*.

EL SOUL AUTÉNTICO DE GLADYS KNIGHT AND THE PIPS

Para Pedro González

With every beat of my heart (con cada latido de mi corazón) no es simplemente el título de uno de los mayores éxitos de Gladys Knight. Es también una frase que acertadamente resume su íntimo, acertado, intenso, personal y emotivo estilo vocal.

Rondando lo sofisticado de Diana Ross y el talento natural de Aretha Franklin, el estilo de Gladys nos atrapa desde su primera palabra. Niña prodigio, con nueve años se unió a The Pips en su ciudad de origen, Atlanta. Este fue grupo familiar pues fue integrado por su hermano Merald, más conocido como «Bubba»y sus primos, los hermanos William y Elenor Guest, quien fue sustituida por Edward Patten después de un par de años.

Gladys Knight and the Pips at Grand Gala du Disque Populaire in Congrescentrum (the Netherlands). Date: 7 March 1969

Al momento de la formación de la banda, Gladys ya tenía años de experiencia. Sus padres eran miembros del coro Wings Over Jordan y le brindaron todo el apoyo que necesitó. A los cinco años de edad ya estaba de gira cantando *góspel* con el coro de Morris Brown. Dos años después ganó un concurso de 2 mil dólares en el programa televisivo *Ted Mack Amateur Hour*. Sus condiciones vocales, interpretativas, escénicas y su maravilloso sentido del ritmo le abrirían el camino.

The Pips tomaron su nombre de otro primo, James Woods, cuyo sobre nombre era «Pip» y que se convirtió en su representante.

Debutaron en pequeños clubes nocturnos en 1952 donde complacían lo mismo a los públicos *funky* negros y los más estrictos baladistas blancos.

Cuando Gladys cumplió doce años se embarcaron en su primera gira nacional junto a Jackie Wilson y Sam Cooke. Sus grabaciones comenzaron en 1961 cuando fueron firmados por Bobby Robinson, quien era el dueño de una pequeña tienda de discos en Harlem cerca del Apollo.

Exuberancia salvaje

Con «*With every beat of my heart*», alcanzaron la fama y le siguieron «*Letter full of tears* y *Giving up*». Todos estos temas contienen interpretaciones con alta carga emocional que cautivaron a la audiencia amante del R&B. El grupo trabajó con la promotora Marguerite Mays y la disquera Fire and Fury quienes intentaron expandir su promoción.

Gladys quedó embarazada y se retiró por un año mientras los Pips se presentaron en vivo cada vez que pudieron, así como hicieron los coros en las grabaciones de otros artistas.

Cuando Gladys regresó la Motown los incluyó en una gira nacional como artistas invitados. El resultado lógico fue un contrato de grabación. Finalmente, Gladys Knight and the Pips podrían tener una promoción y distribución internacional.

«*Everybody needs love*» salió al mercado en 1966 y prosiguió una explosiva versión de «*I heard it through the grapevine*», y que les agenció la cima de las listas en los Estados Unidos, una canción que varios actos de la Motown interpretaron. Smokey Robinson and the Miracles la incluyeron en su disco SPECIAL OCCASION y la de Marvin Gaye que vendió millones de copias y fue número 1 en Gran Bretaña.

La exuberancia salvaje de la versión de Gladys Knight and the Pips, con su canto góspel por encima del coro, las armonías disciplinadas contrastaron con el modo más lento e hipnótico de Marvin Gaye. A partir de este tema el conjunto asumiría un estilo más suave y meloso, precursando el *smooth jazz*.

Soul auténtico

«End of our road»; *«It should have been me»*; *«Didn't you know»* *(You'd have to cry sometime)* y el clásico *«If I were your woman»* demostraron que la banda estaba interpretando un soul auténtico de altos kilates. Los productores de la Motown encargados de trabajar con ellos fueron Johnny Bristol, Clay McMurray y Norman Whitfield quien les asignó varios de sus temas que también cantaron The Temptations y The Undisputed Truth.

Gradualmente su música se fue haciendo más apacible y dulce. La introspectiva *«If I were your woman»* creó el patrón para *«I dont want to do wrong»*; *«Make me the woman»* *(That you go home to)* y el *hit* masivo *«Neither one of us»* *(Wants to be the one to say goodbye)*, que cambiaron la imagen de la banda, de un *góspel* y un *soul* profundo hacia el educado, sofisticado *soul* que contenía matices de la autenticidad sureña.

Gladys expresó en 1972: «Uno de nuestros primeros objetivos era el lograr un disco de oro, lo logramos, pero ahora queremos ser súper estrellas. Hemos tenido éxito con nuestros sencillos, pero queremos tenerlo en presentaciones en vivo también. Queremos que las capacidades se agoten donde quiera que toquemos».[45] Sus deseos se cumplieron con creces muy poco tiempo después.

Se separaron de la Motown y firmaron con Buddah, una compañía que los declaró su acto principal. Extraordinaria su versión del tema *«Help me make it through the night»*, de la autoria de Kris Kristofferson, una canción impresionante que fue un éxito en tres

---

géneros diferentes, country con Kristoferson, soul con Gladys Knight y *reggae* con John Holt.

El sencillo fue grabado en los nuevos estudios West Coast en la ciudad de Los Angeles siendo la primera vez que la Motown grabó al grupo fuera de Detroit. «*Daddy would swear I do declare*» mostró que también podían interpretar temas movidos.

Su clásico «*Midnight train to Georgia*», excepcional canción que fue originalmente grabada por Cissy Houston, los elevó a la categoría de súper estrellas. Buddah les agenció varios compositores entre ellos Burt Bacharach, Tony Camillo y Curtis Mayfield que lograron capturar la esencia del grupo.

Mayor libertad artística

La mudada hacia Buddah les trajo una mayor libertad artística permitiéndole experimentar en el álbum *Imagination* donde Bubba, William y Edward pudieron ser voz líder en algunos temas, algo que raramente había pasado.

Cada uno probó ser más que capaz con la tarea, demostrando ser cantantes finos y adecuados, algo que anteriormente no había sido valorado. Gladys Knight and The Pips sentaron pautas de longevidad y calidad.

Gladys Knight and the Pips se enmarcan entre los grupos más exitosos de la historia. Sus canciones son clásicos indiscutibles de la música negra. Gladys Knight varias veces reclamó el título de «Reina del Soul», pues muchas veces llenó el vacío dejado por la más grande, Aretha Franklin quien a veces ha sido muy previsible. Gladys es muy sofisticada y refinada, llena de inspiración para aceptar los temas adecuados para el timbre de su voz. Junto a The Pips forma parte del Salón de la Fama del Rock and Roll desde 1996. Si te gusta cantar R&B, Gladys es como el libro de texto.

Visitó Cuba como miembro del Music Bridge en 1999 donde grabó junto a Edesio Alejandro. De todas las estrellas presentes en el evento, Gladys descolló por su dulzura y amistad hacia los músicos cubanos.

Su contribución a la música negra no se limitó a su labor como intérprete sino como compositora con *Way back home* para Junior Walker y «*Do you love me just a little bit honey*» para The Supremes y The Four Tops. Así como para su agrupación: «*I don't want to do wrong*» y «*Daddy would swear I do declare*».

A pesar que ninguno de The Pips tocó algún instrumento profesionalmente, si lo hicieron en descargas en el estudio antes de las sesiones de grabación y muchas de las ideas que sugirieron fueron empleadas por los músicos acompañantes.

Pienso que a estos grandes de la música nunca se les ha valorado como es debido. Muchos los consideran un grupo con un solo talento, la voz de Gladys, algo muy lejos de la verdad. Sin dudas pueden considerarse uno de los grupos más grandes y distintivos del soul de todos los tiempos.

Gladys Knight and the Pips perform aboard the aircraft carrier USS RANGER (CV-61). Left to right: William "Red" Guest, Edward Patten, Merald "Bubba" Knight, and Gladys Knight.

LA PRIMERA FAMILIA DEL SOUL

The Jackson 5 nacieron en una pequeña ciudad industrial del medio oeste norteamericano y fueron conocidos en el mundo entero. Su padre Joe Jackson «The Music Man» fue el de la idea de formar una banda con sus hijos para apartarlos de la calle y los problemas. Sin el esfuerzo inicial de su progenitor nunca hubieran existido.

Casado a los dieciséis años, Joe tuvo de dicho matrimonio nueve hijos, seis varones y tres hembras. Todos fueron músicos. Joe siempre tuvo la ambición de convertirse en un músico profesional.

Interpretó la guitarra en un grupo local llamado The Falcons y muchas veces llegó a su casa del trabajo para prepararse para un concierto y se percataba que uno de sus hijos le había tomado prestado el instrumento.

Inicialmente los regañó, casi siempre a Tito o Jermaine, pero pronto se dio cuenta que sus hijos tenían sus mismos deseos de crear música. Así que tomó la determinación de hacer a un lado su carrera y potenciar la de sus hijos. Así que cada muchacho aprendió a tocar un instrumento rápidamente.

Los niños llegaban de la escuela alrededor de las 3 de la tarde y encontraban los equipos preparados en la sala. Joe los hacia ensayar muchísimo, a veces hasta bien tarde en la noche, hablándoles de un debut ante el público que los críos comenzaron a dudar si algún día se realizaría.

Vacaciones

Joe Jackson sabía lo que estaba haciendo. Los preparó para que fueran listos, educados, seguros y profesionales. Por supuesto ganaron varios concursos locales de talento, casi siempre con el tema *My girl* de The Temptations. Sus presentaciones en vivo las realizaban los fines de semana y en las vacaciones. Los niños no tenían tiempo libre. Ellos mismos eran sus utileros, representantes y promotores. Cuando decidieron que necesitaban un baterista y un organista incluyeron a sus primos Johnnie Jackson y Ronnie Rancifer, no por su habilidad como músicos sino porque tenían sus propios instrumentos.

Los ensayos fueron extensos y exigentes pero el grupo se acopló muy bien. Ya estaban listos para el gran salto. Eran por ese tiempo: Tito en la guitarra líder, Marlon, Michael, y Jackie haciendo los pasos de baile, Jermaine en el bajo y los primos con sus instrumentos, interpretaban la música de su preferencia. Se gastaron una fortuna en discos sencillos para analizarlos y montar los temas posteriormente. Se especializaron en Sly and the Family Stone, The Temptations y de Smokey Robinson.

Jackie estudió los movimientos de las estrellas del *soul* en la televisión y le sumó numerosos pasos de baile originales. Su contraparte blanca The Osmonds hacían lo mismo y establecieron una fraterna competencia.

Diana Ross los vio en un concierto de aficionados en Gary y se enamoró de ellos. Antes que la noche se acabará llamó por teléfono a Berry Gordy y les consiguió un contrato de grabación. El talento de los muchachos era inmenso, cautivaban a todos a su paso.

Bobby Taylor les produjo «*I want you back*» y la Motown puso todos sus esfuerzos, recursos y personal en su promoción y distribución. De pronto millones de niños afronorteamericanos vieron a The Jackson 5 como sus ídolos. Todos querían imitar a Michael Jackson pues tenían su misma edad.

La revista *Soul* les dedicó una página semanal. Los niños de primaria ya preferían a estos atrevidos muchachones antes que a los ya mayores The Temptations. No solamente porque los admiraban sino porque se podían identificar fácilmente con ellos.

Richard Pryor los apoyó en varios de sus shows cómicos. The Jackson 5 no solo interpretaban pop juvenil, sino que sabían adentrarse en el autóctono soul sureño. Sus temas «*I want you back*»; «*Mamma's pearl*» y «*ABC*» tuvieron un impacto directo en las masas. Fue un fenómeno asombroso similar en alguna medida a la Beatlemania.

Sus baladas también alcanzaron el éxito, «*I'll be there*» vendió más de cuatro millones de copias. Dos de sus versiones que más me llamaron la atención, con ellas demostraron lo buen músicos que eran desde el principio, son los clásicos «*Ain't no sunshine*», de Bill Withers y «*Dr. my eyes*» de Jackson Browne que fueron más famosas que las originales en Gran Bretaña.

La revista especializada *Rolling Stone*, la biblia de la contra cultura rock —envió al periodista Ben Fong— Torres a que los acompañará de gira. El reportaje estuvo en portada y los catapultó a la fama internacional.

Habían conquistado América, pero necesitaban convencer a Europa. Habían tenido éxito, pero los críticos no creyeron que tendrían el mismo impacto al otro lado del Atlántico. Una casualidad positiva para su carrera fue que The Osmonds arribaron a Inglaterra el mismo día que ellos. Hasta se hospedaron en el mismo hotel. Ambos grupos juveniles estaban tomando a la tierra de The Beatles por asalto.

La policía británica no pensó tener necesidad de fuerzas especiales para recibirlos en el aeropuerto pues ambas bandas arribaban a las 6 de la mañana. Pero lo encontrado allí no se veía desde los buenos tiempos de The Beatles. Miles de personas gritando a la misma vez y numerosas muchachas histéricas que se peleaban por tener una mejor vista de sus héroes musicales.

Un viaje familiar

The Jackson 5 estaban en un viaje familiar. Fueron repartidas fotos de Michael arreglando las camas, Jermaine regando el jardín, Tito arreglando su carro, la clásica familia afronorteamericana exitosa y a los británicos les encantaron estos 5 chicos comunes que podían ser súper estrellas del pop. Estaban haciendo bastante dinero, la apuesta de su padre por ellos resultó a las mil maravillas.

Al principio el líder y sex simbol del grupo fue Jermaine. Algo que se reforzó cuando contrajo matrimonio con Hazel, hija de Berry Gordy. Sus discos en solitario no fueron nada del otro mundo.

Michael aún era muy pequeño pero su talento sobresalía sobre los otros. Él era la verdadera estrella del grupo, un niño grande.

Jermaine inició su carrera como solista cuando sus hermanos se separaron de Motown. Se le dieron bien las baladas suaves y su versión del clásico de Shep and the Limelights, *«Daddy's home»*, fue quizás una de sus mejores cosas.

The Jackson 5 amaban presentarse en vivo y retroalimentarse con el público, algo de lo cual Michael se beneficiaría después. En 1973 hicieron una gira a través de los Estados Unidos, Japón, Australia, Reino Unido y el continente europeo.

Punto y aparte para Michael Jackson quien en un momento fue el artista más reconocido del mundo. Su disco *Thriller* (1982) es el más vendido de la historia. Fue una figura icónica que levantó pasiones. Revolucionó la música, el baile, los videos clips y el mundo del espectáculo en general. Antes que él existieron The Beatles, Elvis y Sinatra; Michael asume su lugar al lado de esos grandes.

De niño fue de hablar suave, inteligente, perceptivo y con un amable sentido del humor. Todo esto lo combinaba con una personalidad electrizante en el escenario que lo hacía el centro de atención de inmediato. Su atractivo particular fue sin dudas lo que provocó tanta fama para el grupo.

Quizás todo era muy bueno para durar. Inevitablemente los Jackson crecieron, ya no eran un grupo de niños prodigios. Algo similar le ocurrió a su contraparte anglosajona The Osmonds. Es la ley de la vida. Pero continuaron siendo buenos músicos. A todos les fue regular, a Michael fenomenal pues no fue solo el héroe adolescente, sino que maduró rápidamente y se insertó en el selecto grupo de los que hablan perfectamente el idioma del soul. Michael pudo interpretar a la perfección el pop, rock, R&B y toda su vida cultivó el *soul*.

Los Jacksons fueron un feudo musical del que aún se habla. Las tres hermanas, Latoya, Rebbie y Janet también alcanzaron notoriedad en el mundo del espectáculo.

Varios hermanos lanzaron al mercado discos en solitario que carecieron de identidad propia. Todos quisieron repetir la fórmula de la banda. El único que innovó y se unió a productores que valieron la pena como Quincy Jones, fue Michael. Por eso está donde está en el firmamento.

The Jackson 5, menos Jermaine anunciaron su separación de la Motown en marzo de 1976 y se renombraron The Jacksons continuando su exitosa carrera, ahora con mayor libertad creativa y protagonismo total para Michael. Firmaron un multi millonario contrato con Epic Records. Randy ocupó el espacio dejado por su hermano.

Michael Jackson popularizó el pasillo «Moonwalk», utilizado por primera vez por el artista en el show televisivo que conmemoró el 25 aniversario de la disquera Motown Records, el 16 de mayo de 1983. Una de las presentaciones más explosivas que he visto en mi vida. Puede notarse su influencia en los pasos de baile de hoy en día, una coreografía sincopada que muchos de los artistas jóvenes utilizan. Su ética de trabajo también hizo época. Michael fue innovador en la forma de presentar una canción. Podías escucharla en el disco, pero cuando lo veías bailarla en el escenario sabías que sería una experiencia maravillosa. Fue un maestro de la manera de entretener, no hubo ni habrá alguien como él.

Michael participó en 1985 en la composición y grabación del tema «We are The world». Este intérprete es reconocido como uno de los artistas más innovadores en el campo del video clip, al haber recibido numerosos premios por la calidad de sus trabajos visuales, argumentativos, estilísticos, tecnológicos y de coreografía. Es merecedor de trece premios Grammy, entre los que se destacan los de Mejor Grabación y Álbum de 1984.

El Rey del Pop falleció en la ciudad de Los Ángeles el 25 de junio de 2009. Muchas personas piensan en él como un espectáculo y eso es triste, quizás porque no tienen la capacidad para ver el gran artista que fue. Un mundo sin Michael fuera un mundo totalmente diferente, muy aburrido. Debemos sentirnos bendecidos de que un artista de su calibre haya vivido en nuestro tiempo, porque enriqueció tremendamente nuestras vidas.

El apellido Jackson representa genialidad artística y actuaciones icónicas. Los Jackson son realeza musical. Hermanos legendarios que con su sonido innovador crearon un pandemónium donde usaron los dones que les dio Dios para abrazar los corazones y las mentes de un mundo prejuiciado por el conflicto racial, mientras rompían récords y dejaban una marca histórica para todos sus seguidores.

Años después varias bandas intentaron ocupar el lugar de The Jackson 5, tales como The Five Fairsteps y The Sylvers, quienes trataron de evocar su mismo estilo y modo de vida. No les fue tan mal pero no pudieron llegar tan alto. A The Jackson 5 les dediqué varios capítulos en mi libro *Michael Jackson, el rey del pop* y merecen estar entre las estrellas y súper estrellas de la música negra.

THE ISLEY BROTHERS, SOBREVIVIENTES DEL SOUL

The Isley Brothers fueron el típico grupo cultivador de R&B, aunque su estilo fue evolucionando hasta adentrarse en el Sonido Detroit y vertientes más psicodélicas. Influyeron en The Beatles, quienes cantaron su éxito «*Twist and shout*». Estuvieron en la Motown y junto a The Sly and the Family Stone lideraron la nueva ola de rock-soul que emergió en los setenta. Su larga carrera tuvo tres direcciones distintas y en todas lograron el éxito masivo.

Esta banda se encuentra entre las más longevas y por supuesto su transitar por diversos géneros fue cosa lógica. Los hermanos Isley, Ronald, Rudolph y O'Kelly fueron los iniciadores en Cincinnati en 1954. En la década de los setenta se les unieron sus hermanos menores Ernie en la guitarra y Marvin en el bajo.

Esta familia tuvo talento innato. Ronald a los tres años de edad ganó un concurso cantando *góspel* en The Union Baptist Church. Acompañados por su madre en el piano, los hermanos aparecieron en un show de variedades de Chicago, en el teatro Regal con Dinah Washington comandando la cartelera. Vernon, otro de los hermanos, también integrante del conjunto, falleció en un accidente automovilístico antes que alcanzaran la fama.

Adolescentes viajaron a probar suerte en New York y lo lograron. Durante el viaje, en el autobús conocieron a una señora que trabajaba en el negocio musical quien los conectó con un representante que les consiguió algunas presentaciones.

Grabar fue su próximo objetivo y firmaron con el grupo de empresas Gone/End propiedad de George Goldner que se especializaban en R&B. aunque varios grupos de rock & roll formaban parte de sus catálogo tales como The Flamingos, Little Anthony y The Imperials.

Rockin MacDonald fue una de sus pocas grabaciones antes que se pasaran a RCA Victor, una compañía mucho más grande. Por esta época el grupo cultivaba el *doo-wop*. Su primer éxito fue el exuberante *Shout*, que también fue versionado por la escocesa Lulu.

Este tema tiene un origen *sui generis*, The Isleys estaban cantando «*Lonely teardrops*» de Jackie Wilson, durante un concierto en el teatro Howard, Washington DC, en el verano de 1959, cuando Ronald en un momento de inspiración dijo «You know you make me wanna SHOUT»[46] al final de una línea y el público enloqueció.

Howard Argie Bloom, promotor de RCA, estaba en la audiencia y se los llevó al estudio con el organista Herman Stephens, el guitarrista Joe Richardson y otros seis músicos. Todos ellos convirtieron «*Shout*» en un sencillo que vendió más de un millón de copias.

Bert Berns, bajo el seudónimo de Bert Russell y Phil Medley le entregaron a The Isley Brothers una canción titulada «*Twist and shout*» para insertarse en la moda del twist. El resultado otro éxito millonario que tuvo gran impacto en Gran Bretaña con numerosas versiones, como la de Brian Poole and the Tremeloes, que ocupó la cuarta posición de las listas. Pero la más importante fue la de The Beatles, quienes declararon en numerosas ocasiones la gran influencia que recibieron de The Isleys.

Otro paso en la carrera artística de los hermanos fue su firma con Atlantic Records en 1964. Sin embargo, la disquera que hizo de Ray Charles una estrella que llevó a Aretha Franklin al estrato de Primera Dama del Soul no pudo hacer la misma magia con los Isley.

Debido a ello un año después se pasaron a Motown Records y de esa manera ya habían pertenecido a las dos disqueras legendarias de la música negra. Esto fue algo nuevo para la empresa pues hasta ese momento habían creado ellos mismos sus artistas, no contrataban a bandas como esta con una imagen y carrera ya establecidas.

El grupo tuvo que insertarse en la gran familia de la Motown y competir con grupos que cultivaban el Sonido Motown.

Reconocimiento

El reconocimiento masivo de la obra de The Isley Brothers se manifestó durante su etapa con la Motown pues la máquina de promoción de la disquera tuvo excelentes resultados en la campaña lanzada. Trabajaron con los magníficos Holland/Dozier/Holland y enseguida se vieron los resultados. «*This old heart of mine*» entró

---

[46]. Jeremy Pascall and Rob Burt, *op.cit*, p. 112.

al top 20 en noviembre de 1968 y llegó tan alto como la tercera posición. En menos de un año los sencillos «*I guess I'll always love you*»; «*Behind a painted smile*» y «*Put yourself in my place*» fueron lanzados al mercado.

Tamla Motown los llevó a la fama, pero la atmósfera centrada en el paternalismo creativo que la disquera cultivaba no los convenció y decidieron tomar las riendas por ellos mismos.

Tomando prestado el nombre de TeeNeck, el pueblo de New Jersey donde se establecieron, fundaron su disquera T-Neck a finales de 1969. Ronald Isley expresó en su momento:

> Somos hombres de negocios ahora. Pensamos que tenemos un sonido que es nuevo y queremos hacerlo por nosotros mismos. Mientras estuvimos en la Motown aprendimos muchísimo sobre producción, arreglos y composición. Siempre escribimos canciones, pero cuando fuimos a Motown nos detuvimos. Quiero decir que ellos tienen muy buenos escritores ¿Qué íbamos a hacer nosotros compitiendo con ellos? Ahora vamos a hacer lo nuestro por supuesto y también vamos a rodearnos de jóvenes creativos que apoyan lo nuevo y el ahora. Queremos tener la mayor cantidad de jóvenes artistas que podamos, aquellos que piensen que tenemos algo que decir y que recibirán su oportunidad.[47]

The Isley Brothers tenían altos ideales y apoyaron a The Brothers 3, Judy White, Privilege y Dave Cortez, pero no duraron mucho. No querían perder el control, el tener empleados revolvió las cosas y necesitaban tener ganancias. No toda la culpa fue suya pues se comprometieron con cosas que no podían cumplir. El que un artista fuera bueno y exitoso no dependía solamente de su trabajo de producción.

La disquera de su propiedad les permitió decidir su dirección musical y la manera de hacerla llegar al público.

---

47. *Ibídem*, p. 113.

Independencia artística

The Isley Brothers grabó el tema «*Is Your thing*» en febrero de 1969, el cual se convirtió en un himno funk al vender más de cinco millones de copias, ocupó la primera posición de lo más escuchado en la *Billboard* y les agenció en premio Grammy en la categoría de Mejor Grupo Vocal de R&B.

Otro de sus aportes fue su determinación de lograr una libertad creativa llena de talento y energía a través de su propia disquera. El álbum resultante influyó en Stevie Wonder y Marvin Gaye para que lograran su independencia artística dentro de la Motown.

The Isley mantuvo su posición por muchos años. Se transformaron de una banda estrictamente de sencillos a producir discos conceptuales. Continuaron entrando en las listas con baladas rítmicas y números movidos creando un matrimonio entre el *rock* y el *soul*, desarrollándose musicalmente y liderando creativamente a los grupos afronorteamericanos de mediados de los setenta.

The Isley Brothers, 1975

SONIDO DE FILADELFIA

Gran Bretaña nunca tuvo una escena musical regionalizada, Estados Unidos sí. Inclusive en los días de The Beatles y los otros grupos Merseybeat de Liverpool y Manchester, esos aspirantes a la fama cuando querían grabar, gravitaban la ciudad de Londres, donde casi sin excepción se encontraban todos los estudios y compañías de grabación.

En Estados Unidos siempre fue diferente. New York y Los Angeles eran las dos ciudades dominantes en la industria musical, la gran distancia entre los centros de población y las diferencias culturales las llevó a desarrollar un sonido distintivo.

Detroit, Memphis, New Orleans, Chicago y otras ciudades tuvieron su momento dominante, potenciaron sus propios estudios de grabación y empresas locales de cierta importancia.

A pesar de su proximidad con New York y el constante intercambio de artistas con esa ciudad, Filadelfia tuvo su propio estilo musical y los recursos para grabar y promocionar a sus artistas locales. Filadelfia fue para el pop de los sesenta lo que Detroit para el soul en la misma época.

El sonido *pop* de Filadelfia no fue algo pasajero. Mientras el resto del mundo progresó y experimentó con nuevas técnicas de sonido y estudios de ocho, dieciséis y hasta veinticuatro pistas, la ciudad solo poseía un primitivo estudio de 4 pistas. El declive del otrora poderoso programa de televisión *America Bandstand* de Dick Clark, firmado en la ciudad y de las disqueras Swan y Cameo Parkway y el surgimiento de nuevas, inventivas y excitantes empresas promotoras del pop en muchos lugares fueron factores que atentaron contra el desarrollo musical de Filadelfia.

Su renacimiento como un centro musical importante en los sesenta puede ser acreditado a cuatro hombres: Stan Watson, representante de grupos, dueño de disquera y productor; Thom Bell, productor, arreglista y compositor; Kenny Gamble y Leon Huff, equipo de compositores-productores exitosos.

La música propuesta por el Sonido Filadelfia no fue ni pop blanco ni soul negra más bien una mezcla sofisticada de varios géneros ideales para ser consumidos por todas las audiencias.

Hubo otros que jugaron un importante papel: Jimmy Bishop, Dj negro dueño de la pequeña empresa Artic que promovió a la talentosísima Barbabra Mason; la empresa de distribución Jamie-Guyden, así como la disquera Phil LA of Soul que se destacó en 1967 con «*Boogaloo down Broadway*» de Johnny C y *The horse* de Cliff Nobles.

También cabe señalar al productor Richie Barrett descubridor del grupo femenino The Three Degrees y los músicos integrantes de la banda MFSB (Mother, Father, Sister, Brother) que fueron los acompañantes de muchos de los éxitos grabados en la ciudad.

El gran salto del Sonido Filadelfia vino gracias a Stan Watson y su grupo The Delfonics. Junto con los hermanos William y Wilbert Hart más Randy Cain, la banda sentó el patrón para la mayoría de los artistas de la ciudad, con su etérea, casi afeminada armonía, utilizando casi siempre la voz prima de falsetto.

Thom Bell coescribió mucho del material de The Delfonics con arreglos bien cargados orquestalmente y Stan Watson en la producción, crearon algo muy atractivo que llamaron «El Sonido del Soul Sexy» en su disquera Philly Groove con distribución internacional a través de Bell Records.

«*La La means I love you*» fue un gran éxito en 1968 seguido de «*Ready or not*» *(Here I come)* y «*Did I blow your mind this time*». La fuerte dependencia del conjunto en Bell se puso en evidencia cuando dejaron de trabajar juntos. Bell se concentró en producir a The Stylistics, quienes inmediatamente usurparon su lugar como las estrellas del Sonido Filadelfia.

Bell utilizó su magia acertadamente cada vez. Nacido en Filadelfia se formó escuchando música clásica. Conoció a Kenny Gamble en la secundaria y comenzaron a componer canciones juntos. Varios de esos temas fueron utilizados por Jerry Ross para su disquera Heritage. Formaron parte del conjunto The Romeos donde Gamble fue la voz principal. Pero Bell dejó la banda para casarse, siendo reemplazado por Leon Huff, otro compositor exitoso y pianista que había participado en el *hit* «*Baby I love you*» de The Ronettes y que aprendió mucho de Phil Spector, Jeff Barry Ellie Greenwich, Carole King y Barry Mann.

Una reunión con Watson llevó a Bell a producir a The Delfonics para la disquera Cameo. La falta de éxito llevo a Watson a funda su propia empresa.

Talento en bruto

Bell introdujo varios instrumentos a la música *soul*. Logró su independencia y se asoció nuevamente a Gamble y Huff. Trabajando como agente libre Bell fue contratado por Avco Records para escribir, arreglar y producir para The Stylistics; por RCA con el grupo New York City (quienes a pesar de su nombre eran puros representantes del Sonido Filadelfia) por Atlantic para revivir la carrera de The Spinners. Además, contribuyó con los arreglos en todas las canciones compuestas por Gamble y Huff para iconos como Billy Paul, The O'Jays, Johnny Mathis y The Intruders.

El secreto del triunfo de Gamble y Huff fue que, al contrario de Motown que descubría talento joven y fresco proveniente del guetto de Detroit y lo moldeaba a su sonido, ellos escogían artistas ya consagrados que necesitaban apoyo, asumían el reto y les daban un sonido totalmente nuevo.

The O'Jays provenientes de Ohio, tomaron su nombre del influyente Dj local, Eddie O'Jay y recibieron un apoyo primordial de parte de Bell y la dupla de compositores. El trío aún se mantiene en activo y son considerados leyendas de la música soul.

Billy Paul cultivó una mezcla de *jazz* y *pop* que le trajo muy buenos dividendos. Billy es uno de los artistas insignias del Sonido Filadelfia, ayudó a definirlo y evolucionó con la época. «*Me and Mrs Jones*» es una de mis canciones favoritas.

Otro que se benefició del movimiento en Filadelfia fue Johnny Mathis, continuador del estilo de Nat King Cole y una de las mejores voces de los Estados Unidos.

Trabajo independiente

Retornando en el tiempo a 1963 Huff fue músico de sesión de Cameo Parkway y Swan, trabajó con Richie Barrett y The Three

Degrees, así como compuso *Mixed up shook up girl* para Patti and the Emblems. Fue en las oficinas de Cameo donde el dúo de compositores se conoció.

Gamble nació en Filadelfia y se casó con Dee Dee Sharpe cuyo sencillo «*Mashed potato time*» vendió un millón de copias para Cameo. Gamble depositó sus esperanzas en The Romeos, pero al irse Bell, las cosas no parecían ir bien, así que se concentró en su trabajo como compositor con Jery Ross. Con Huff en el grupo The Romeos grabó algunos temas para Artic Records y Huff y Gamble comenzaron a componer juntos en 1966. El grupo fracasó y ambos lograron convencer al fabricante de ropa Ben Crass a que pusiera el dinero para sacar a flote Excel Records.

Gamble había estado produciendo a The Intruders para Musicor Records así que los trajeron a la nueva firma y lograron varios éxitos, el más notable *Cowboys to girls*, además produjeron *Expressway to your heart* de The Soul Survivors para Crimson Records. Este era un grupo de blancos y que conocieron en la misma sesión de grabación.

La dupla buscó exposición nacional de su producto, además lanzaron la empresa Neptune con distribución por parte de la compañía Chess/Janus.

Con los O'Jays grabaron «*Deeper and deeper*» y «*Looky looky*», así como firmaron a The Vibrations y Bunny Sigler. Neptune se terminó en 1970 pero a la pareja le estaba yendo bien financieramente debido a su producción independiente de Archie Bell and the Drells, Jerry Butler, Dee Dee Warwicke, Wilson Pickett, Joe Simon y la británica Dusty Springfield.

Toda esta actividad trajo consigo una cadena de éxitos y Sigma Sound Studios que habían instalado en las viejas oficinas de Cameo logró una reputación internacional. El próximo paso sería fundar una empresa propia bien estructurada y financiada con distribución mundial. Philadelphia International se fundó en 1971 y el éxito estaba por venir.

Gamble y Huff buscaron un fuerte equipo para trabajar con ellos: Thom Bell, Norman Harris, Don Renaldo y Bobby Martin en los arreglos, los mejores músicos acompañantes de la ciudad, el baterista Earl Young, los guitarristas Bobby Eli, Roland Chambers y Norman Harris y el percusionista Larry Washington, con el propio

Huff en los teclados. También formaron la banda MFSB que tuvo un éxito masivo con el tema «*TSOP*» *(The Sound of Philadelphia).*

Disquera dominante

Backstabbers de The O'Jays; *Me and Mrs Jones* de Billy Paul, la versión lenta de *Love train* por parte de Bunny Sigler, la fama de he Intruders y The Three Degrees en Gran Bretaña y Europa, así como una cadena de temas de Harold Melvin and the Blue Notes los puso en la palestra mundial. Por un tiempo se consideró a Philadelphia International la disquera dominante en la música soul robándole la supremacía a Tamla Motown y Stax.

Thom Bell también produjo artistas para otras compañías, los más notables The Detroit Spinners, que a pesar del nombre también formaron parte del Sonido Filadelfia.

Signos de peligro

Otros miembros de la fraternidad se animaron a tomar su propio camino. Earl Young, Norman Harris y Ronnie Baker formaron Golden Fleece distribuida por Buddah Records y lograron el éxito con los discos de The Trammps, el grupo donde también tocaban.

Por mucho tiempo el triunvirato de Gamble/Huff/Bell fue el factor dominante del Sonido Filadelfia y poco a poco fueron perdiendo su toque mágico. A mediados de los setenta su estilo se tornó extravagante y aclichado, comenzaron a nutrirse de artistas cultivadores de la música disco y electrónica, algo que no fue tan palpable en la Motown que ya radicaba en Los Angeles. El Sonido Filadelfia se volvió predecible, adoptaron un estilo de producción masivo sin ver los detalles de cada artista y repitiendo fórmulas de éxitos pasados.

Las fuerzas creativas de la ciudad tuvieron que adaptarse para continuar la progresión del Sonido Filadelfia, un dúo de blancos Daryl Hall & John Oates son para mí los continuadores de dicha tradición, de hecho son el dúo que más discos han vendido en la historia.

Pienso que el Sonido Filadelfia y el Sonido Detroit (o Motown), son bien similares. Quizás los de Filadelfia fueron menos puristas y sus letras no abordaron tanto lo social, pues la situación en Detroit siempre fue más contradictoria. La Motown ejerció demasiado control sobre sus artistas, aunque algunos de ellos como Stevie Wonder y Marvin Gaye terminaron siendo bien experimentales. El Sonido Filadelfia se acercó más al pop y al jazz. Aunque algunos dirán que todo fue R&B y por consiguiente soul, pero cada movimiento, sonido y artistas tuvieron sus particularidades. Ambos sonidos potenciaron a artistas de inmenso talento y trascendieron su época. Fueron competencia y tenían todo diseñado para obtener el triunfo, vender más discos y ganar más dinero. Lo que no cabe dudas es que el Sonido Filadelfia impactó e influyó grandemente la música popular y dejó una indeleble impresión para las nuevas generaciones de artistas.

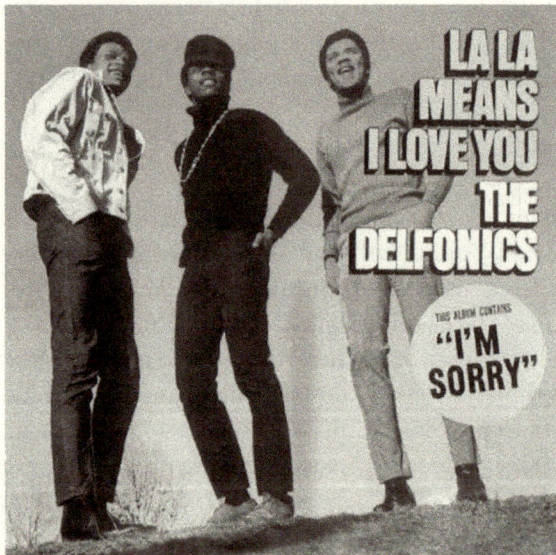

LA DULZURA DEL SOUL DE THE STYLISTICS

Filadelfia fue un importante centro para la música afronorteamericana. Bessie Smith «La Emperatriz del Blues» y el pionero del *jazz* moderno Charlie Parker, radicaron en la ciudad. Allí fue donde Chubby Checker grabó «*The twist*» y todos sus éxitos bailables.

Pero fue el advenimiento del etéreo, carismático y sofisticado Sonido de Filadelfia lo que puso a la ciudad en la mira mundial. Este estilo, mezcla del *soul* suave, *doo-wop* y Sonido Motown desarrolló una identidad propia. Por mucho tiempo aglutinó a un gran número de artistas locales y otros que se sumaron de todos los Estados Unidos.

The Delfonics con su autoproclamado «Sonido Soul Sexy» fueron los primeros en ganarse la atención mundial. Pero The Stylistics lo transformaron de un fenómeno pasajero a una institución de la música soul, abriéndole el camino a los súper estrellas The O'Jays, Blue Magic, Sister Sledge, New York City, The Intruders, The Spinners y Harold Melvin and the Blue Notes.

La historia de The Delfonics y The Stylistics está conectada al joven negro, productor, arreglista y productor Thom Bell quien fue el orquestador del Sonido Filadelfia. Bell se unió a Kenny Gamble y Leon Huff para llevar adelante la disquera Philadelphia International Records. Además, se desempeñó como productor independiente para otras empresas, pero siempre desde su cuartel general, el estudio Sigma Sound en Filadelfia.

Bell escribió, arregló y con Stan Watson coprodujo gran cantidad de los hits de The Delfonics, comenzando con *La la means I love you*, primer sencillo de Philly Groove Records. El grupo mermó en su éxito tras la partida de Bell. Varios especialistas declararon que habían sido solo el vehículo utilizado por Bell para explotar toda su creatividad.

Algo similar se dijo de The Stylistics, pero el tiempo dijo otra cosa. De hecho el primer *hit* de la banda «*You're a big girl now*», fue autoproducido y cuando tomaron caminos diferentes en 1974, Bell se concentró en su trabajo con The Spinners, The Stylistics mantuvo su status creando vínculos con Van McCoy.

Las voces líderes del conjunto Russell Thompkins Jr. y Airrion Love continuaron en la misma dirección musical bajo los arreglos de McCoy. The Stylistics continúo en el epicentro del Sonido Filadelfia muchos años más.

Grupos callejeros

Los 5 Stylistics Thompkins, Love, James Dunn, Herbie Murrell y James Smith se conocieron en la secundaria y pasaron muchos años cantando en las esquinas del barrio por algunas monedas.

A finales de 1970 se unieron el productor Bill Perry y lanzaron al mercado «*You Are a Big Girl Now*», para la disquera Sebring. La Avco Records basada en New York compró su contrato.

Con un gran éxito en sus manos Avco estaba ansiosa por continuar la racha y sabiendo que Bell había terminado con The Delfonics, enseguida le ofrecieron un trato. Bell se unió a la compositora blanca Linda Creed y escribieron varias canciones y en una increíble sesión de grabación de seis horas se hicieron todas las del álbum debut del grupo.

«*Stop, look, listen to your heart*» se lanzó como sencillo con tremendo éxito, «*You are everything*», alcanzó la categoría oro por el volumen de sus ventas, «*Betcha by Golly Wow*» y «*People make the world*», también se incluyeron en las listas. Cada uno de los ocho temas del álbum fueron lanzados como sencillos en los Estados Unidos y el LP se mantuvo en las listas por casi un año. Todo esto confirmó la fuerza del Sonido Filadelfia, su estilo definido y las estrellas que serían sus protagonistas.

Además de su tremendo éxito comercial, dicho álbum ejerció tremenda influencia en otros artistas afronorteamericanos, muchos de ellos versionaron varios de los cortes, Joe Simon con «*You are everything*», Johnny Mathis con «*Betcha by Golly now*» y Lenny Williams con «*People make the world*». Todo esto creó un estado de opinión acerca de que ya no eran solamente la Motown y Stax los que dictaban las directrices del *soul*.

Las estaciones de radio hicieron su aporte al boom del Sonido Filadelfia. Cada vez que un tema de The Stylistics llegaba a las listas comenzaban a promocionar el siguiente hasta que el público le solicitaba a Avco su edición como sencillo.

En enero de 1972 realizaron una gira nacional y grabaron un segundo álbum. Bell seleccionó dieciocho canciones, incluidas dos de compositores de fuera de la ciudad, «It's too late» de Carole King/Toni Stern y «You'll never get to heaven» (If you break my heart) de Burt Bacharach/Hal David, que se incluyeron en el disco. «I'm stone in love with you» fue el primer sencillo extraído.

Aunque algunas de las canciones no causaron el mismo impacto que las del primer LP, fueron más trabajadas como «Children of the night», de siete minutos de duración, muy extensa para lanzarla como sencillo pero que demostró que los muchachos y Bell estaban pensando más en un álbum conceptual que un conjunto de sencillos.

Posteriormente llevaron a cabo una gira europea y fueron capaces de duplicar el sonido de estudio en presentaciones en vivo. Los arreglos de Bell y el acompañamiento de la banda MFSB, unidos a sus angelicales voces, enloquecieron al público. El falsetto de Russell Thompkins Jr. se convirtió en un sello distintivo del Sonido Filadelfia.

Dos discos de oro, una cadena de sencillos exitosos y todas las presentaciones en vivo abarrotadas. ¿Qué sería lo próximo?

Aunque casi todas sus grabaciones podían ser bailables-parte del secreto de su éxito-el sello de The Stylistics fueron sus voces suaves y gentiles. Con «Rockin'roll baby» se insertaron en el *funky*, alejándose de su estilo pop rock lento.

El siguiente larga duración demostró que esto fue solamente una indulgencia temporal pues regresaron a la melancolía con «Only for the children», un clásico del *soul* dulce.

Bell comenzó a trabajar con The Spinners por lo que tomaron un nuevo aire marchándose a New York a los estudios Media Sound donde grabaron «Let's put it together».

Hugo y Luigi fueron los productores escogidos, quienes ya tenían experiencia en el soul pues habían trabajado con Sam Cooke. Pero el principal colaborador de la banda fue el arreglista, conductor y DJ Van McCoy, cuya fuerte personalidad estableció la dirección musical que tomaría The Stylistics.

Irónicamente, el tema más importante del álbum, uno de mis favoritos de todos los tiempos, «*You make me feel brand new*», no había sido incluido en los discos anteriores grabados con Bell y se mantuvo cuatro semanas en la segunda posición de la *Billboard*.

Junto con el mismo equipo de producción grabaron el disco Heavy, cuyo nombrado fue cambiado From the Mountain, en Gran Bretaña, porque el anterior título poseía connotaciones relacionadas con drogas para los fanáticos ingleses. Nada que ver con la naturaleza gentil de la música de la banda.

Bell mostró cierta inconsistencia en los temas a entregarles por lo tanto Hugo y Luigi escribieron las nueve canciones del álbum entre las que se destacó *Star on a TV show*. El acompañamiento musical también fue meritorio, cuerdas, percusión, guitarras apoyaron esas voces cristalinas logrando el resultado esperado. Un disco pleno de romanticismo que se vendió a montones. El éxito de la banda fue disminuyendo gradualmente.

The Stylistics evolucionaron de puros cantantes callejeros a ser los líderes del Sonido Filadelfia, movimiento en el que llegaron a ocupar un puesto similar al de Diana Ross en el Sonido Detroit. En su momento fueron uno de los de mayor éxito comercial. Además, confirmaron el formato de grupo vocal armónico, tantas veces copiado en la historia, podía triunfar fuera de la Motown.

THE SPINNERS, FUSIONANDO MOTOWN Y FILADELFIA

Es irónico que el conjunto que fue el arquetipo del Sonido Filadelfia fuera conocido en Gran Bretaña como The Detroit Spinners, para distinguirlos del conocido grupo folk de Liverpool, The Spinners.

Este fue un calificativo apropiado hasta que firmaron contrato con Atlantic Records y grabaron en Filadelfia. Anteriormente The Spinners pertenecían a la Motown y grababan en Detroit. Ninguno de sus integrantes había nacido en la ciudad, pero sus padres habían migrado durante la Segunda Guerra Mundial, cuando muchos negros se movieron de zonas rurales hacia el norte para trabajar en las fábricas de municiones.

Sus integrantes originales fueron: Bobby Smith, Pervis Jackson, Henry Famborough y Billy Henderson. Todos asistieron a la escuela Lincoln High School junto a Smokey Robinson. Comenzaron como un grupo a capela cantando por las esquinas y llamándose The Domingos, calificativo inspirado en los entonces famosos Flamingos.

En los días pre-Motown, los aspirantes a artistas viajaban a probar suerte a New York o Chicago, pero The Spinners ganaron experiencia trabajando en los bailes escolares, centros juveniles y clubes locales. Por ese tiempo su estilo se enmarcaba en el doo-wop.

Harvey Fuqua, cantante de The Moonglows, fue enviado por Chess Records a ayudar a Gwen Gordy (hermana de Berry) en la disquera Anna. Ambos se casaron y Gwen se desempeñó como representante de The Spinners.

Sus primeras grabaciones fueron aceptables y se presentaron en el teatro Apollo de Harlem, pero Fuqua tuvo problemas con la distribución, por lo que se unió a su cuñado en 1964. The Spinners fueron de segunda línea en la Motown y sufrieron de poca exposición y promoción. Quizás porque no fueron descubiertos por la disquera, sino que fueron adquiridos cuando Harvey Fuqua vendió su empresa Tri-Phi y sus artistas en 1965.

The Spinners fueron ubicados en VIP, subsidiaria de Motown y tuvieron que esperar dos años para lanzar algún sencillo, «*Sweet thing*»; «*I'll always love you*» y «*Truly yours*» vieron la luz entre 1966 y 1967. A mi entender fueron tremendamente subvalorados, teniendo en cuenta su inmensa calidad. Seguramente la Motown se arrepintió. Motown promovió mucho más a los establecidos Steve Wonder, The Supremes, The Temptations y Marvin Gaye.

Las grabaciones fueron apareciendo gradualmente, pero con poca notoriedad, solo cabe destacar «*Message from a black man*» de 1969 hasta que Stevie Wonder les produjo *It's a shame* al año siguiente. G.C Cameron reemplazó a Chico Edwards como voz líder y el sencillo fue un éxito.

Cameron inició carrera en solitario en California y Phillippe Wynn, que tenía experiencia en bandas afro soul, ocupó su puesto en la agrupación. Motown editó dos álbumes, pero sin brindarles el apoyo suficiente. Así que cuando su contrato llegó a la fecha de renovación decidieron romper con la compañía. Una decisión valiente dejar lo seguro por lo inseguro, pero no les había ido bien tampoco bajo el estrecho control de la Motown. En su decisión estuvo la influencia de Gladys Knight and the Pips y The Four Tops que ese tiempo hicieron lo mismo.

Stax, Atlantic y Avco, competían por The Spinners. Su amiga Aretha Franklin los convenció que escogieran a Atlantic, aunque otras ofertas eran más lucrativas. Al final el tiempo les dio la razón siendo una decisión providencial. La disquera los ubicó con Jimmy Roach y grabaron cuatro canciones en Detroit.

Sus *hits* con la Motown fueron menores y tuvieron que esperar hasta mediados de los setenta para alcanzar la categoría de súper estrellas del *soul*. Lo que marcó la diferencia fue su asociación con el productor Thom Bell y la utilización del estilo vocal único de Phillippe Wynn. Con Bell lanzaron al mercado el mega *hit*, «*I'll be around*»; «*Could it be*»; «*I'm falling in love*» y «*One of a kind*» (*Love affair*) que alcanzaron la categoría oro por el volumen de sus ventas. The Spinners llegaron a la cúspide en 1973 gracias a su connotada perseverancia.

Su álbum debut con Atlantic demostró que podían llegar al gran público. Thom Bell también les produjo *Mighty Love y New and Improved* que contiene *Then came you*, una canción grabada junto a la magistral Dionne Warwick, otra de sus madrinas.

La Warwick los llevó a actuar a varios cabarets en Las Vegas y Lake Tahoe incrementadoles su popularidad.

The Spinners ocuparon el vacío dejado por The Four Tops como el grupo vocal más escuchado en Europa. También eran muy buenos en sus conciertos tras pasar años como apoyatura de los encumbrados James Brown, Marvin Gaye, Smokey Robinson and the Miracles, Stevie Wonder, The Dells y King Curtis, de los cuales aprendieron todos los secretos del negocio artístico. The Spinners forman parte del Salón de la Fama de los Grupos Vocales desde 1999. Se mantuvieron en activo por varias décadas con cambios en su formación. Hoy son considerados como uno de los mejores grupos de la música soul fusionando los sonidos Motown y Filadelfia.

JIMI HENDRIX, EL DIOS NEGRO DEL ROCK

Para Yoss

Jimi es uno de esos ejes musicales donde uno recala alguna vez en la vida. Todo guitarrista que se respete transita por su obra lo mismo si eres fanático a Black Sabbath, The Grafetul Dead o a Elmore James. Es un denominador común para cualquier estilo de la música contemporánea. Su forma de tocar posee diversas aristas. ¿Fue un blusero? Escuchen «*Vodoo child*» y notaran la fuerte presencia de los estilos sureños norteamericanos. ¿Fue un rockero? Hendrix utilizó el volumen alto como un artefacto. ¿Fue un cantautor? En «*Bold as love*», canta:

My yellow in this case is not so mellow
In fact I'm trying to say it's frightened like me

Estos versos demuestran que fue un hombre que sabía expresar sus sentimientos, aunque muchas veces es mostrado como una estrella del *rock* psicodélico que le prendió fuego a su guitarra. Pero cuando pienso en Hendrix siento uno de los sonidos de guitarra más placenteros y amorosos de la historia en canciones como «*One rain wish*»; «*Little wing*» y «*Drifting*». «*Little Wing*» es dolorosamente corta y dolorosamente hermosa. Con Hendrix es como si todos los dioses del rock revivieran una vez más. Es perfecto y entonces se nos va.

Su relación secreta con la guitarra es lo que hechiza a tantos, un autodidacta poseedor de una técnica extraordinaria basada en la teoría, su teoría. A veces fue oscuro y no pudo ocultarlo. Fue honesto en todo lo que hizo.

Aunque hayan pasado casi cincuenta años de su muerte, si eres como Hendrix, estas en onda. Todos quieren usar sus *jeans* y sus sombreros. Hasta en la ropa y forma de ser influyó a los rockeros. La guitarra fue su religión sagrada. También lo fue el amor. Con su fraseo puedes oír colores y ver sonidos. No sabía escribir o leer música por eso pasó mucho tiempo en el estudio, cada vez que le surgía una idea tenía que grabarla.

Con su obra maestra «*Machine gun*» contiene todo lo que esperas de un artista de su calibre, comprometido con su tiempo. Es más que un niño cósmico, este es un Hendrix polémico al comentar y a la vez devastar.

Siempre supo que tendría una vida trágica. A pesar de que murió con veinte y siete años de edad es considerado un genio. ¿Cuántos humanos pueden jactarse de ello? Solitario y tímido en su vida personal se transformaba en un *showman* encima del escenario. Su erotismo solo es comparable con el de Mick Jagger. Era la forma más alta del erotismo, casi espiritual y mística. Nadie podía robarle el acto, nadie podía copiarlo, ningún concierto suyo se parece a otro. Su Band of Gypsys fue el mejor grupo del mundo una noche. Hendrix es el dios negro del *rock*. Hay algo heroico en ello y casi nada humano.

Su lucha final fue entre lo comercial y lo creativo. Lo movían fuerzas diferentes, sociales, musicales y políticas. El sistema tenía que cambiar. Jimi no fue un político, pero su música reflejó la política y la cultura de su tiempo. Existe una conexión cultural que se mueve a través del arte, la música, la poesía y el humor de la sociedad. Jimi fue un reflejo directo de ello.

Con Hendrix, por encima de todo, estamos lidiando con un artista cuya música fue sumamente valorada, claro con un potencial inmenso que se malogró, hubo falsos comienzos, tiempo desperdiciado y vagancia cósmica. Pero tuvo la habilidad de capturar la luz de todos los que lo rodearon y hacerla suya.

Hendrix fue usado muchas veces por personas que lo veían como una máquina de hacer dinero. Eso cambió en sus últimos meses de vida pues se convenció que su éxito no era una cosa pasajera. Lástima que se dio cuenta muy tarde que su música se dirigía a un destino inimaginable que solo la muerte pudo detener.

Cuando escucho su música quiero ver su parte humana, ahí donde su música es más hermosa y donde nadie más ha podido llegar. Con la guitarra poseía la habilidad de un alquimista. Sus letras fueron escritas por un experto, muy bueno realizando los puentes entre los acordes bluseros, del tipo que Eric Clapton también hace y sonidos modernos. Jimi Hendrix aspiró en su vida creativa y en su música, no fue simple, fue fundamental, en lograr la libertad. En esos tiempos de auto determinación, derechos civiles y organizaciones militantes se convirtió en la estrella afronorteamericana más conocida mundialmente.

También se apoyó en una imagen visual mágica que nunca entenderás hasta que escuches toda su música y ella te posea. Producía y evocaba imágenes psicodélicas por supuesto, pero no solo fue el LSD, Hendrix era así, era capaz de producir un mundo sonoro que nos da la impresión de encontrarnos en medio de un bombardeo o de una tormenta. Su dominio sobre la guitarra eléctrica se confirma en sus amplias posibilidades de expresión mediante dicho instrumento. El Guille Vilar lo calificó en su *Entre Cuerdas*: «Para un músico de la sensibilidad de Jimi Hendrix, que era agredido en la sociedad enajenante que se desarrollaba, la resultante fue un estado gradual de inconformidad y frustración».[48] Esas características de su personalidad lo impulsaron a ser mejor músico, luchar contra

---

48.Guillermo Vilar. *Entre Cuerdas*, Colección Caimán, Editora Abril 1985, p. 11.

las incomprensiones estilísticas y la discriminación racial en un género mayormente blanco.

En el año 2003, la revista *Rolling Stone* lo eligió como el mejor guitarrista de todos los tiempos. Buster, como le conocían muchos amigos y familiares, comenzó a actuar en público en 1962 con el grupo King Casuals. Jimi Hendrix tuvo un relativo éxito y fue contratado por Little Richard, hasta 1965. A partir de ese año, formó su propia banda llamada Jimmy James and The Blue Flames, con la que alcanzó la fama. Chas Chandler, el bajista del grupo The Animals, se convirtió en su representante y le convenció en 1966 para ir a Londres, donde existía entonces un gran movimiento musical. Juntos crearon el grupo The Jimi Hendrix Experience, con Mitch Mitchell (batería) y Noel Redding (bajo eléctrico).

Hendrix realizó una actuación legendaria, en el Festival Pop de Monterey en 1967. También participó en el Woodstock Music & Art Fair, donde tocó una histórica versión eléctrica del himno estadounidense como protesta a la guerra de Vietnam. Desgraciadamente murió ahogado por su propio vómito en la ciudad de Londres el 18 de septiembre de 1970.

Jimi convirtió a la guitarra eléctrica en un instrumento hermoso. Siempre fue un artista peligroso pues podía evocar su ira y convertirla en una vorágine de acordes rockeros que podían robarse tu cordura. Impetuoso poseía el talento de conjunto de todos, desde John Lee Hooker, Buddy Guy, Albert King, B.B. King hasta John Mayer.

LA ESTRELLA BRILLANTE DE EARTH, WIND AND FIRE

Earth, Wind and Fire es uno de mis grupos favoritos. Dueños de una maestría instrumental y trabajo vocal impresionantes, impactaron mundialmente con su sello *funk-jazz-rock* y el falsete inconfundible de Phil Bailey.

Innovadores y a la vez populares, precisos y sensuales, calculadores y movidos, Earth, Wind & Fire cambió el pop negro de los setenta. Su sonido enciclopédico mezcló el funk y el *jazz rock* con ritmos latinos, armonías *góspel*, metales infalibles, el falsete dulce de Bailey y varios ingredientes exóticos escogidos por su líder y productor, Maurice White.

Al contrario de sus rivales ideológicos, la banda Parliament/Funkadelic; Earth, Wind and Fire siempre predicó mensajes limpios y positivos.

Maurice White fue el hijo de un doctor que tocaba piano. Después de asistir al conservatorio de Chicago, entre 1963 y 1967, fue un baterista de estudio con la Chess Records donde grabó con The Impressions, Muddy Waters, Billy Stewart y Fontella Bass, entre otros.

De 1967 a 1969 trabajó con The Ramsey Lewis Trio. Con ellos aprendió a tocar la kalimba, el piano africano, el cual se convirtió en un símbolo en el posterior Earth, Wind and Fire. White se mudó a Los Angeles y a finales de 1969 fundó la primera versión del conjunto que grabó para Capitol Records como los Salty Peppers. Warner Brothers firmó la banda tras dos álbumes de éxito moderado. Pero después de dieciocho meses, White contrató toda una nueva banda solo manteniendo a su peculiar y famoso hermano Verdine en el bajo.

El segundo Lp del grupo con Columbia Records, *Head to the Sky* (1973) comenzó una racha de discos de oro y platino. Además, recibieron un Grammy en 1975 por el tema «*Shining star*».

La propuesta visual de la banda en sus conciertos en vivo alcanzó matices legendarios. Su vestuario con estilo afro, archi imitado hasta en Cuba, fue una de sus marcas registradas. En sus shows utilizaron pirámides místicas y hasta actos de desaparición. *All'nAll* fue su quinto álbum de platino y por el cual se agenciaron dos Grammys en 1978.

Me encantó su participación en el filme *Sgt. Pepper's lonely hearts club band*, dirigida por Robert Stigwood en 1978, donde descollaron con su versión del tema de The Beatles, «*Got to get you into my life*», que alcanzó la posición número 9 en la *Billboard* y la cima de las listas R&B.

White se desempeñó como productor fuera de la banda y trabajó con luminarias tales como: *The Emotions en Rejoice* (1977); *Ramsey Lewis en Sun Goddess* (1975) y Deniece Williams en *This Is Niecy* (1976). Además, como productor y compositor para Valerie Carter en su *Just a Stone's Throw Away* (1977). De ello salió la exitosa colaboración con The Emotions para el exitaso, «*Boogie wonderland*».

El grupo realizó una gira por Europa y Suramérica y los éxitos continuaron en 1980. Philip Bailey también tuvo una destacada carrera en solitario, excepcional su dueto con Phill Collins, «*Easy lover*», que llegó hasta la segunda posición de la *Billboard* en 1985 y recibió un Grammy en la categoría Mejor Interpretación Vocal Masculina de *Góspel* por su álbum Triumph! (1986).

Sin dudas Earth, Wind and Fire es una de las bandas más exitosas de todos los tiempos pues han vendido más de 19 millones de copias de álbumes. White dejó de presentarse con el conjunto a mediados de los noventa para dedicarse a la grabación de varios proyectos de *jazz* en su estudio privado. Se le diagnosticó Mal de Parkinson lo que le alejó del trabajo. Earth, Wind and Fire se incluyó en el Salón de la Fama del Rock & Roll en 2000. Maurice White falleció el 4 de febrero de 2016 en Los Angeles. A pesar de ello se mantienen en activo hasta el día de hoy.

BARRY WHITE, EL MAESTRO

L a música de Barry White trasciende los años setenta, el fenómeno disco y las disqueras del momento. Aunque su estilo es bailable, El Maestro renovó todo un estilo y se elevó hasta donde la música soul roza la metafísica. «Su calidad artística es profunda» —dijo una vez Marvin Gaye— «El sonido de Barry me capturó desde hace tiempo. Él es callejero y a la vez sincero».[49]

Creo que nunca se le ha dado justo valor a la obra de Barry White. Su visión fue amplia, su orquestación singular fue, como él mismo, original e institutiva. No leía partituras, sentía todo en su cabeza, dictaba cada línea para cada instrumento, expresando sus propias armonías. Fue un prolífico innovador del sonido.

Gene Page, arreglista favorita de Barry expresó:

> Barry fue el primero en tener cinco guitarristas en una canción, todos tocando partes diferentes. Los guitarristas no podían oírlo. Ni yo tampoco a veces. Así que le pregunté y me dijo que confiara en él. De pronto, mágicamente las partes y las contra partes se unieron a la perfección. Los oídos de Barry iban hacia las cuerdas, los metales, las flautas, mandolinas…era tremendamente un ortodoxo y a la vez tan brillante.[50]

Criado en la ciudad de Los Angeles, no todo fue fácil para White durante su niñez. El *doo-wop* y Jesse Belvin lo influyeron. Se unió a bandas marginales como The Majestics, Atlantics y Upfronts, escribiendo canciones y tocando el bajo. «Gracioso, pero nunca quise ser cantante. Quise ser un creador, un productor…»[51] —explicó.

---

[49] www.rollingstone.com/barrywhitebio.html.

[50] *Ibídem.*

[51] *Ibídem.*

Con su voz profunda, arreglos seductores y canciones de amor Barry White se convirtió en un símbolo sexual de los setenta a pesar de su físico grueso. Debutó con ocho años en un coro de una iglesia de Galveston. Dos años después ya era el organista de la iglesia y director del coro. A los dieciséis se unió a The Upfronts, una banda R&B de Los Angeles como pianista y cantante. Dos años más y fue el arreglista de *The Harlem shuffle*, un *hit* menor para Bob and Earl en 1963.

Después de una temporada recibiendo cuarenta dólares a la sema mana por trabajar con la compañía Mustang/Bronco de Bob Keene encontró un mentor en Larry Nunes. Barry recuerda:

> Larry pensó que mi visión original de tener un grupo de chicas y una orquesta haciendo mi música era limitada. Me dijo que estaba dejando fuera la mejor parte, que el ritmo estaba ahí y que nadie cantaba mejor encima de mis ritmos que yo mismo. Le creí. Fui a trabajar en «*I'm gonna love you just a little more*» y ya estábamos listos para lanzar a Barry White.[52]

[52.] *Ibídem.*

Pero su compañía discográfica 20th Century Fox Records no estaba lista. Así que Barry aceptó una contra propuesta de Clive Davis de Columbia Records cuando Elton John escucho un demo suyo y lo puso por los cielos. 20th Century se dio cuenta de su error y lanzó al mercado «*I've got so much to give*».

Barry vendió 16 millones de dólares en discos solamente en 1973-1974, golpeando desde tres frentes: un grupo femenino Love Ulimited (Diana Taylor, Linda y Glodean James) a las que le produjo, «*Walking in the rain with the one I love*»; sencillo que alcanzó la categoría oro en 1972; como solista con temas incluidos en el Top 10 tales como: «I'm gonna love you just a little more, b*aby*»; «*Never, never gonna give you up*»; «*Can't get enough of your love, babe*»; «*You*'re the first, the last», «*my everything*» y con su Love Unlimited Orchestra con la cual grabó «*Love's theme*», número 1 de la *Billboard*. Sus discos imprescindibles de la época son *Rhapsody in White by the Love Unlimited Orchestra* y *Can't Get Enough*. Después vino el exitazo «*Satin soul*», grabada en los Whitney Studios en Glendale y se reafirmó como una súper estrella.

Fue la era dorada de la música disco, los grandes productores de la Motown, Harvey Fuqua, Holland-Dozier-Holland, Norman Whitfield que llevaron el pop soul al más alto nivel y otros como Isaac Hayes, Gamble-Huff y Thom Bell que estaban aumentando la calidad y extendiendo la forma. Eso significó lujosas producciones llenas de orquestaciones y canciones más extensas. Phil Spector influyó mucho y anterior en el tiempo Mitch Miller con efectos, sonido e instrumentación excéntrica. White estaba a la vanguardia de los tiempos. Como Miller trataba las canciones sinfónicamente. Pero en su caso la extravagancia melódica fue ampliada con ganchos vocales y rítmicos.

Barry recordó:

> Fueron tiempos hermosos, la música disco merecía un mejor nombre. Merecía un hermoso nombre porque fue una hermosa forma de arte. Fue hermosa porque así hizo a los consumidores. Ellos eran las estrellas. En los álbumes puedes verme transformando la moda, luciendo bien. Ese fue el comienzo de los jeans de diseñador y era la música de los diseñadores. Pero como todo en este planeta, las modas se diluyen.[53]

---

53. *Ibídem.*

En el libro *Billboard Book of Number One Rhythm and Blues Hits*, White describe la sesión de producción de *Can't get enough of your love*:

> Estábamos sentados en el estudio, todo estaba grabado. Todo el mundo escuchando y de pronto se ponen a saltar y a bailar. Todos menos yo. Me quedé sentado. Wah Watson brincando para un lado. Ray Parker para el otro. David T. Walker por detrás. Wilton Felder por la esquina y me dice— «B.W. es un éxito» «¿Qué pasa?» Y le dije «Hey chicos vayan a tomar un receso. Cuando regresen vamos a arreglar esta canción». White demostró ser un productor perfeccionista que se ganó el respeto de sus colegas y los críticos. El público respondió a la sinceridad de sus canciones. «Mi éxito fue tan grande» —le dijo al escritor Alan White refiriéndose al tema «*What am I gonna do with you*» —«Tú nunca ves a alguien tan bueno que te diga que va hacer contigo. Eso es algo que le estoy diciendo a esa señora llamada música».[54]

246

Para 1979 nos regaló su versión del éxito de Billy Joel, «*Just the way you are*» y tres años después «*Change*» a dúo con su esposa Glodean. Ya en los noventa grabó *The secret garden (Sweet seduction suite)*, para el disco de Quincy Jones, *Back on the Block*. Me encanta su larga duración de 1994, *The Icon is Love*. Inmenso retorno que alcanzó la categoría platino con el número 1 R&B, *Practice what you preach*. *Staying Power* (1999) le agenció dos premios Grammy y demostró que no había perdido potencia.[55]

El fraseo de White es tan seductivo como sus canciones. Desliza las frases de una manera placentera en *I'm qualified to satisfy*; *Your sweetness is my weakness* e *It's ectasy when you lay down next to me*. Su verbo te acaricia, su voz de bajo meloso susurra una dulce seducción, copiado por millones de hombres, sentido por legiones de mujeres. Para Barry el sexo es serio, pero también divertido. Se

---

[54]. *bídem.*

[55]. *Billboard* Book of Number One Rhythm and Blues Hits, p. 75.

anticipa, alarga los segundos antes de rendirse, su voz en si misma es cuidadosa, un instrumento para prolongar el placer.

Please don't take off your panties-implora-*Let me take them off for you... slowly.* Pero Barry ve más alla de la consumación, su alcance a través del mundo del sonido es grandemente introspectivo y filosófico.

> La señora -refiriéndose nuevamente a su música- Nunca puede ser satisfecha. Por eso esa señora es la que quiero complacer. Me mantiene arriba, me tiene obsesionado, me vuelve loco. Ella es real y la vez no lo es. Ella es pura y me dice que vendrá a mí de cualquier forma. Seré cualquier cosa que quieras, cualquier cosa que puedas crear o imaginar. Ella nunca deja de quejarse y pedir. Una maldición y una bendición, una prostituta y una santa, una bruja y una diosa, mi alegría y mi frustración.[56]

Combatió la presión arterial elevada por muchos años lo que le llevó a una falla renal y sufrió un infarto en mayo de 2003. Falleció dos meses después el 4 de julio a los cincuenta y ocho años. Fue incluido póstumamente en el Salón de la Fama de la Música Bailable en septiembre de 2004. Pero lo más importante es nuestra seguridad de que en cualquier momento, en cualquier lugar de mundo, dos personas se están enamorando con alguna melodía del Maestro.

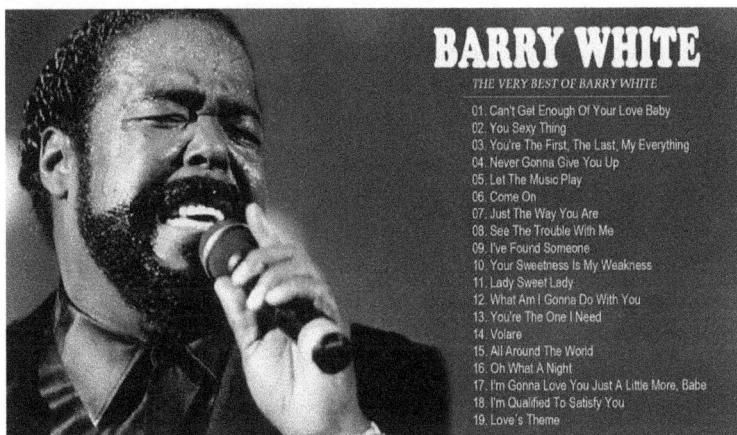

BARRY WHITE
THE VERY BEST OF BARRY WHITE

01. Can't Get Enough Of Your Love Baby
02. You Sexy Thing
03. You're The First, The Last, My Everything
04. Never Gonna Give You Up
05. Let The Music Play
06. Come On
07. Just The Way You Are
08. See The Trouble With Me
09. I've Found Someone
10. Your Sweetness Is My Weakness
11. Lady Sweet Lady
12. What Am I Gonna Do With You
13. You're The One I Need
14. Volare
15. All Around The World
16. Oh What A Night
17. I'm Gonna Love You Just A Little More, Babe
18. I'm Qualified To Satisfy You
19. Love's Theme

---

56. www.rollingstone/barrywhitebio.html.

THE O'JAYS Y EL TREN DEL AMOR

The O' Jays se encuentran entre mis grupos favoritos. Muy feliz disfruté del programa televisivo *From Daryl's House*, conducido por el gran Daryl Hall pues uno de sus invitados en 2017 fue el afamado grupo vocal.

Desde sus comienzos se encontró entre los conjuntos más representativos de la música soul. The O'Jays hicieron época con su estilo vocal, marcado por el contraste de falsetes y agudos.

Eddie Levert y Walter Williams cantaban en un dúo góspel antes de fundar junto a William Powell, Bobby Massey y Bill Isles en 1958 una banda de *doo-wop* llamada The Mascots. Tres años después debutaron con la grabación de *The Miracles*, con la disquera Wayco. El Dj de Cleveland Eddie O'Jay les dio varios consejos para su futura carrera y los muchachos en un gesto de aprecio se renombraron The O'Jays. Editaron varios temas con el productor Don Davis para Apollo Records y posteriormente firmaron con Imperial Records y el productor compositor H.B. Barnum con el que tuvieron éxitos menores de 1963 a 1967 entre los que se destacó «*Stand in for love*».

Isles abandonó la formación en 1965, quedándose en cuarteto. Se cambiaron a Bell Records y lanzaron al mercado el sencillo «*I'll be sweeter tomorrow*». The O' Jays comenzaron a pensar en el retiro artístico cuando los productores Kenny Gamble y Leon Huff los firmaron para Neptune Records en 1968. Sus siguientes *hits* fueron «*One night affair*» y «*Looky looky*» (*Look at me, girl*).

Entonces Levert, Williams y Powell optaron por autoproducirse con un sencillo para Saru Records. Gamble y Huff continuaron apoyándolos y se los llevaron a la disquera Philadelphia International, subsidiaria de Columbia Records.

Allí comenzó su seguidilla de éxitos, de la mano de Gamble y Huff y sus canciones sociales. Impresionante su cadena de grabaciones que alcanzaron la categoría oro y platino por el volumen de sus ventas. Entre sus temas más escuchados se incluyen «*Back stabbers*»; «*Love train*»; «*For the love of money*»; «*Give the people what they want*»; «*I love music* »(*Part 1*); «*Livin' for the weekend*»; «*Message in our music*»; «*Darlin' darlin' baby y Use ta be my girl*». Cinco de sus discos alcanzaron la categoría oro y tres platino.

Powell se debilitó debido al cáncer y no pudo continuar de gira en 1975 falleciendo dos años después. Sammy Strain, miembro de Little Anthony and the Imperials por doce años lo reemplazó. El cambio no afectó el éxito de la banda pues su disco siguiente *Identify Yourself* fue certificado platino en 1979.

Durante este periodo Levert y Williams asumieron un rol más activo en la composición y producción sin desechar su relación con Gamble y Huff. A finales de los ochenta también incluyeron *hits* en las listas: «*Lovin' you*; *Let me touch you*»; «*Have you had your love today*»; «*Out of my mind*» y «*Serious hold on me*».

Sammy Strain retornó a su grupo anterior en 1993 y su lugar fue ocupado por Nathaniel Best. The O' Jays ingresaron al Salón de la Fama del Rock and Roll desde 2005 y continúan en activo en un formato de trío siendo uno de los grupos vocales con más años en activo de la historia. El que haya escrito, producido o cantado soul alguna vez en su vida, se encuentra a la sombra de estas estrellas monumentales del sonido Filadelfia.

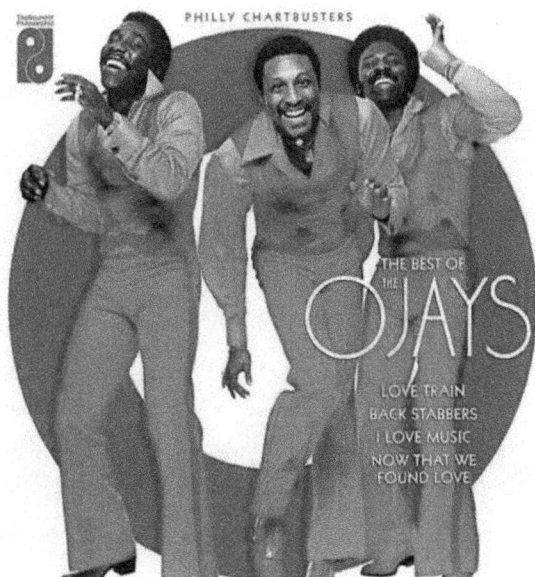

LA CELEBRACIÓN DE KOOL AND THE GANG

Para Ramón Jiménez

Quizás quisieron ser jazzistas, pero Kool and the Gang encontró un ritmo que los llevó donde ningún otro jazzista ha llegado, a la cima de las listas *pop*. Su golpeante *funk* urbano estaba en todas las emisoras. Hasta en Cuba. Cuando otras bandas *funk* estaban buscando *hits*, Kool and the Gang estaba grabando himnos para una generación como «*Celebration*», tema que le dio la bienvenida a los rehenes norteamericanos provenientes de Irán, «*Ladies night*»; «*Cherish*» y «*Joanna*».

Robert «Kool» Bell, bajista de catorce años de edad, fundó un grupo llamado Jazziacs en 1964. Se unió a su hermano Ronald y seis de los siete miembros originales de esa banda continuaron junto a Kool por muchos años más. Para suerte de los bailadores.

Comenzaron como un ensamble de percusión Afro-jazz, pero se les ofreció un trabajo como banda acompañante de la revista de variedades *New Jersey Soultown Revue* y tuvieron que montar éxitos R&B del momento.

«Nos adentramos en esa cosa funky porque queríamos sobrevivir»[57] —expresó el saxofonista Dennis Thomas— «Sabíamos que nuestras raíces jazzísticas no se impondrían al *funk*.»

Se renombraron como The New Dimensions, despúes Kool and the Flames y finalmente Kool and the Gang en 1969. *Su Wild and Paceful* álbum contiene su primer éxito; «*Jungle boogie*». «Ese disco abarca más historias que todas las que habíamos hecho en el pasado» —diría Kool en retrospectiva» —«Antes de eso lo que estábamos haciendo eran más cantos que canciones».[58]

Kool and the Gang se adueñó de las listas en la era disco, así que se agenciaron un nuevo vocalista, J. T. Taylor y contrataron a un nuevo productor Eumir Deodato. Taylor había sido corista de estudio cuando Kool lo escuchó por primera vez. «Hicimos un pequeño ensayo y lo contratamos»[59] —dijo Kool.

Deodato estaba trabajando en el mismo estudio. Reinventado una nueva era musical, Kool and the Gang reclamó la cima de las listas R&B en 1979 con «*Ladies night*», Taylor provocó otro cambio. «Desde que sumamos a Taylor cada álbum tiene una balada incluida» —explicó Kool—«*Too hot* fue la primera lanzada como sencillo y fue un éxito total».[60]

Después vino «*Celebration*». «Al final de «*Ladies night*» hay un gancho que dice *Come in let's celebrate*.» —Kool nos ilumina— «Tomamos ese gancho y lo utilizamos como base para una nueva canción. También estábamos celebrando que nuestra carrera estaba mejorando».[61]

Todas las emisoras pop estaban radiando sus canciones, entonces dieron un paso revolucionario. Kool incluyó un poco de guitarra rockera en el álbum *Emergency*, que también alcanzó la fama con «*Fresh*». «Lanzamos *Fresh* porque era una frase que estaba en la calle en ese tiempo».[62] —explicó Kool.

251

[57.] www.rollingstone/koolandthegangbio.html

[58.] *Ibídem.*

[59.] *Ibídem.*

[60.] *Ibídem.*

[61.] *Ibídem.*

[62.] *Ibídem.*

Taylor dejó la banda en 1988 (lo podemos ver en la película *Mambo Kings*) pero el núcleo de Jazziacs se mantiene haciendo música. Desde «*Ladies night*» en adelante impactaron Europa y aparecieron en el multitudinario concierto benéfico Band Aid en 1984.

Los conocí personalmente durante su visita a Cuba. Me impresionaron muchísimo. Muy agradables al trato especialmente su saxofonista Dennis Thomas. Sus canciones son universales y su mensaje se ha expandido por más de cincuenta años. La música de Kool and the Gang continúa siendo gran de influencia y referencia para los artistas de nuestro tiempo. Su relevancia continua para permanecer en el nuevo milenio como una de las bandas estrellas de la música negra.

252

LOVE, PEACE AND SOUL TRAIN DE DON CORNELIUS

The Hippest Trip in America

Soul Train es uno de mis programas televisivos favoritos. Mi padre hace muchos años consiguió una antena de frecuencia VHF, vivíamos en un lugar muy alto, en un edificio de la calle Loma de Nuevo Vedado y el aditamento que contaba con buffer estaba ubicado encima de un tanque de agua en la azotea. Cuando el *show* entraba yo comenzaba a dar saltos en la cuna. Al principio mis padres pensaron que era debido a que me molestaba la música. Tras varias pruebas se percataron que era todo lo contrario, eran saltos de felicidad. Me gusta pensar que ese fue el comienzo de mi afición por las estrellas y súper estrellas de la música negra.

Siempre he sido ferviente admirador de Don Cornelius, su creador presentador y productor. Mi gran amiga norteamericana Stephanie Evans que lo conoció personalmente se impresionó mucho al saber que yo siempre fui un adepto a *Soul Train*. Cornelius nació en la parte sur de Chicago el 27 de septiembre de 1936 y pasó su juventud luchando contra la discriminación racial. Sus ídolos fueron el Reverendo Jesse Jackson y Martin Luther King, a los que conoció personalmente. Por esa época la juventud negra norteamericana solo se veía en la televisión protestando en las calles. Don tuvo la necesidad de ver a afroamericanos presentando programas de televisión.

La influencia de este show en la cultura estadounidense es inconmensurable. Don Corneluis con su inconfundible voz de barítono comenzó su carrera en el canal WCIU-TV en 1968, dirigido a la audiencia afronorteamericana de Chicago. Por sus inquietudes sociales y en contra de la discriminación racial, Cornelius tomó la iniciativa de crear su propio programa de televisión. Un año después envió su idea al centro de variedades musicales de WCIU-TV. Después de un año de reuniones Don no solo convenció a sus jefes, sino que también obtuvo los derechos de las emisiones siendo uno de los primeros afroamericanos en ser dueño de un programa de televisión.

Anteriormente el show televisivo musical más popular en Estados Unidos fue American Bandstand conducido por Dick Clark. Este programa consistía en parejas de adolescentes bailando al compás de las canciones más escuchadas de la semana. Los bailarines eran todos blancos. Clark integró racialmente el programa en 1957 aunque los afronorteamericanos no participaron mucho en el programa porque no se sentían bienvenidos.

Esto provocó que Cornelius tomando como ejemplo a American Bandstand creara su propio programa donde los afronorteamericanos mostraron sus pasos de baile, ropa, peinados, música y cultura en general. Produjo el episodio piloto con dinero de su bolsillo, 400 dólares, que fue trasmitido a la ciudad el 17 de agosto de 1970 desde el edificio del Chicago Board of Trade.

Entre los primeros actos invitados se incluyeron a Curtis Mayfield, B. B King, The O'Jays y The Staple Singers. Los bailarines fueron adolescentes voluntarios que quisieron participar en el show después de clases. Ellos se convirtieron en las verdaderas estrellas del show que en esa época se transmitió de lunes a viernes a las 4 y 30 de la tarde bajo el patrocinio de Sears Robuck and Co.

El show se convirtió en un éxito rápidamente. Su promoción fue de boca en boca, casi todos los afronorteamericanos supieron de su existencia no solo porque era un show fenomenal sino porque era de ellos. Don Cornelius le estaba enseñando al mundo que escuchar.

Su triunfo fue tal que Don decidió transmitirlo nacionalmente para la segunda temporada brindándole así a los artistas negros la oportunidad de trascender. No se contentó con ser una sensación local.

Con el patrocinio de los productos de belleza de la compañía Johnson el show fue mudado hàcia Los Angeles para transmitir hacia siete grandes ciudades, alcanzando cobertura nacional, por primera vez el 2 de octubre de 1971 con Gladys Night and the Pips como invitados estelares.

Entre las novedades se incluyó, en el quinto capítulo transmitido nacionalmente, la Soul Train Line, que consistió en parejas bailando a través de una línea de personas, una tradición muy popular en Chicago. El propio Cornelius bailó en ella acompañado por la cantante Mary Wilson de The Supremes.

Al principio, la ciudad de Los Angeles, fue un gran reto, pero Cornelius no se rindió y ganó popularidad nacional atrayendo a grandes estrellas tales como Aretha Franklin, James Brown y The Jackson 5. El show se hizo tan famoso que los músicos comenzaron a solicitar su participación. Influyó tanto que Michael Jackson, «El Rey del Pop» tomó su famoso pasillo «The Moonwalk», de Jeffrey Daniel uno de los bailarines del show. Michael siempre fue un fan del programa y de niño bailó el pasillo del «Robot» en una de las emisiones. El conjunto de entusiastas danzantes participantes en el programa fue conocido como The Soul Train Gang y se convirtieron en figuras representativas de la cultura afronorteamericana. Sábados, 11 de la mañana, todo se detenía para ver Soul Train.

Don continuó brindando una visión positiva de los afronorteamericanos agregando la sección del Soul Train Scrabble para la segunda y tercera temporadas. Las palabras se organizaban en una pizarra y siempre eran nombres de figuras importantes para la cultura negra. Cornelius entrevistaba a los artistas de manera brillante, con preguntas interesantes e inventivas improvisaciones.

Cornelius con *Soul Train* logró que las mayores estrellas negras se insertaran en el mercado blanco, así como les brindó una plataforma para expresarse de forma auténtica y libre. La transmisión se expandió a cincuenta y seis ciudades para la tercera temporada que abrió en agosto de 1972 con Ike y Tina Turner como invitados. Aretha Franklin, en el pico de su popularidad, participó en el programa, 14 Top 10 *hits* y seis número 1 en su haber, la avalaron. El éxito de Soul Train ya estaba asegurado.

Para 1975 *Soul Train* era más popular que nunca, así que artistas blancos también participaron en el show, el primero fue el canadiense Gino Vanelli. También Elton John, David Bowie, Teena Marie, Captain and Tenille y Average White Band no se quedaron detrás. Me encantó que mi ídolo Michael McDonald participará en el show. Don fundó su propia casa disquera *Soul Train*, tomó a sus bailarines más populares, Jody Watley y Jeffrey Daniel, agregó a Gerald Brown y creó el grupo Shalamar.

Soul Train continuó entreteniendo a las audiencias por treinta y un años más siendo el primer programa en incluir artistas cultivadores del *hip hop*. Los chicos en casa no solo copiaron los pasos de baile sino la manera de peinarse, vestirse y hasta de comportarse de los músicos invitados y bailarines estrellas del *show*.

Soul Train se convirtió en el vehículo promocional más importante para las estrellas negras. Los artistas cuando sacaban alguna grabación nueva podían disparar sus ventas con el mero hecho de aparecer en *Soul Train*. Su entrada al aire en forma de dibujos animados y su presentación se convirtieron en icónicas. Los compositores Kenny Gamble y Leon Huff compusieron la canción tema del programa que alcanzó un éxito tal que fue lanzada como sencillo, *TSOP* o *The sound of Philadelphia*, interpretada por MFSB alcanzó la cima de la *Billboard* el 27 de abril de 1974.

Le robó audiencia blanca a American Banstand en ciudades como Chicago y Memphis y fue copiado por otros programas como Soul Unlimited creado en 1973 por Dick Clark. El Reverendo Jesse Jackson se quejó públicamente y la copia fue sacada del aire. Don se dio cuenta que tenía que innovar. Espectacular el capítulo protagonizado por Barry White y su Love Unlimited Orchestra con más de cuarenta músicos. Un escenario especial tuvo que ser consp truido en el estudio. Otro desafío que fue vencido. En su capítulo Al Green participó con un brazo roto y una rosa en el otro. En una

emisión de manera curiosa Don Cornelius y Marvin Gaye jugaron un partido de baloncesto 1 contra 1 con Smokey Robinson como árbitro. Todos querían estar en *Soul Train*.

En algunos programas los artistas cantaron en vivo, pero por problemas financieros fueron escasas. Esas presentaciones se encuentran entre las más memorables del programa como las de Averague White Band y Sly and the Family Stone. Jesse Jackson conversó con Cornelius en el programa y explicó parte de su plataforma política.

Cornelius fue su presentador hasta el 10 de mayo de 1993 cuando se dedicó más a su trabajo detrás de la escena. El programa duró hasta el 2006 con un récord jamás alcanzado de treinta y cinco temporadas al aire. Desgraciadamente, Don Cornelius sufrió de una depresión profunda y se suicidó en Los Angeles el 1 de febrero de 2012.

Sus méritos no son solo el haberles brindado un espacio a los afronorteamericanos en la comunidad cultural norteamericana, sino que para algunos fue la única manera de consumir ese tipo de música. El Black Power fue visible en *Soul Train*. El programa televisivo lideró la conjunción entre la música hecha por blancos y negros en los Estados Unidos.

Soul Train rompió todas las reglas anticuadas y creó nuevas. Fue el medidor de lo que estaba en onda. Influyó la recreación, las fiestas y los eventos sociales. Hubo una necesidad de excelencia en la música y sabías que esa excelencia estaba en Soul Train. El programa estuvo repleto de momentos memorables. Todas las disqueras querían a sus artistas en el show. Su impacto en las nuevas generaciones y en la industria musical es extraordinario.

Soul Train. James Brown, Don Cornelius. circa 1974

TINA TURNER, LA ABUELA DEL ROCK

Nació el 26 de noviembre de 1939 y aún se mantiene rockeando. Su nombre real es Annie Mae Bullock, la abuela del rock inició su carrera junto a su esposo Ike Tuner en 1958.

El dúo comenzó a golpear las listas de ventas de la *Billboard* en 1960 con el éxito «*A fool in love*». Además, con la ayuda del productor Phil Spector consiguieron éxitos como «*River deep mountain high*» y «*Proud Mary*», por la cual recibieron el premio Grammy a la Mejor Agrupación de R&B de 1971. Tina Turner abandonó a Ike debido a su comportamiento agresivo y sus diferencias personales en 1976.

Es poco conocido que Tina grabó dos álbumes en solitario durante su matrimonio de casi veinte años con Ike. El más destacado fue *Acid Queen* (1975), nombrado así por su memorable personaje en el filme *Tommy* dirigido por Ken Russell. Cuando se divorciaron se vio obligada a vivir de sellos de comida. Pero la budista Nichiren Shoshu desde mediados de los setenta, perseveró.

Grabó dos discos más que no triunfaron, repletos de covers de todo tipo incluido «*Whole lotta love*» de Led Zeppelin. La suerte comenzó a sonreírle en 1981 cuando The Rolling Stones le ofreció que les abriera algunos conciertos en su gira por los Estados Unidos. Tras ello hizo lo mismo con Rod Stewart.

Finalmente firmó contrato en solitario en 1983 y alcanzó relativo éxito en el Reino Unido con el cover *Let's stay together* que ocupó la sexta posición de las listas. Pero su regreso triunfal se materializó con *Private Dancer* (1984), número tres de la *Billboard* que vendió 11 millones de copias y que incluyó «*What's love got to do with it*», que ocupó cima de la *Billboard* en 1984, *Better be good to me*, ocupante de la quinta posición y «*Private dancer*» compuesta por Mark Knopfler, de Dire Straits.

Sus dos siguientes canciones no formaron parte de álbum alguno, pero sí de la banda sonora del filme *Mad Max Beyond Thunderdome* protagonizado por Mel Gibson en 1985 y donde la Turner interpretó el personaje de Auntie Entity. Estas canciones fueron «*We don't need another hero*» *(Thunderdome)*, ocupante de la segunda posición de la *Billboard* y «*One of the living*».

La Tuner barrió en los Grammys de 1984 con «*What's love got to do with it*», se agenció los premios en las categorías de Mejor Interpretación Pop Vocal Femenina, Canción del Año y Grabación del Año, así como «*Better be good to me*», Mejor Interpretación Rock Vocal. Al año siguiente por «*One of the living*», le otorgaron otro galardón en la categoría de Mejor Interpretacion Femenina de Rock. Todo esto la consolidó como la súper estrella que es y durante la década se mantuvo en las listas de preferencia.

Además, el carácter legendario de sus presentaciones en vivo, la ayudó a imponerse en Europa y el Reino Unido, prueba de ello es su larga duración *Tina Live* ocupó la octava posición en las listas europeas mientras era un mero ochenta y séis en su país natal. Pero los críticos seguían amándola y le otorgaron otro Grammy por la Mejor Interpretacion Rock Vocal.

Ike & Tina Turner arrivando a Amsterdam Airport Schiphol,1971

Nunca en mi vida he visto una mujer que suba al escenario como ella, tan poderosa, sin temores. Su versión de Credence Clearwater Revival, «*Proud Mary*» es espectacular y donde declaró que nunca hace las cosas bien y fácil. Tina es directa y cruda. Su edad solo incrementó la firmeza de su mensaje.

Su inmensa fama la llevó a realizar un dúo con Mick Jagger en el *Live Aid* de 1985. Al año siguiente publicó una autobiografía *I, Tina* coescrita con Kurt Loder, donde relató que Ike la golpeaba, le vertía café hirviendo en el rostro, le quemó los labios con un cigarro y la forzó a trabajar en vivo estando embarazada y enferma. Por todo esto intentó suicidarse en 1968.

Tina Turner NIA Birmingham, 9 abril 2009

¡Con un ímpetu increíble recibió los honores del Kennedy Center en 2005 y realizó la gira Tina!: *50th Anniversary Tour* en 2009.

Tina Turner es más que una súper estrella del *rock* y un símbolo sexual, pues es ejemplo de supervivencia, constancia y perseverancia. Su música es curativa. Uno de sus grandes éxitos es «*We don't need another hero*», es verdad no necesitamos otro héroe, pero Tina se convirtió en heroína para los millones de seguidores, especialmente las mujeres, que consumen su música. Tiene tremenda fuerza y no creo que a pesar de su edad, su carrera haya terminado.

Sus buenas y malos tiempos con Ike son bien conocidos, perfectamente reflejados en el filme, *What's Love Got to Do With It* de 1993. Ike fue muy buen guitarrista de *blues*, tremendo músico, pero no alcanzó la categoría de mito de Tina. Prueba de ello es que su regreso en los ochenta fue impactante. Su historia no es la de una víctima desprotegida sino de una persona sumamente exitosa.

En los comienzos su música se basó en tiempos duros, verdades dolorosas y realidades rigurosas. Al pensar en una canción como «*Nutbush city limits*», nos damos cuenta de que esa es su historia. Pero a través de los años todo cambió y su obra reflejó esos cambios de una forma bella.

Tina posee la habilidad de soñar, salir, sobreponerse y lidiar con la vida. Después de estar a la sombra de Ike se transformó en una sensación internacional. Donde quiera que se encuentre, España, Suiza, Francia, Asia o Egipto, no olvida sus orígenes humildes. Tina sabe quién es y hasta el día de hoy es una de las buenas. Ah, y la mujer, tiene lindas piernas.

Tina Turner and Eric Clapton a Wembley Arena, June 18, 1987

WAR, EL MUNDO ES UN GUETTO

Para Benito Izquierdo

El estilo musical de War se enmarca en el *soul*, el *jazz*, la música latina y el *funk* con gran calidad interpretativa por parte de sus instrumentistas. Su disco debut se tituló *Eric Burdon Declares War* (1970). Las raíces de la banda se remontan a 1962 cuando Harold Brown y Howard Scott fundaron una banda llamada The Creators. Todavía en la secundaria se les sumaron Leroy «Lonnie» Johnson, B.B. Dickerson y Charles Miller en 1965.

A mediados de los sesenta trabajaron en centros nocturnos de Los Angeles y la costa oeste, así como fueron teloneros de Ike y Tina Turner. Hicieron una pausa cuando Scott entró al servicio militar y Dickerson se mudó a Hawái. Los miembros restantes se renombraron The Nightshift siendo la banda acompañante en los esfuerzos musicales del exjugador de futbol americano, Deacon Jones. Por ese tiempo se les unió el talentoso percusionista Papa Dee Allen y creció la sección de metales.

Jerry Goldstein, antiguo integrante de The Strangeloves, compositor y productor de The Angels y The McCoys fue una figura importante en el éxito de War, pues les presentó a Eric Burdon (inglés leyenda del rock y vocalista del grupo The Animals) quien después de escuchar a la banda convocó a su amigo Lee Oskar, quien interpretaba la armónica, para sumarse al conjunto. Así las cosas, The Creators fueron renombrados como War.

La banda grabó tres discos con Burdon si se incluye *Love Is All Around*, que contiene material grabado en agosto de 1969, meses antes de las sesiones de grabación para su álbum debut. «*Spill the wine*» fue su mayor éxito juntos. Realizaron una exitosa gira europea en el otoño de 1970 pero tras la muerte de su amigo Jimi Hendrix, el cantante abandonó la banda que continúo trabajando.

Estos músicos maravillosos probaron su valia como fuerza creadora con el larga duración *War* (1971) y *All Day Music* (1971), que incluyó el sencillo homónimo y «*Slippin' into darkness*». A partir de aquí incluyeron cuatro discos en el Top 10, destacándose *The World is a Ghetto* (1972), que ocupó la cima de las listas.

Éxitos como «*The world is a ghetto*»; «*The cisco kid*»; «*Gypsy man*»; «*Me and baby brother*»; «*Low rider*» y «*Why can't we be friends?*», marcaron época en la música negra norteamericana. Los discos *Deliver the Word* (1973); *War Live!* (1974) y *Why Can't We Be Friends?* (1975) alcanzaron la categoría oro por el volumen de sus ventas y *Greatest Hits* (1976) fue certificado platino.

Además, trabajaron en las bandas sonoras de los filmes *Youngblood* y *The river Niger*. Su LP *Platinum Jazz* (1977), fue el primer disco de platino de la disquera Blue Note Records.

Los discos siguientes no tuvieron el impacto comercial y artístico de los anteriores. Aunque el grabado con RCA Victor, Outlaw (1982) les proporcionó un éxito moderado con «*You got the power*».

A mediados de los años ochenta la banda sufrió numerosos cambios, rompieron con Goldstein y dejaron de grabar, aunque nunca dejaron de realizar presentaciones en vivo. Durante la interpretación de «*GPS man*», Allen murió en el escenario debido a una aneurisma cerebral. La banda retiró el tema de su repertorio en vivo. *Peace Sign* (1994) fue un regreso prometedor. War es una leyenda de la música que aún se mantiene en activo.

263

LA GUITARRA MÁGICA DE GEORGE BENSON

George alcanzó el reconocimiento mundial con la grabación de los discos *Breeezin'*; *Weekend in L.A.* y principalmente por *Give me the Night*. Jazzista con u toque mágico que puede incursionar en cualquier género. A los veintidós, tras años en la corte del rey Jack McDuff (organista eléctrico maravilloso), Benson debutó como líder con Columbia Records, con una serie de álbumes que incluyeron al organista Lonnie Smith y el saxo barítono de Ronnie Cuber. Posteriormente trabajo como músico de sesión para Blue Note con las luminarias de Lou Donaldson, Hank Mobley y Lee Morgan. Finalmente, en 1968 fue llamado por Miles Davis, quien se decidió en incluir un guitarrista eléctrico en su grabación, *Miles in the Sky*.

Desde los siete años se dedicó a cantar con un ukelele en las calles y en los centros nocturnos de su Pittsburgh natal. La gente lo comenzó a llamar para tocar la guitarra en sus bandas debido a su increíble habilidad innata. Aprendió música popular escuchando la radio y desarrolló una digitación rápida y fluida convirtiéndose en una celebridad local a los ocho años. Pero el *jazz* fue otra historia. Necesitó mucha imaginación y tocó lo que su corazón le dictó. Para ello necesitó muchas horas de estudio, hasta los diecisiete fue autodidacta y dos años después actuó en clubes de Harlem. Cuando los guitarristas visitaban su ciudad, Benson estudiaba su técnica y les preguntaba sobre el fraseo, cuerdas, forma de ubicar los dedos, los métodos de improvisación y amplificadores.

Benson firmó un buen contrato con el productor Creed Taylor quien lo tuvo primero con A&M y después con CTI, para llenar el hueco dejado por el fallecido Wes Montgomery. Benson había sido el mejor pupilo de Wes. Así comenzó su colaboración con Herbie Hancock, Ron Carter, Billy Cobham, Freddie Hubbard y muchos más. Recomiendo su larga duración *The Other Side of Abbey Road* (1969) donde llevó la música de The Beatles a otra dimensión, en la misma época en que

Los Chicos de Liverpool estaban en su apogeo. Este disco no se puede dejar pasar. Guille Vilar en su *Entre Cuerdas* expresó: «Pocos arreglos sobre temas de The Beatles alcanzaron el grado de autenticidad de su versión sobre «*Here comes the sun*», de una esmerada y expresiva interpretación, con una voz sorprendente clara».

A mediados de los setenta se unió a Warner Brothers, girando hacia el *funk*, *blues*, rock&roll, *soul* y R&B, convirtiéndose en una estrella de la música. Los productores Quincy Jones y Tommy Li Puma tuvieron mucho que ver con el ascenso comercial. Me encanta el CD grabado en vivo una tarde en el club Casa Caribe en 1973. Una de sus grabaciones más destacadas de puro *jazz*. Otra extraordinaria es *Big Boss Band* (1989) con la orquesta de Count Basie. Este virtuoso nos regaló las maravillas, «*On Broadway*»; «*Give me night*»; «*The greatest love of all*» y «*Turn your love around*».

Benson es un representativo instrumentista del *jazz rock* y un extraordinario cantante, capaz de realizar improvisaciones en el estilo scat. Amplió la comunicación a partir del concepto de trabajar armonías y melodías simples. Por su exitazo «*This masquerade*», recibió el premio Grammy en la categoría de Mejor Grabación del Año en 1977. Para la legión de fanáticos que admiran a Benson como un instrumentista brillante «*This masquerade*» significó el final de una era. La música de Benson la calificó como un *rhythm and blues* sofisticado, original, inventivo y entretenido. Me encanta su disco junto a *Al Jarreau Givin' it up* (2006).

Muchos tratan de definir su estilo, encasillarlo en un género, pero es imposible. Otros dicen que se vendió al mercado con sus grabaciones *pop*. Opiniones sin basamento, de Nat King Cole dijeron lo mismo. Escucho su música toda, disfruto sus baladas repletas de un acompañamiento musical impresionante y que digan lo que quieran. Si la buena música es además comercial y vende millones, es perfecto. El propio Benson explicó una vez: «Mi objetivo siempre es hacer algo totalmente diferente a lo que he hecho anteriormente y distinto de lo que las personas ya han escuchado».[63]

Según el Guille Vilar en *Entre Cuerdas*: «Benson es un income prendido para los amantes del *jazz* puro, quienes no asimilan que

---

[63]. www.rollingstone/georgebensonbio.html.

el *jazz* lleve consigo influencias del *rock* y del *soul* o fusión, del mismo modo que el rock y el soul incorporan influencias del jazz».[64]

Si George Benson nunca hubiera cantado su guitarra lo hubiera hecho por él. Su voz muestra gran versatilidad y sensibilidad. Artista de gran integridad se convirtió en un compositor prolífico y exitoso. ¿Qué hace de George Benson un artista consumado? Primero que nació con un don para crear música universalmente aceptada a través de su voz y guitarra. Segundo que es dedicado, perfeccionista, trabajador incansable que lucha por mantenerse en la cima en todo lo que hace.

Uno de sus discos más recientes *Guitar Man* (2011) lo regresó a sus raíces, confirmándose en el panteón de las leyendas del *jazz*. Benson es uno de los pocos artistas que pueden reclamar ser un poderoso guitarrista y vocalista. George es ampliamente reverenciado como un jazzista indispensable que se convirtió en estrella *pop*.

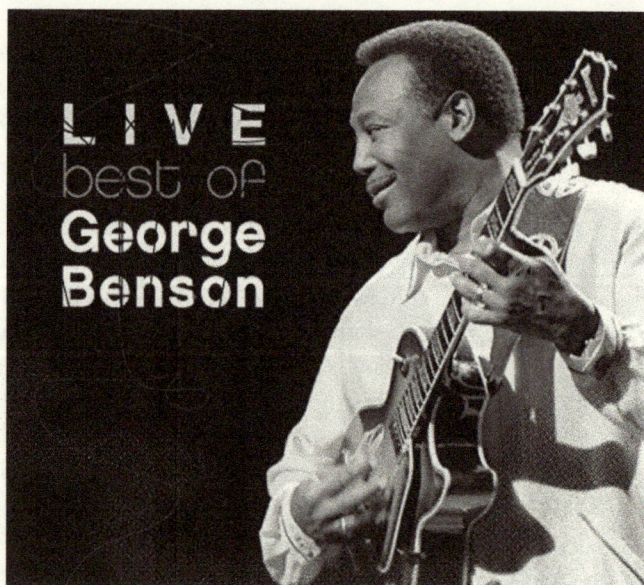

[64.] Guillermo Vilar, *op.cit*, p. 21.

LUTHER VANDROSS, A HOUSE IS NOT A HOME

Luther transitó de cantar jingles y coros a ser una de las voces más prominentes de la escena soul mundial. Con la excepción de su debut como solista y su material posterior a 1994, todos sus discos alcanzaron la categoría platino o doble platino.

Nacido el 20 de abril de 1951, ningún cantante hizo el top 40 más íntimo y doloroso que Luther Vandross. «El cantar me permite expresar todos los misterios que llevo dentro»[65] —dijo una vez.

Luther creció adorando a Aretha Franklin (fue el primer presidente de su club de fans), Dionne Warwick y Diana Ross. En los setenta trabajó en todo, desde interpretar los comerciales de Burguer King hasta ser cantante de sesión de David Bowie en el disco *Young Americans* (1975). Hasta emerger como una de las 267 voces dominantes de su era.

Temas como «*Never too much*» definieron el *soul* entre los años de la música disco y el *hip hop*. Influyó en una generación de músicos, Mariah Carey, entre ellos y que interpretó junto a él, «*Endless love*», en 1994. «Fue intimidante pararse junto a él». —expresó la diva— «Luther es incomparable su voz es aterciopelada, tersa y ventilada con un tono inconfundible».[66]

Vandross comenzó a tocar el piano a los tres años. Su canción «*Everybody rejoice*» (*A brand new day*) fue incluida en el musical de Broadway, *The Wiz* en 1972. Se distinguió por su elegante fraseo y control vocal. Acaparó la atención del mundo pop después que su amigo el guitarrista Carlos Alomar le presentó a David Bowie. Vandross terminó componiendo «*Fascination*», haciendo coros y participando en la gira de Bowie y Bette Midler.

Rápidamente se convirtió en uno de los vocalistas arreglistas más reclamados del negocio, grabó con Ringo Starr, Carly Simon,

---

[65] www.rollingstone/luthervandrossbio.html.

[66] *Ibídem*.

Donna Summer, Barbra Streisand, Chic y Chaka Khan. Formó los grupos Luther y Change con relativo éxito. Pero varias disqueras expresaron su interés en firmarlo como solista.

Roberta Flack lo convenció en que invirtiera 25 mil dólares de su propio dinero en la grabación de los demos «*Never too much*» y «*A house is not a home*», siendo Luther uno de los primeros artistas independientes y *underground* en alcanzar la fama mundial. Epic Records lo contrató y le ofreció el control total de su obra basándose en el excelente resultado de sus dos demos. Le permitieron componer y producir todas sus canciones.

El álbum *Never Too Much* (1981), ocupó la cima de la lista R&B, así como el sencillo del mismo nombre. Todas sus canciones me encantan, son de un gusto exquisito y todas fueron grabadas para complacer al oyente más exigente. Entre mis favoritas se encuentran, las dos que fueron incluidas en los demos, «*Give me the reason*»; «*Stop to love*»; «*There's nothing better than love*», a dúo con el bailarin de *tap* y excelente cantante Gregory Hines, grabada en 1987, «*Any love*»; «*Here and now*»; «*Always and forever*» y «*Your secret love*».

268

También se dedicó a componer y producir para otras luminarias tales como Aretha Franklin, Cheryl Lynn, Dionne Warwick, Teddy Pendergrass y Whitney Houston.

Diabético, su salud comenzó a declinar tras un infarto en 2004. Luther Vandross falleció el 1 de julio de 2005. Lo sentí mucho pues es uno de mis cantantes favoritos. Fue un golpe muy duro para la escena mundial pues era una persona muy querida en el medio artístico. Le quedaba mucho por hacer, siendo un hombre joven se encontraba en la cúspide del éxito. Escucho su discografía en mi móvil. Su música se acomoda para cualquier estado de ánimo o situación de la vida. Cuando me preguntan, con qué cantante iría a una competencia, no dudo en mencionarlo. Este es uno de los que ganaría siempre.

EL ARTISTA ANTIGUAMENTE CONOCIDO COMO PRINCE

Prince Rogers Nelson nació el 7 de junio de 1958 en Minneapolis, Minnesota. Sin dudas el artista negro más atrevido de la música postmoderna. Su voz posee múltiples personalidades, gritaba sin temor pareciendo que estaba loco. Prueba de ello es el clímax despedazante del tema «*The beautiful ones*», tan convincente como la pasión expresada en el falsetto de «*Adore*» y el *rock* puro de «*Let's go crazy*». Su vocalización era ilimitada y fue catalogado como uno de los mejores guitarristas de la historia por la revista especializada *Rolling Stone*.

Tuvimos al Prince andrógino, prácticamente afeminado, también al poseedor de un estilo similar al de James Brown, el cantante de góspel y el rockanrolero. Existieron diferentes texturas y dimensiones de su voz y todas fueron funky.

«*Little red corvette*» del disco 1999 (1982) fue una de las primeras canciones de un artista negro transmitidas regularmente por el canal televisivo MTV. Prince rompió barreras todo el tiempo. Una de las cosas que me impresionó de él fue que en las primeras cinco canciones del álbum *Sign 'O' the Times* (1987) transitó por James Brown, Joni Mitchell, Pink Floyd, The Beatles y Curtis Mayfield, todo sin perder su identidad.

«*When doves cry*» es uno de los números 1 más radicales en los últimos veinte años. No posee línea de bajo, casi ningún acompañai miento musical, muy precursora, con solo la máquina de percusión y muy poca melodía.

Sin dudas fue uno de los artistas más importantes e innovadores de a finales de los setenta y comienzos de los ochenta. Su disco debut titulado *For You* fue grabado en 1978. Además, recibió muy buena crítica por su *Purple Rain* (1984), del cual se vendieron más de 15 millones de copias. Este es catalogado su mejor trabajo discográfico.

Prince es uno de los artistas más antologados de la era del *rock*. Su genialidad se mezcló con su sexualidad en el escenario siendo controversial para llamar la atención. Utilizó con buenos resultados el sexo para lograr el triunfo y además fue aceptado por el *stablishment*. Su forma de vestir fuera de lo normal le brindó grandes dividendos y fue copiada hasta la saciedad. A pesar de su éxito masivo luchó contra las disqueras por su independencia creativa, una batalla de David contra Goliat que lo limitó artísticamente sus últimos años. De sus temas me llaman la atención «*I wanna be your lover*»; «*Kiss*» y «*Purple rain*».

Prince falleció el 21 de abril de 2016 en su ciudad natal en condiciones no muy claras. Este artistazo fue merecedor de cinco premios Grammy en las categorías de Mejor Canción de R&B, Mejor Composición Instrumental para Televisión y Mejor Interpretación de Rock por un Grupo en 1984, así como el de Mejor Interpretación de R&B por un Grupo en 1986 y Mejor Intérprete Masculino de R&B del 2007. Prince forma parte del Salón de la Fama del Rock and Roll y del Salón de la Fama de la Música de Gran Bretaña desde el año 2004. También realizó la octava gira más vista de la historia con más de un millón y medio de espectadores.

BOB MARLEY, EL LEÓN DEL REGGAE

Bob Marley es una de las voces más importantes de la historia pues cantó acerca de ideas que expresaba delicadamente y con inteligencia. Generoso en su arte siempre estaba de buen humor. No recibió entrenamiento para cantar, pero su voz era hermosa, tan poderosa que hasta sacudió los cimientos del gobierno de su país de origen. No la podías separar del mensaje que estaba transmitiendo. Esa también es una misión del cantante, transmitir lo que de otra manera no sería escuchado. Su voz fue la de los oprimidos del mundo.

Marley nos inspiró con sus canciones repletas de amor y paz. El *reggae* es un género archiconocido interpretado hasta por Eric Clapton y The Police en la vertiente conocida como reggae blanco.

Bob nació el 6 de febrero de 1945 en Saint Anna, Jamaica. Grabó su primer sencillo *«Judge not»* en 1962 y a inicios de 1963 fundó la banda The Wailers logrando su primer éxito, «Simmer down». Recibió la influencia de géneros locales como el *ska, mento* y *blue-beat*. A pesar del éxito de varios sencillos como «Rude boy», los artistas recibían poco o ningún dinero de los derechos de autor por lo que The Wailers se disolvió en 1966 y Marley pasó casi todo el siguiente año trabajando en una fábrica en Newark, Delaware, Estados Unidos. Tras su regreso a Jamaica se reagruparon y volvieron a grabar. Durante este periodo los artistas fueron devotos de una secta de rastafarismo.

¿Qué diferencia a Bob Marley de otros grandes compositores nacidos en Estados Unidos o Reino Unido? Que ninguno sintió la lluvia penetrar en sus casas, que no sabían vivir sin *microwave* o estufas, o pescar su propia comida y cocinarla junto al océano. Marley proviene de la pobreza e injusticia de Jamaica y todo ello se manifestó en su sonido rebelde. El pueblo fue su inspiración. Directo y sin pelos en la lengua como John Lennon. Sus temas indispensables son «No woman no cry»; «Exodus»; «Waiting in vain»;

«*Satisfy my soul*»; «*Jamming*»; «*Could you be loved*»; «*Is This Love*» y «*Punky reggae party*».

Es difícil compararlo con otros artistas pues la música fue solo una parte de su forma de ser. Fue humanitario y revolucionario. Su impacto en la política de su país fue tal que hasta intentaron asesinarlo. Marley fue como Moisés, cuando Marley hablaba, la gente se movía.

Redemption song trasciende el tiempo:

Emancipate yourselves from mental slavery
None but ourselves can free our minds
Have no fear for atomic energy
'Cause none of them can stop the time

Este himno tendrá el mismo significado en el año 3000. Hoy las personas luchan por lo que creen es real. Todo es sintético, hasta las ideas que varios promulgan solo se mantienen a base de la esperanza y Bob Marley nos regaló mucha.

Si solo hubiera grabado *Catch a Fire* (1973), hubiera sido suficiente para ser reconocido como el que llevó el *reggae* a millones a través del mundo. Robert Nesta Marley fue un fabulosamente talentoso compositor que pudo mezclar la protesta con el *pop* casi tan acertadamente como Bob Dylan. La música fue su testimonio personal donde expresó su filosofía política y combatió el racismo institucionalizado.

El Guille Vilar lo calificó en su *Entre Cuerdas*: «Expresado mediante instrumentos electrónicos, el *reggae* de Bob Marley, está exento de estridencias. Bien puede ser por la cadenciosa fórmula inherente a este ritmo, lograda entre el bajo, la guitarra y la batería, o por el modo de decir Marley sus canciones, estas poseen un innegable encanto».[67]

Si el cáncer no se lo hubiera llevado el 11 de mayo de 1981, estoy convencido que hubiera tenido una década sumamente productiva. El álbum final de The Wailers resume su carrera revolucionaria. ¿Hasta dónde hubiera llegado el reggae si Marley no hubiera fallecido? Eso

273

---

[67] Guillermo Vilar, *op.cit.*

nunca lo sabremos. Pero de lo que si estoy convencido es que sus canciones hubieran estado repletas de determinación, rebelión y fe.

BENDECIDA

Ella tenía un sueño: Visitar una iglesia en los Estados Unidos y oír esos coros de afronorteamericanos con aquellas voces angelicalmente terrenales. De pronto llegó a sus manos este libro: *Estrellas de la música afronorteamericana*, una «catedral a la música *góspel*», le ofrecía la vida y obra de aquellos que había crecido escuchando: Stevie Wonder, Ray Charles, Diana Ross, Chuck Berry, Michael Jackson, Aretha Franklin, Gladys Knight, Barry White, James Brown, The Jackson 5 y Kool & The Gang, entre otros, que aprendió a conocer y disfrutar gracias al trabajo investigativo de Joao Fariñas un cubano que a decir de Francisco Sacha:

> «… explora todo esto con un criterio de oyente, de amante de esa música, y al mismo tiempo con el espíritu de un conocedor. En este libro se manifiesta una unidad de criterio que resulta esencial para comprender las fases por las que transita esa explosión, las modificaciones que sufre el *blues*, el impacto del *rhythm and blues*, la conmoción social que trae consigo el *rock*, la creación de un sistema efectivo para la difusión de esa música, la experiencia de las primeras casas disqueras fundadas por afrodescendientes, Motown y Atlantic Récords, y la sutil transformación del gusto en todos los sectores sociales en los Estados Unidos».

Ella leyó este libro y se sintió «Bendecida» …

DULCE MARÍA SOTOLONGO CARRINGTON

MICHAEL JACKSON

Han pasado diez años de la muerte de Michael Jackson, y su legado sigue vivo a pesar de la controversia que existe sobre su persona. Este es un libro para los *fans* de este icono mundial de la música. Un recorrido por la historia de su carrera musical, desde el surgimiento de los Jackson Five hasta su muerte, es una recopilación de toda la producción discográfica del Rey del pop, con reseñas de las revistas especializadas, la historia de algunos de sus álbumes, fotos, canciones, videos y estadísticas de todos los éxitos que este músico sin igual. Michael Jackson, el Rey del pop es un homenaje que el autor le dedica al Rey destacando valiosa información sobre la trayectoria musical de los Jacksons, discografía de todos sus hermanos, fotos, así como su relación con la disquera Motown Records y la música negra norteamericana.

UNOS & OTROS
EDICIONES

MICHAEL JACKSON : EL REY DEL POP

Joao Pablo Fariñas

UNOS & OTROS
MÚSICA

Joao Pablo Fariñas

MICHAEL JACKSON
EL REY DEL POP

THE BEATLES

Los Beatles, el grupo más admirado de la década del 60 y uno de los mejores de todos los tiempos, iniciaron una revolución cultural que trascendió más allá de la música. Es por eso por lo que ni las generaciones actuales quedan indiferentes a sus letras, ritmos e **historia**. *El largo y tortuoso camino de los Beatles* **es un recorrido por la trayectoria de los** *Cuatro Fantásticos*, **desde sus inicios hasta la disolución del grupo. Sus seguidores, así como cualquiera que quiera descubrir la magia de los chicos de Liverpool, podrán disfrutar en este libro de entrevistas, reseñas de álbumes y canciones, y estadísticas de sus posiciones en la revista** *Billboard.* **Asimismo, su autor, Joao Pablo Fariñas González, nos invita a seguir la huella de estos músicos tras su separación, recorriendo sus carreras y vidas en solitario, para completar la historia y leyenda de este famoso grupo. Al concluir, el lector solo corre un riesgo: convertirse en un fanático de los Beatles —si es novel—, o disfrutar con pasión de la continuación de la** *Beatlemanía.*

UNOS & OTROS
EDICIONES

EL LARGO Y TORTUOSO CAMINO DE LOS BEATLES

Joao P. Fariñas

EL LARGO Y TORTUOSO
CAMINO DE LOS
BEATLES

JOAO PABLO FARIÑAS GONZÁLEZ

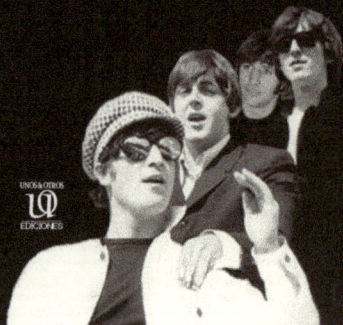

UNOS & OTROS
EDICIONES

Joao P. Fariñas

1979, La Habana, Cuba

Periodista y guionista de programas radiales. Se ha des-empeñado como crítico de cine de filmes musicales. Ha colaborado con varios programas de televisión y radio en Cuba.

Entre sus libros publicados: *Dos décadas de música: El sonido anglosajón de 1960-1980* (Ed. Arte y Letras)*; Una Década de Música, el sonido anglosajón de los 80* (Ed. Arte y Literatura); *Carlos Ruiz de la Tejera, la fuerza de la vocación* (Ed. UnosOtrosEdiciones) y *El largo y tortuoso camino de los Beatles* (Ed. UnosOtrosEdiciones) y *Michael Jackson, el Rey del pop (*Ed. UnosOtrosEdiciones).

BIBLIOGRAFÍA

Bowman, Rob. Soulsville U.S.A.

Jeremy Pascall and Rob Burt. *The Story of Pop*, 1976 Phoebus Publishing Company, Library of Congress Catalog card number 76-48392

Simon & Schuster. *The Rolling Stone Encyclopedia of Rock & Roll*, 2001.

Vilar Guillermo.

Periódico *Reader*, viernes, 6 de febrero 1981, vol 3, No 15, Los Angeles's Free Weekly.

Periódico *Los Angeles Times*, martes 4 de noviembre de 1986/part 1.

Entrevista a Stevie Wonder aparecida en la Revista *Rolling Stone* el 26 de abril de 1973, recorte propiedad del autor.

Entrevista a Ray Charles aparecida en la *Revista Rolling Stone* el 11 de octubre de 1973, recorte propiedad del autor.

Entrevista a Diana Ross aparecida en la *Revista Rolling Stone* el 1ro de febrero de 1973, recorte propiedad del autor.

Entrevista a Chuck Berry aparecida en la *Revista Rolling Stone* No 35, el 14 de junio de 1969, recorte propiedad del autor.

Little Richard Child of God, artículo aparecido en la Revista *Rolling Stone* No 59, el 28 de mayo de 1970, recorte propiedad del autor.

Michael Jackson and his six gold records, artículo aparecido en la Revista *Rolling Stone* No 81 el 29 de abril de 1971.

Marvin Gaye, Honor Thy Brother in Law por Beng Fong Torres, artículo aparecido en la *Revista Rolling Stone* No 107, el 27 de abril de 1972.

Aretha Franklin, the magnificient home body, artículo aparecido en la Revista *Rolling Stone* No 161 el 23 de mayo de 1974.

The Spirit, the flesh and Marvin Gaye por Tim Cahill, artículo aparecido en la Revista *Rolling Stone* No. 158, el 11 de abril de 1974.

Bob Marley, Rastaman with a bullet, por Ed McCormack, artículo aparecido en la Revista *Rolling Stone*, el 12 de agosto de 1976.

Diana Ross Reflections, por O' Connell Driscoll y A quiestion of style, Diana por Lally Weymouth artículos aparecidos en la Revista *Rolling Stone* el 11 de agosto de 1977, recortes propiedad del autor.

Revista *Down Beat*, marzo 2002, volumen 79, número 3, artículo George Benson returns to jazz, páginas 26 a 31.

African Americans, autor David Boyle, Barron's Educational Series, 2002.

Documental *Standing in the Shadows of Motown*, produccion Artisan Entertaiment. Director Paul Justman. 2002.

Sweet Soul Music, Rhythm and Blues and the Southern Dream of Freedom, Peter Guralnick, Back Bay Books/Little, Brown and Company, 1986, 1999 originalmente publicado por HarperCollins Publishers, Inc, 1986.

Record Collector, Marzo 1999, No 235, publicado por Parker Mead Limited para Parker Publishing.

Handy, Phil, and Dave Laing, eds. *Encyclopedia of Rock* 1955-1975. London: Aquarius Books, 1977.

Illustrated Encyclopedia of Black Music. New York: Crown Publishers, Harmony Books, 1983.

Nite, Norm. Rock On: *The Illustrated Encyclopedia of Rock'n Roll*. New York: Thomas Y. Crowell Company 1974.

Stambler, Irwin. *Encyclopedia of Pop, Rock & Soul*. New York: St. Martin's Press, 1974.

www.allmusic.com

www.grammys.com

www.wikipedia.com

www.billboard.com

www.rollingstone.com

Otros títulos

Es un libro mayor que va a sentar una pauta, un modelo a seguir, porque es un libro de etno-historia, un estudio de caso que se inserta dentro de la etno-historia musicológica.

MIGUEL BARNET

El más completo trabajo publicado sobre Chano Pozo hasta la fecha.

CRISTÓBAL DÍAZ AYALA

Libro singular si los hay, donde la autora da muestras de conocimiento, paciencia y pasión que la llevaron a hurgar en las más distintas fuentes documentales: biografías, autobiografías, prensa, entrevistas a músicos o amigos que le conocieron y su discografía –hasta hora no explorada–, le han permitido situar las actuaciones de Chano en Cuba, Estados Unidos y Europa, hecho este último que no había sido estudiado hasta ahora.

RADAMÉS GIRO

Este es un libro de esos que cuando uno llega al final y cierra la tapa, tiene que reflexionar un instante para esbozar una sonrisa de satisfacción, esa sonrisa que brota cuando uno se dice: acabo de leer una obra excelente.

TONY PINELLI

Esta obra debía ser lectura obligada para todos aquellos que de alguna forma se inclinen hacia ese género musical que hoy llamamos Jazz Latino o Latin Jazz.

PAQUITO D'RIVERA

Siempre tuve temor a que perdiéramos la memoria histórica de nuestra cultura musical, tan importante para todos y que las nuevas generaciones desconocieran a las figuras que hicieron posible el desarrollo de nuestro presente musical, de ahí la importancia de obras como esta.

Chucho Valdés

ROSA MARQUETTI TORRES

CHANO POZO
LA VIDA (1915 - 1948)

283

Escrito con la perspectiva de un periodista que dedicó cinco años de rigurosa investigación acerca de la vida y obra del notable músico Ray Barretto, conocido internacionalmente como Manos Duras, considerado un icono de la percusión; su autor recrea la trayectoria musical del percusionista newyorican, su comienzo a partir del jazz y trayectoria en la Salsa, que le valió más de diez nominaciones al premio Grammy.

Con admirable fluidez y amenidad, Robert Téllez va intercalando abundantes y sustanciosos fragmentos de entrevistas realizadas en distintas épocas con músicos y cantantes que trabajaron con Ray, así mismo con el testimonio de su viuda nos entrega la otra dimensión humana y la Fuerza de un Gigante con la que superó las adversidades que enfrentó en diferentes momentos de su carrera.

Robert Téllez Moreno, Bogotá, Colombia, 1973. Graduado en Locución y Producción de Medios Audiovisuales. Se ha desempeñado como programador de distintas estaciones radiales musicales de su país. Fundador y director general de la revista Sonfonía; investigador musical incansable, que le ha llevado a visitar varios países como: Estados Unidos, Cuba, Puerto Rico, Perú, Panamá y Venezuela. Ha colaborado en la producción del documental Diego Galé, Alma Latina. Como investigador de la música afroantillana, ha participado en numerosos eventos internacionales como fue el Primer Festival Cartagena–La Habana Son en el año 2008, donde se desempeñó como jefe de prensa. Desde el 2012 forma parte del equipo musical de la Radio Nacional de Colombia, donde permanece hasta la actualidad. Allí dirige y conduce el programa Conversando La Salsa y hace parte del equipo de panelistas del programa Son de la Música.

RAY BARRETTO
FUERZA GIGANTE

ROBERT TÉLLEZ MORENO

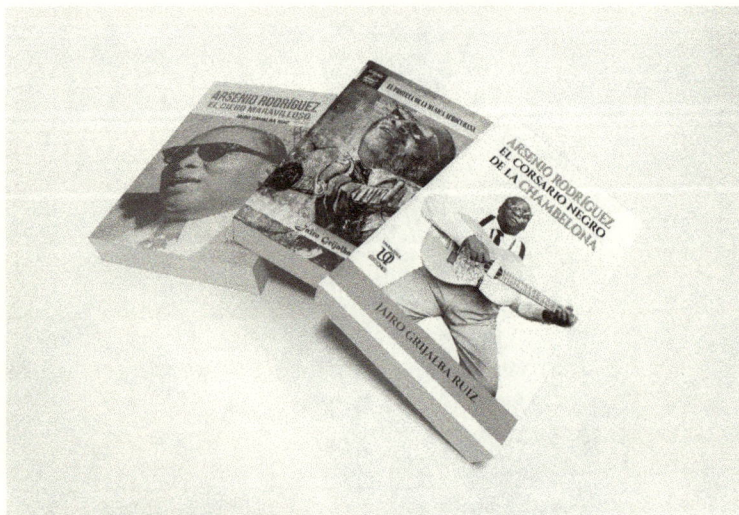

SI TE CONTARA

CUATRO REPORTAJES CON MÚSICOS CUBANOS

PANCHITO RISET
MARCELINO GUERRA
ORLANDO COLLAZO
OSVALDO RODRÍGUEZ

Jairo Grijalba Ruiz

Si te contara: cuatro reportajes con músicos cubanos, es el fruto de una investigación intensa que Jairo Grijalba Ruiz realizó en los Estados Unidos y en las Antillas en un período de veintiocho años, que incluyó una serie de entrevistas con tres músicos cubanos: Panchito Riset, Orlando Collazo y Osvaldo Rodríguez. También se incorpora al texto, la conversación que el autor sostuvo con Marlena María Elías, fanática de Marcelino Guerra, quien recordó algunas de sus experiencias al lado de este destacado cantante, compositor y guitarrista fallecido en 1996.

El autor logró reconstruir, gracias a sus entrevistas, episodios desconocidos de la historia de la música cubana desde las voces de sus protagonistas: sus memorias se remontaban a las barriadas bulliciosas de La Habana, a los solares periféricos del barrio de Luyanó, a los campos agrestes de Los Arabos, a las fábricas de cerveza donde organizaban conciertos formidables y a las toscas solariegas frente al malecón, donde jóvenes y ancianos con sus guitarras ensayaban canciones bajo que el sol despuntaba en el horizonte. Al fragor de las conversaciones también llegaron los vientos ciclópeos de la revolución política que sacudió a esta isla del Caribe a finales de los años cincuenta, y que dejó a más de un millón y medio de cubanos dispersos en el mundo. Esta investigación, además de penetrar en el espíritu musical de la isla, logra sumergirnos en la vida cotidiana de los cubanos, tanto en su tierra natal como en otras geografías trazadas por las rutas del exilio.

En este libro se explora la vida de Panchito Riset, Marcelino Guerra, gran guitarrista e inspirado autor de «Me voy pa'l pueblo» y coautor de «Convergencia». El tercer músico, es Orlando Collazo, el cantante de La Charanga de Neno González. El cuarto músico, es el maestro Osvaldo Rodríguez, cantautor y guitarrista cubano, considerado uno de los grandes renovadores del bolero y de la canción de amor. Fundador del Cuarteto Voces del Trópico que después se convirtió en el legendario grupo rockero Los 5U4.

285

Ricardo R. Oropesa

YO SOY El CHACHACHÁ ORQUESTA AMÉRICA DE NINÓN MONDÉJAR

RICARDO R. OROPESA

La orquesta América y el ritmo chachachá constituyó un fenómeno musical sobresaliente del siglo pasado de Cuba, así de exitoso hoy el mundo sigue disfrutando del sin igual baile, pero si es grande su historia, ha sido de igual disputada la paternidad de su creación. Muchos la atribuyen a Enrique Jorrín Aleaga y otros a Ninón Mondéjar. Esta controversia persiste hoy en día en la historia de la música popular cubana, pero en su momento también derivó en la irreparable y definitiva ruptura entre Ninón Mondéjar y Enrique Jorrín: La guerra del chachachá.

Ricardo Oropesa en este libro realiza una valoración integral del surgimiento y desarrollo del chachachá a partir de conformar la historia de la Orquesta América reseñada con testimonios de músicos, notas de prensa, registros de canciones, otros documentos y fotografías inéditas del archivo personal de Ninón.

El cometido de esta investigación —por más de veinte años—, no pretende ser una biografía de la Orquesta América ni de su líder, sino un intento por explorar la trayectoria de esta agrupación desde su fundación en 1942 hasta 1974 en que Mondéjar se retira de la vida artística. No se puede hablar del chachachá sin hablar del creador del género: Ninón Mondéjar.

El lector tiene por primera vez un sin números de argumentos para llegar a una conclusión de esa vieja polémica: ¿Quién fue el creador del chachachá?

ELENA BURKE — LA SEÑORA SENTIMIENTO

Zenovio Hernández Pavón

«(...) Elena Burke llevaba la canción más allá del mero límite de tónica-dominante-tónica en que se había mantenido durante decenios, introduciendo acordes inusitados en la música popular cubana... »

Guillermo Cabrera Infante

«Elena Burke descubre con su voz lo que hay en su interior. Por eso por donde pasa deja huella y deja huella porque sus interpretaciones consiguen imponer en el escucha el texto, la melodía y el ritmo de las canciones.»

Gabriel García Márquez

«Ella, cuando aún yo no tenía una personalidad definida como intérprete —ni siquiera como compositor— cantaba mis canciones; ella se me adelantó, creyó en mí desde el principio, popularizó "Para vivir", "Mis veintidós años" "Ya ves", lo cual le agradezco infinitamente.»

Pablo Milanés

«Elena Burke para mí, la mejor cantante de boleros que hemos tenido en Cuba. Primero su voz, una voz que Elena mucho, tiene una voz de potencia, es una gente muy sensible como música intérprete extraordinaria..., pero Elena nunca, pero nunca tendrá sustituta, es insustituible...»

Omara Portuondo

«Yo pienso que Elena Burke es una de las cantantes más grandes que ha dado el mundo... ».

Meme Solís

«La veo como varias Elenas en una, Elena el icono, Elena mi abuela, Elena la inspiración y eterna pasajera»

Lena Burke

PASIÓN DE RUMBERO

María del Carmen Mestas

Entrevistas, anécdotas, crónicas, testimonios, reseñas y fichas con datos de rumberos

Este libro es, sobre todo, un homenaje a todos los rumberos cubanos que en distintas épocas han contribuido a engrandecer el género. Hay que sentir verdadera pasión por la rumba para escribir algo así, a ritmo de tambor bailan los recuerdos a través de testimonios de primera mano recogidos durante más de cincuenta años a personajes de la talla de Mañungo, el Rafael Ortiz del 1,2,3..., la conga más famosa del mundo, a Tío Tom porque a esta fiesta de caramelos sí pueden ir los bombones o a Petrona, orgullosa de haber nacido en la Timba, la hermana de Chano Pozo, bebe de la fuente original y nos brinda un valioso documental para saciar nuestra insaciable sed por la música cubana. Como es mujer, la autora, no olvidó a la mujer rumbera, tan preterida, tan maltratada hasta por el propio ritmo y los propios rumberos, aquí estamos con Nieves Fresdena, Merceditas Valdés, Celeste Mendoza, Teresa Polledo, Natividad Calderón, Manuela Alonso, Zenaida Almenteros, Estela, con Yuliet Abreu, La Papina, representantes de la nueva generación. Y si de juventud y relevo se trata hay que resaltar en esta edición la inclusión de las generaciones actuales de rumberos, los encargados de seguir el legado y mantenerlo vivo, fresco en los bailadores en estos tiempos de reguetón. Aquí también están Iyerosun, Timbalaye, Osaín del Monte y Rumbatá.

Y ya el Benny no podrá lamentarse en su centenario de la muerte física: *Qué sentimiento me da, cada vez que yo me acuerdo de los rumberos famosos... volveremos a ir a la rumba con Malanga...*, con Chano y con María del Carmen Mesta, porque la rumba tiene nombre de mujer.

286

¡DE PELÍCULA!

ROLANDO LASERIE

Un día, el novelista cubano Guillermo Cabrera Infante le pidió a Rolando Laserie, compañero suyo en el exilio y su amigo personal, que le escribiera unas memorias sobre su vida. Realmente no sabemos qué pretendía, si hacer una novela, una biografía o un cuento, pero el mero hecho de que se haya interesado en el músico Laserie, demuestra la admiración y respeto que siente hacia su coterráneo. Entonces el «viejo Laserie» lleno de nostalgia, música y recuerdos, disciplinadamente pone en papel su historia y gracias a ello, hoy contamos en este libro con confesiones suyas sobre músicos como El Benny Moré, Ernesto Duarte, Agustín Lara, Lola Flores, Álvarez Guedes, Olga y Tony, y Celia Cruz, entre otros.

Distingue este apasionante libro un testimonio fotográfico de un valor incalculable que fue celosamente guardado, primero por la esposa de Rolando, Tita y después por la sobrina-hija, Giselita, que lo puso en manos de este autor como un regalo para la cultura cubana y latinoamericana.

Lázaro Caballero, ha sabido mezclar la voz de Laserie a su propia voz como narrador, con respeto, sin altanería o exhibicionismo de intelectual de pose, es un cubano amante de la música, el que cuenta una historia donde se pone en primer lugar el amor a la patria, a la pareja, a la amistad, un amor que derriba la discriminación racial y la distancia. Es un homenaje, en la figura de Rolando, a esos artistas que un día abandonaron la isla y expandieron su cubanía más allá del suelo que los vio nacer. En cuanto a Cabrera Infante, mencionó en su obra en más de una ocasión a Rolando Laserie, así recuerda cuando lo conoció en 1958: «Cantando, él era muy grande, en segundo lugar, después de Benny Moré»

ROLANDO LASERIE

Lázaro Caballero Aranzola

LÁZARO CABALLERO ARANZOLA

NARCISO RAMÓN ALFONSO GÓMEZ

CLAVELITO

EL HOMBRE DETRÁS DEL MITO

¿Cree usted en los Milagros? ¿Cree usted en el poder de la mente?, ha logrado mantener la fe en estos tiempos difíciles. Primero tomé un vaso con agua y póngalo en el lugar más elevado de su casa y ponga su pensamiento en Clavelito, antes de comenzar a leer este apasionante libro. Es él, Miguel Alfonso Pozo, quien regresa, después de cuarenta y cinco años de haber abandonado este mundo físicamente, porque en espíritu, se quedó en el imaginario de un pueblo que nunca lo olvidó y como compositor de música campesina ocupa un lugar privilegiado en el patrimonio cultural cubano. Afirmó: soy el cronómetro de la humanidad, para mí no hay pasado, presente ni futuro, yo soy el tiempo. Clavelito les va a contar su vida, el por qué tuvo tantos seguidores y les va ofrecer consejos muy valiosos para la salud mental.

Solo pidió un sombrero de guano, una bandera y un son para bailar, aunque no lo sepamos, casi todos los cubanos hemos escuchado su música, «El caballo y la montura», «El Rinconcito», «Chupando caña», entre otras, ya sea con la voz del Benny Moré; Celina González, la Reina de la música campesina; Potota y Filomena; Abelardo Barroso; Cascarita con La Casino de la Playa, las voces que interpretaron sus canciones acompañados de la gran Sonora Matancera como la de Bienvenido Granda y la orquesta Sensación, entre otras. Clavelito derrocha a través de sus composiciones cubanía por el mundo, en sus letras está la vida del guajiro, la flora y fauna de los campos cubanos, la belleza de nuestras mujeres. Como se anuncia en «Oye mi Ololoé», tema que tanto hemos escuchado en el programa de televisión Palmas y cañas.

Homenaje muy merecido a esta publicación, con un testimonio de primera mano, nos devuelve a aquel que a decir de Germán Pinelli: «Cuando se hable de la historia de la radio en Cuba, hay que hablar de Clavelito, como nadie supo integrar su arte y carisma al entretenimiento radial».

CLAVELITO

EL HOMBRE DETRÁS DEL MITO

NARCISO RAMÓN ALFONSO GÓMEZ

288

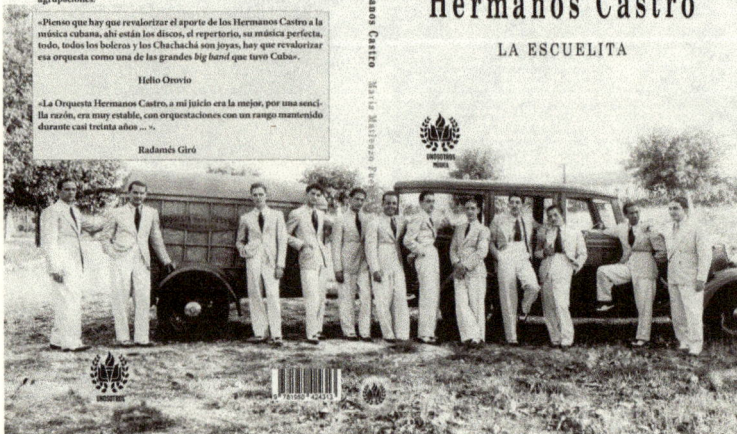

RITA MONTANER

RAMÓN FAJARDO ESTRADA

RITA MONTANER

TESTIMONIO DE UNA ÉPOCA

Ramón Fajardo Estrada

Rita Montaner: testimonio de un época, lo considero un libro «hechicero», porque al empezarlo a leer no nos podemos detener, tenemos que seguir y seguir, debido a cuatro valores que, en mi opinión posee esta obra.

El primero es la fidelidad histórica (...) En segundo lugar, la acertada captación del entorno que rodea a la Montaner (...) la justa apreciación de la personalidad de la Montaner, a quien muchos del pueblo nada más conocían como la bella mulata que marcó pautas en la interpretación de melodías afrocubanas y llevaba a los máximos planos de popularidad sus personajes de la radio, el teatro y la televisión (...) Y, la valiosa información que aparte de testimonios se plasman en el libro a través de programas, fotografías y otros materiales investigativos para lograr una imagen cabal de la inolvidable artista.

CARILDA OLIVER LABRA

Rita la única, Rita de Cuba, Rita del Mundo.// Para mí, sencillamente, Rita Montaner. Un nombre que abarcó todo el arte.// Porque eso fue ella: ¡el arte en forma de mujer!».

ERNESTO LECUONA

Rita de Cuba, Rita la Única... No hay tan adecuado modo de llamarla, si ello se quiere hacer con justicia. «De Cuba», porque su arte expresa hasta el hondón humano lo verdaderamente nuestro; «la Única», pues solo ella, y nadie más, ha hecho del «solar» habanero, de la calle cubana, una categoría universal.

NICOLÁS GUILLÉN

«Ella debe haber vivido muy feliz de ser Rita Montaner, La Única, la artista que representaba el sentimiento del pueblo cubano con una gracia y donaire irrepetibles».

EUSEBIO LEAL

UNOS & OTROS EDICIONES

Roxana M. Coz Téstar

RUMBERAS MATANCERAS

UN CANTO A LA MEMORIA

Rumberas matanceras. Un canto a la memoria

Roxana M. Coz Téstar

Entre guajacos y sopones las mujeres se atrevieron a contar su existencia a ritmo de rumba, de celebraciones en esos barrios con olor a río y sabor a puerto. Ellas fueron verdaderas guerreras que rodeadas por sus descendientes inculcaron amor por la tradición. Con la fuerza de una sacudida de hombres evitando el «yncumao», así hemos querido alejar el polvo y el olvido de autoras que hicieron, de la rumba matancera, una historia increíble.

Que canten las mujeres es el canto que da inspiración al presente libro, era ese el llamado urgente que realizara Estanislá Luna en su canto, un llamado a la participación de la figura femenina, en el pleno derecho de expresarse y ser escuchada. Rumberas matanceras: Un canto a la memoria es un homenaje a todas aquellas que se atrevieron a contar su historia a golpe de rumba, que hilvanaron sus tristezas y alegrías, que unieron sus voces y vidas en las celebraciones al calor de sus humildes hogares, a aquellas que inculcaron el amor por la tradición. Es un homenaje a las que cantan hoy y a quienes lo harán mañana, a las que se aferran a la vida con la convicción de proyectar una realidad más justa, a las que se atreven a desafiar con toques de batá la mirada juiciosa de quién se empeñe en limitar la capacidad creativa y creadora, ese binomio ideal que distingue el quehacer constante de las rumberas matanceras.

Sin dudas, mucho se ha contado sobre la rumba, sin embargo, la presencia de la mujer rumbera aún está por escribir. Por vez primera, el devenir de estas mujeres se aborda a través de una perspectiva musicológica, sociocultural y de género. Con este libro la autora intenta abrir una nueva página dentro del relato histórico de la rumba cubana.

UNOS&OTROS MÚSICA

Book 1 cover:

Andrés Echevarría Callava, Niño Rivera

El Niño Rivera, uno de los treseros más importantes de la historia de la música cubana, fue un innovador, vanguardista, uno de los compositores y arreglista más importante de su tiempo. Su obra «El Jamaiquino» se convirtió en un *standart* de la música cubana.

CHUCHO VALDÉS

Esta es la historia de uno de esos pioneros que hoy se describen como progenitores de la música cubana, y de su extraordinaria y productiva vida. El libro recoge momentos importantes de la vida del Niño, en su trabajo y su colaboración con numerosos conjuntos y solistas como tresero, arreglista, transcriptor y director. La autora presenta con sustentados detalles la contribución del músico al género mundial más conocido de la música cubana —el son—, con un análisis enfático de otro género surgido en Cuba: el *feeling*.

NELSON GONZÁLEZ

La creación de este documento histórico, que contribuirá a poner el nombre de Andrés Echevarría Callava, el Niño Rivera, en el lugar que merece dentro de la lista de los imprescindibles de nuestro mundo musical.

PANCHO AMAT

UNOSOTROS

El Niño con su tres

Rosa Marquetti Torres

Andrés Echevarría Callava, Niño Rivera
El Niño con su tres
Rosa Marquetti Torres

Book 2 cover:

Kabiosiles
Los músicos de Cuba

Aquí están reunidos sesenta y seis retratos de nuestros dioses terrenales: los músicos de Cuba. Esos que andan en nuestra memoria, en nuestra piel y en la niebla de nuestra identidad. Son los rostros que conforman nuestro ADN sonoro. Estos «Kabiosiles», son saludos desde lo más profundo del corazón.

Vicentico, Benny Moré, Rita, La Lupe, Bola de Nieve, Celia Cruz, Machín, Arsenio Rodríguez, son algunos nombres en ese mapa de lo que somos. Porque, como escribió el poeta Ramón Fernández-Larrea, el autor de este libro: «Bajo la noche catalana, en las calles de melancolía de París, en viejos pueblos vulcánicos de Canarias tengo una luz. De esa luz baja una lluvia como un son espléndido como la vida, con guiños de mujer y olores que me mecen, y el alma se divierte y se expande, y es la única razón que nos une y nos abraza a todos por igual. A tristes y serenos, a poetas y amargados, a viudos y cumbancheros, a cercanos y lejanos. Los que siempre nos encontraremos en el único mar de nuestros sueños reales».

UNOSOTROS

KABIOSILES
Los músicos de Cuba
Ramón Fernández-Larrea

KABIOSILES
LOS MÚSICOS
DE CUBA

Ramón Fernández-Larrea

POLO MONTAÑEZ

POLO MONTAÑEZ
EL GUAJIRO NATURAL

POLO MONTAÑEZ. EL GUAJIRO NATURAL

JOSÉ NELSON CASTILLO GONZÁLEZ

CUBA, PATRIA Y MÚSICA

CUBA, PATRIA Y MÚSICA

William Navarrete

www.unosotrosediciones.com

infoeditorialunosotros@gmail.com

UnosOtrosEdiciones

Siguenos en Facebook, Twitter e Instagram:

www.unosotrosediciones.com

www.ingramcontent.com/pod-product-compliance
Lightning Source LLC
Chambersburg PA
CBHW021046090426
42738CB00006B/203